Peter Bachmann

Ultraleichtflugzeuge

Peter Bachmann

Ultraleichtflugzeuge

Einbandgestaltung: Nicole Lechner

ISBN 3-613-02193-5

1. Auflage 2002

Copyright © by Motorbuch Verlag, Postfach 103743, 70032 Stuttgart
Ein Unternehmen der Paul Pietsch Verlage GmbH + Co.

Nachdruck, auch einzelner Teile, ist verboten. Das Urheberrecht und sämtliche weiteren Rechte sind dem Verlag vorbehalten. Übersetzung, Speicherung, Vervielfältigung und Verbreitung einschließlich Übernahme auf elektronische Datenträger wie CDROM, Bildplatte usw. sowie Einspeicherung in elektronische Medien wie Bildschirmtext, Internet usw. ist ohne vorherige schriftliche Genehmigung des Verlages unzulässig und strafbar.

Produktion: Air Report Verlag, 64739 Höchst, http://www.air-report.de
Druck: Rung-Druck, 73033 Göppingen
Bindung: E. Riethmüller, 70176 Stuttgart
Printed in Germany

Die Informationen und Daten in diesem Handbuch sind von Autor und Verlag sorgfältig erwogen und geprüft. Dennoch kann eine Garantie für Richtigkeit und Vollständigkeit nicht übernommen werden. Eine Haftung des Autors oder des Verlags und seiner Beauftragten für Personen-, Sach- und Vermögensschäden ist ausgeschlossen.

Unser Dank gilt allen Unternehmen, die uns bei diesem Handbuch unterstützt haben. Dies sind neben allen Flugzeug-Herstellern und -Vertriebsunternehmen besonders der Deutscher Aero Club (DAeC), der Deutsche Ultraleichtflugverband (DULV), die Deutsche Flugsicherung GmbH (DFS), das Luftfahrt-Bundesamt (LBA) sowie die VFS Heinz Grümmer GmbH (Dortmund). Grundlage aller Berechnungen und Musterkalkulationen sind folgende Werte per März 2002: US-Dollar 1,12 €, Avgas 1,53 €, Mogas (Super bleifrei) 1,25 € (Treibstoffpreise je Liter inkl. MWSt). Korrekturen und Ergänzungen zu diesem Handbuch können auf der Website des Air Report Verlages (Adresse: http://www.air-report.de) eingesehen und abgerufen werden.

Tecnam P92 Echo (100 PS) 114
Tecnam P92-2000 RG 116
Tecnam P92-S Echo (80 PS) 118
Tecnam P92-S Echo (100 PS) 120
Tecnam P96 Golf (80 PS) 122
Tecnam P96 Golf (100 PS) 124
U.L.B.I. WT01 Wild Thing 126
Ultravia Aero International Pelican 450 S 128
W.D. Flugzeugleichtbau Evolution (80 PS) 130
W.D. Flugzeugleichtbau Evolution (100 PS) 132
W.D. Flugzeugleichtbau Fascination (80 PS) 134
W.D. Flugzeugleichtbau Fascination (100 PS) 136
W.D. Flugzeugleichtbau Sunwheel 138
Weller Flugzeugbau UW-9 Sprint 140
Zenith Aircraft Zodiac CH 601 D 142
Zenith Aircraft Zodiac CH 601 DX 144
Zenith Aircraft Zodiac CH STOL 701 D 146

Datenvergleich Flächenbelastung (kg/qm) 148
Datenvergleich Zuladung inklusive Treibstoff (kg) 148
Datenvergleich Zuladung ohne Treibstoff (kg) 149
Datenvergleich Reisegeschwindigkeit (km/h) 149
Datenvergleich Steigleistung (m/min) 150
Datenvergleich Reichweite (km) 150
Datenvergleich Treibstoffverbrauchsindex (TVI) 151

Kostenvergleich Anschaffungspreise ohne MWSt (€) 151
Kostenvergleich Betriebsstunde bei 300 h/p.a. (€, kaufmännisch ohne MWSt) 152
Kostenvergleich Betriebsstunde bei 300 h/p.a. (€, privat mit MWSt) 152

4. Bauvorschriften für dreiachsgesteuerte Ultraleichtflugzeuge

Erläuterung 154

Lufttüchtigkeitsforderungen für dreiachsgesteuerte Ultraleicht-Flugzeuge 154

    A. Allgemeines 155
        1. Zweck 155
        2. Anwendbarkeit 155
        3. Inhalt und Form 155

    B. Betriebsverhalten 155
        I. Allgemeines 155
        II. Flugleistungen 156
        III. Steuerbarkeit und Wendigkeit 157

TVI Treibstoffverbrauchsindex	41
TVI Bewertungsrichtlinien	42
Versicherungskosten	42
Halter-Haftpflichtversicherung	43
Passagier-Haftpflichtversicherung	43
CSL-Deckung	43
Luftfahrt-Kaskoversicherung	43
Sitzplatz-Unfallversicherung	45
Notwendige Zusatzversicherungen bei grenzüberschreitenden Flügen	45
Zinsen	45
Abschließende Musterberechnung	46

3. Portraits der Ultraleichtflugzeuge in Bildern, Daten, Kosten

Aero Sp. z o.o. AT-3 L 100	52
Aero Sp. z o.o. AT-3 R 100	54
Aeropro Euro Fox Space	56
Comco Ikarus C 22 C	58
Comco Ikarus C 42B (80 PS)	60
Comco Ikarus C 42B (100 PS)	62
Comco Ikarus EV-97 Eurostar (80 PS)	64
Comco Ikarus EV-97 Eurostar (100 PS)	66
Dyn Aero MCR 01 ULC	68
Dyn Aero MCR 01 VLA	70
Dyn Aero MCR 01 VLA Club	72
Dyn Aero MCR 4S	74
Dynamic WT9 Club	76
Dynamic WT9 Club S	78
Dynamic WT9 SPEED	80
Dynamic WT9 TOW	82
Euroala Jet Fox 97 (80 PS)	84
Euroala Jet Fox 97 (100 PS)	86
Fantasy Air Allegro 2000	88
Fantasy Air Allegro 2000 S	90
FK Leichtflugzeuge FK 09 Mark 3 Utility	92
FK Leichtflugzeuge FK 09 Smart	94
FK Leichtflugzeuge FK 12 Comet	96
FK Leichtflugzeuge FK 14 Polaris	98
FUL A22	100
FUL Kappa KP 2U	102
FUL Kappa KPD 2U	104
Impulse Aircraft Impulse 100 UL	106
Remos G-3 Mirage (80 PS)	108
Remos G-3 Mirage (100 PS)	110
Tecnam P92 Echo (80 PS)	112

2. Erläuterungen zu den technischen Daten und Kosten von A bis Z

Einführung 32

Technische Daten von A - Z 32
    Abmessungen 32
    Abreißgeschwindigkeit 32
    Avionic 32
    Daten, technische 33
    Dienstgipfelhöhe 33
    Fahrwerk 33
    Flächenbelastung 34
    Gesamtgewicht 34
    Gesamtzuladung 34
    Höchstgeschwindigkeit 34
    Landerollstrecke 34
    Leergewicht 34
    Leistungsbelastung 35
    Propeller 35
    Reichweite 35
    Reisegeschwindigkeit 35
    Sitzplätze 35
    Startrollstrecke 35
    Steigleistung 36
    Treibstoff 36
    Treibstoffverbrauch 36
    Triebwerk 36

Kostenbegriffe von A - Z 37
    Abschreibung 37
    Abstellgebühren/Hangarierung 37
    Anschaffungspreis 38
    Betriebserschwernisse 38
    Betriebsstundenkostenprofil 39
    Flugkilometerkosten 39
    Kalkulation, kaufmännische 39
    Kalkulation, private 39
    Kosten, Fixe 39
    Kosten, Variable 40
        Treibstoff, Öl, Reifenverschleiß 40
        Wartung, Reparaturen und Rücklagen 40
        Betriebserschwernisse 40
    Leasing 40
    Sitzplatzkilometerkosten 40
    Transport-Kennzahlen 41
    Treibstoffpreise 41

Inhalt

Vorwort 11

1. Einführung

Zu diesem Handbuch 14

Ultraleichtfliegen von den Anfängen bis heute 16

UL, VLA und Experimental-Flugzeuge 16
    Ultraleichtflugzeuge (UL) 17
        Bauweisen aerodynamisch gesteuerter UL 17
        UL-Triebwerke 18
        UL-Rettungsgeräte 20
    VLA Very Light Aircraft 21
    Experimental-Flugzeuge 21
        Oskar-Ursinus-Vereinigung (OUV) 22
    Abschließende Details über UL 22

Berechtigung zum Führen eines Ultraleichtflugzeuges (SPL (F) UL) 23
    Theoretische Ausbildung 23
        Sprechfunkzeugnis BZF II 24
    Praktische Ausbildung 24
    Prüfungen 24
        Theoretische UL-Prüfung 24
        Prüfung zum BZF II 25
        Praktische UL-Prüfung 25
    Einweisung für PPL-Inhaber und Anrechnung anderer Berechtigungen 25
    Passagierflugberechtigung 25
    Verlängerung der SPL (F) UL 25
    Ausbildungskosten 26

Zuständigkeiten für UL und UL-Piloten 27

Zulassung eines UL 28

IV. Stabilität 159
V. Überziehen 160
VI. Verhalten am Boden 161
VII. Sonstige Forderungen an das Betriebsverhalten 162

C. Festigkeit 163
   I. Allgemeines 163
   II. Belastungen im Fluge 164
   III. V-n-Diagramm 165
   IV. Steuerflächen und Steuerungsanlagen 167
   V. Höhenleitwerk 168
   VI. Seitenleitwerk 169
   VII. Ergänzende Bedingungen für die Leitwerke 170
   VIII. Querruder 170
   IX. Belastungen durch Bodenkräfte 170
   X. Notlandebedingungen 172
   XI. Sonstige Belastungen 173

D. Gestaltung und Bauausführung 173
   1. Allgemeines 173
   2. Herstellungsverfahren 173
   3. Sicherung von Verbindungselementen 173
   4. Schutz der Bauteile 174
   5. Vorkehrungen für Überprüfungen 174
   6. Vorkehrungen für Auf- bzw. Abrüsten 174
   7. Festigkeitseigenschaften der Werkstoffe und Rechenwerte .. 174
   8. Ermüdungsfestigkeit 174
   I. Leitwerke 175
   II. Steuerwerk 175
   III. Fahrwerk 178
   IV. Gestaltung des Führerraums 178

E. Triebwerksanlage 181
   I. Allgemeines 181
   II. Kraftstoffanlage 182
   III. Schmierstoffanlagen 185
   IV. Kühlung 186
   V. Ansauganlage 186
   VI. Abgasanlage 186
   VII. Bedieneinrichtungen und Hilfsgeräte des Triebwerks 187

F. Ausrüstung 188
   I. Allgemeines 188
   II. Geräteeinbau 189
   III. Elektrische Anlagen und Ausrüstung 191
   IV. Sonstige Ausrüstung 191

G. Betriebsgrenzen und Angaben 192
    1. Allgemeines 192
    2. Fluggeschwindigkeiten 192
    3. Manövergeschwindigkeit 192
    4. Geschwindigkeit für das Betätigen der Flügelklappen 192
    5. Geschwindigkeit für das Betätigen des Fahrwerks 192
    6. Masse und Schwerpunktlagen 192
    7. Triebwerksgrenzwerte 192
    8. Betriebshandbuch 193
    I. Kennzeichnungen und Beschriftungen 193
    II. Flughandbuch 195

H. Motoren 197
    1. Allgemeines 197
    2. In der Flugzeug-Musterprüfung eingeschlossene Motorenprüfung 197

J. Propeller 197
    I. Gestaltung und Bauausführung 197

5. Anhang

Flugplätze mit UL-Betrieb und UL-Fluggelände in Deutschland 200

Akronyme und Abkürzungen Englisch - Deutsch 213

Anschriften 218

Literatur- und Quellenhinweise 222

Vorwort

Viele Ultraleichtflugzeuge sind seit den Anfängen der UL-Fliegerei in den 80er Jahren inzwischen zu ernsthaften Konkurrenten der zweisitzigen Flugzeuge der E-Klasse geworden. Die Kosten sind deutlich niedriger, die Flugleistungen teilweise besser als die der E-Klasse-Einstiegstypen. Dies sind Gründe genug, den Markt der UL unter die Lupe zu nehmen und erstmals die wichtigsten Flugzeuge dieser Klasse (M-Klasse) in einem Handbuch in Daten- und Kostenvergleichen zu präsentieren.

Das einleitende Kapitel informiert allgemein über Ultraleichtflugzeuge und beschreibt die besonderen Merkmale dieser Flugzeugklasse. Dazu gehören auch Informationen über den Erwerb der Sport-Piloten-Lizenz Beiblatt F (SPL (F) UL) d.h. die Berechtigung, Ultraleichtflugzeuge fliegen zu dürfen.

Im zweiten Kapitel werden die technischen Daten und Kostenbegriffe, die mit den UL-Portraits des dritten Kapitels in enger Beziehung stehen, von A bis Z mit Berechnungsbeispielen und einer Musterkalkulation erläutert.

Schwerpunkt des Handbuchs ist das dritte Kapitel mit den Portraits der Ultraleichtflugzeuge mit Abbildungen, technischen Daten und Kosten. Hier erfährt der UL-Interessent nicht nur die wichtigsten standardisierten technischen Daten, sondern auch detaillierte Kosten - vom Anschaffungspreis bis zu den Betriebsstundenkosten, gestaffelt von 25 bis 500 Stunden pro Jahr in 25-Stunden-Schritten.

Nach welchen Kriterien ein Ultraleichtflugzeug gebaut sein muß, um den gesetzlichen Vorschriften zu entsprechen, ist im vierten Kapitel beschrieben.

Der Anhang schließlich enthält umfangreiche Listen über alle deutschen Verkehrs- und Sonderlandeplätze mit Ultraleichtflugbetrieb und deutschen Ultraleicht-Fluggelände. Ein Verzeichnis der Akronyme und Abkürzungen sowie wichtige Anschriften und Literaturangaben schließen das Handbuch ab.

Höchst, im April 2002

Peter Bachmann

Kapitel 1
Einführung

Zu diesem Handbuch

In den 70er Jahren haben wir damit begonnen, die technischen Daten von ein- und zweimotorigen Flugzeugen zu standardisieren, ihre Kosten nach einheitlichen Kriterien zu berechnen und die Ergebnisse in übersichtlichen Handbüchern in regelmäßig neu erscheinenden Ausgaben zu veröffentlichen. Der anhaltend große Erfolg dieser Handbücher hat uns nun dazu bewogen, erstmals den Markt der UL unter die Lupe zu nehmen und ein erstes UL-Handbuch zu produzieren, in dem diese Flugzeugklasse ebenfalls nach einheitlichen Daten- und Kosten-Standards im Vergleich vorgestellt wird.

Bei den Arbeiten an diesem Handbuch haben wir festgestellt, daß der UL-Markt noch nicht die Homogenität des Marktes der Ein- und Zweimotorigen hat. Die technischen Daten in den Prospekten und Datenblättern der UL-Hersteller sind oft uneinheitlich und auf wenige Leistungsparameter beschränkt. Selbst die UL-Kennblätter, die z.B. bei der Zulassung der Flugzeuge beim DAeC archiviert werden, haben nur teilweise detailliertere Daten, die zudem noch in einigen Fällen von den Prospektangaben deutlich abweichen.

Ein kritischer Punkt bei den Leistungsdaten in vielen Prospekten sind die Reisefluggeschwindigkeiten. Oft werden nur die V_{NE} (maximal zulässige Höchstgeschwindigkeit) und die Geschwindigkeit bei ökonomisch nicht optimalen 75% Leistung angegeben. So drängt sich der Eindruck auf, daß bei den UL eine möglichst hohe Reisegeschwindigkeit das Maß aller Dinge sei. Um den UL als Reiseflugzeugen gerecht zu werden, haben wir bei den Leistungsdaten immer eine wirtschaftlich sinnvolle Geschwindigkeit bei 65% Leistung genannt.

Die in Kapitel 3 vorgestellten UL repräsentieren weitgehend den gesamten UL-Markt in Deutschland. Einige wenige UL konnten wir nicht in den Vergleich aufnehmen, da die entsprechenden Hersteller bzw. Vertriebsunternehmen auf unsere mehrfachen Anfragen entweder überhaupt nicht reagiert haben oder völlig unzureichende Daten, Abbildungen und Preise zur Verfügung gestellt hatten. Wir hoffen, daß die betroffenen Unternehmen in den künftigen Ausgaben dieses Handbuchs den Vergleich mit den Konkurrenten nicht scheuen werden.

Bedenklich und definitiv nicht realistisch ist das maximale Startgewicht (MTOW) von 450 kg, mit dem der Gesetzgeber die zweisitzigen UL belegt hat. Dieser Wert wird zwar von allen UL-Herstellern als Limit angegeben, in der Praxis jedoch dürfte er fast immer überschritten werden, wenn ein Pilot mit einem Passagier eine einigermaßen vernünftige Reichweite erzielen will.

Nach der 450-kg-Vorschrift liegen bei den von uns untersuchten UL zwei Drittel mit ihrer Passagier- und Gepäck-Zuladungskapazität (Tanks voll) bei gerade mal 130 kg. Das entspricht z.B. zwei Personen von je 65 kg Gewicht - ein völlig realitätsferner Wert. Der Gesetzgeber provoziert mit dem 450-kg-Limit geradezu Verstöße gegen das Luftverkehrsrecht. Technisch würden fast alle UL eine Erhöhung auf 500 kg verkraften.

Das Handbuch soll zunächst allen Piloten und an der Allgemeinen Luftfahrt Interessierten einen Überblick über den UL-Markt verschaffen. Aktiven PPL-Piloten und potentiellen Flugzeugbesitzern soll es helfen, das richtige UL anhand der standardisierten Daten und Kosten auszuwählen.

Abb. 1.1 (oben): Allegro 2000, komfortabler UL-Zweisitzer in Gemischtbauweise für Reiseflüge und Schulung (Quelle: Fantasy Air Group).
Abb. 1.2 (unten): G3-Mirage, das High-Tech-UL aus Bayern (Quelle: Remos Aircraft).

Ultraleichtfliegen von den Anfängen bis heute

Als die Geschichte der Ultraleichtfliegerei in den 80er Jahren begann, entwickelte man Fluggeräte, die, minimalistisch gebaut und ausgerüstet mit dem Notwendigsten, einen motorisierten Flug möglich machten. Diese frühen UL wurden häufig als „fliegende Gartenstühle" bezeichnet und von der fliegerischen Gemeinschaft nicht ernst genommen. Andererseits wollten die Behörden auch einen gewissen Freiraum für neue fliegerische Entwicklungen schaffen.

Man ordnete die neuen Fluggeräte kurzum zu den Luftsportgeräten ein, schuf eine neue Flugzeugklasse (M) und befreite die Flugzeuge dieser Klasse weitgehend von den strengen Zulassungsauflagen, wie sie beispielsweise für alle Flugzeuge der E-Klasse gelten. Dem Deutschen Aero Club wurde die Zulassung und Überwachung der neuen Flugzeuge übertragen. Mittlerweile teilen sich diese Aufgaben der DAeC und der Deutsche Ultraleichtflugverband (DULV).

Heute ist von dem fliegerischen Pioniergerät früherer Jahre kaum noch etwas übrig geblieben: In einer atemberaubenden Entwicklung wurden aus den „Drahtverhauen" einmotorige Flugzeuge, die den Einstiegsmodellen der E-Klasse hinsichtlich Leistungsdaten und Komfort in nichts mehr nachstehen. Die Triebwerke der modernen UL sind heute eine ideale Kombination von ergonomischem Kraftstoffverbrauch, hervorragender Leistungsfähigkeit und niedriger Lärmemission. Mit Verstellpropeller, Einziehfahrwerk, NavCom, GPS, Transponder und Kabinenheizung sind die modernen UL eine preiswerte und sichere Alternative zu den Einstiegsmodellen der E-Klasse.

UL, VLA und Experimental-Flugzeuge

Vielfach besteht über die Definitionen von UL (Ultraleichtflugzeugen), VLA (Very Light Aircraft) und Experimental-Flugzeugen einige Verwirrung, wenn diese drei Klassen zueinander abgegrenzt werden sollen. In vielen nationalen und internationalen Gesetzen und Verordnungen wird man fündig. Die dort veröffentlichten Begriffsbestimmungen, Spezifikationen und Zulassungsverfahren allerdings sind so umfangreich und für den Laien unverständlich, daß zum Verständnis ein Kommentar in Buchform erforderlich wäre. Dies kann nicht Aufgabe des vorliegenden Handbuchs sein. Da jedoch in Kapitel 3 auch zwei VLA und 3 Experimental-Flugzeuge im Vergleich zu den UL stehen, folgen nachstehend die wesentlichen Merkmale der drei Flugzeugklassen zur groben Unterscheidung stichwortartig:

1. UL haben ein maximales Startgewicht von 450 kg (Einsitzer 300 kg), zwei Sitze und eine Mindestgeschwindigkeit von 65 km/h. Zugelassen werden UL beim DAeC und DULV als M-Klasse-Flugzeuge.

2. VLA haben ein maximales Startgewicht von 750 kg, zwei Sitze und eine Mindestgeschwindigkeit von 83 km/h. Zugelassen werden VLA beim Luftfahrt-Bundesamt als E-Klasse-Flugzeuge.

3. Experimental-Flugzeuge werden als Einzelstücke als E-Klasse-Flugzeuge (bei über 450 kg MTOW) beim Luftfahrt-Bundesamt zugelassen, 51% des Flugzeuges müssen vom Antragsteller selbst gebaut sein. Unterstützt wird der Erbauer und Antragsteller bei der Zulassung durch die Oskar-Ursinus-Vereinigung.

Ultraleichtflugzeuge (UL)

Als Ultraleichtflugzeuge sind Fluggeräte mit einem maximalen Startgewicht von 300 kg für Einsitzer und 450 kg für Doppelsitzer (Maximales Startgewicht = Maximum Take Off Weight, MTOW) zugelassen. Diese Gewichtslimits dürfen beim Abflug nicht überschritten werden. Als weitere Kriterien sind eine Mindestgeschwindigkeit von 65 km/h und eine Lärmemission unter 60 dB (A) festgelegt.

Man unterscheidet grundsätzlich zwischen schwerkraftgesteuerten und aerodynamisch gesteuerten UL. Bei der zuerst genannten UL-Klasse steuert der Pilot das Flugzeug durch Verlagerung des Schwerpunktes. Die Fluggeräte (z.B. motorisierte Hängegleiter, Gleitschirme) sind offen oder teilweise verkleidet. Diese UL werden in dem vorliegenden Handbuch nicht behandelt.

Aerodynamisch gesteuerte UL gibt es in offener, teilweise geschlossener oder vollständig geschlossener Ausführung. Sie werden wie ein normales Flugzeug mit Höhen-, Seiten- und Querruder gesteuert und entsprechen in ihrer Konzeption, Bauart und technischen Ausstattung nahezu konventionellen Einmotorigen der E-Klasse.

Um geschlossene, aerodynamisch gesteuerte UL geht es in diesem Handbuch (mit Ausnahme von zwei offenen Flugzeugen).

Bauweisen aerodynamisch gesteuerter UL

Die UL der ersten Generation waren in der Regel bespannte Stahlrohrkonstruktionen, die dem durchweg offenen Fluggerät ein ausgesprochen archaisches und rustikales Aussehen verliehen. Ähnlichkeiten mit den Flugmaschinen zu Beginn des 20. Jahrhunderts konnten nicht verleugnet werden.

Heute erinnern nur noch vereinzelte UL in Teilen ihrer Konstruktion an die Bauweisen der frühen UL-Pioniere. Geblieben sind teilweise die Konstruktionsprinzipien mit Rohrrahmen (heute in Alu) und bespannten Flächen, wobei allerdings GFK-Beplankungen der Zelle und des Rumpfes die stabile Rohrkonstruktion kaschieren und die Flugzeuge weniger abenteuerlich aussehen lassen. Um eines klarzustellen: Hinsichtlich der für den UL-Flug erforderlichen Stabilität unterscheiden sich z.B. Rohrkonstruktionen mit Bespannung wenig von Voll-GFK- oder Kohlefaser-Bauweisen. Um ein möglichst niedriges Leergewicht zu erreichen, ist sogar die Rohrkonstruktion mit Bespannung überlegen. Trotzdem geht der Entwicklungstrend bei den UL eindeutig in Richtung Metall- oder GFK/Kohlefaser-Bauweise, weil damit modernere und leistungsfähigere UL-Konzepte mit dem typischen Look-and-Feel der E-Klasse realisiert werden können. Im folgenden soll eine kleine Auswahl an UL (wertfrei und zufällig ausgewählt) die unterschiedlichen Bauweisen aufzeigen.

Die Comco Ikarus **C 42** wird noch nach den älteren Konstruktionsprinzipien gebaut. Fahrwerk, Rumpf, Flächen, Abstrebungen und Leitwerk sind aus Alu-Rohr, die Flächen- und Leitwerk-Bespannung aus reißfester Gittertuch-Folie. Die Verkleidung besteht aus GFK (Kabinendach: Makrolon).

Ebenfalls von Comco Ikarus als Generalvertreter des Herstellers stammt die **EV-97 Eurostar**, ein freitragender Tiefdecker in Metallbauweise. Bei diesem UL ist der Rumpf in Halbschalenbauweise gefertigt und wie die Tragflächen, das Höhen- und das Seitenleitwerk mit Duralumin beplankt.

Die **Evolution** von W.D. Flugzeugleichtbau hingegen ist ein freitragender Schulterdecker in hochfester Voll-Kohlefaser-Sandwichbauweise mit Kohlefaser-Flügelholm.

Die aus dem gleichen Haus stammende **Fascination** ist ein freitragender Tiefdecker in GFK-Sandwichbauweise mit kohlefaserverstärkten Flügelholm. Bei diesem Modell ist, ganz dem modernen UL-Konzept folgend, eine Version mit festem und eine mit elektrisch einziehbarem Fahrwerk erhältlich.

Typisch für eine Gemischtbauweise ist die **Allegro 2000** der Fantasy Air Group. Während der Rumpf bei diesem leistungsfähigen UL aus einer zweischaligen GFK-Konstruktion besteht, sind die Flächen zu 80% aus Aluminium und das Seitenleitwerk eine genietete Aluminiumkonstruktion.

Remos bietet mit der **G-3 Mirage** ein hochmodernes UL an, dessen gesamte Struktur eine robuste, „metallfreie" Composit-Konstruktion ist. Hochwertige Kohlefaser- und Glasfaserkomponente in Verbindung mit besten Epoxidharzen kennzeichnen dieses UL aus einem Unternehmen, das auch Kunststoffteile für den Tornado und den Airbus fertigt.

Fazit

Prinzipiell kann man zwischen konservativen Rohrkonstruktionen mit Bespannung und modernen Metall-, Kunststoff- und Gemischtbauweisen unterscheiden. Während die konventionellen Konstruktionen solide, bewährte und ausgewogene Flugleistungen bieten, bestechen die modernen UL mit ihren laminaren Kunststoff-Oberflächen durch Leistungsdaten, die man in der M-Klasse kaum für möglich gehalten hätte, und ihrem Aussehen. Die Entscheidung für eine der beiden Konstruktionsprinzipien muß jeder nach seinen persönlichen Anforderungen treffen. Sie ist aber auch, wie bei der Wahl zwischen Schulter- oder Tiefdecker, eine Frage der „fliegerischen Philosophie".

UL-Triebwerke

Unter den Flugzeugen in Kapitel 3 sind gerade einmal zwei, die nicht von einem Rotax-Motor angetrieben werden. Dies sind die AT-3 L 100 (VLA) mit einem Limbach-L2400-Motor und die FK 09 Smart mit einem Suprex Turbo M 160, dem Motor, der auch im Mercedes Smart verwendet wird.

Wenn wir von „Triebwerken" sprechen, sind die beiden nicht zertifizierten Varianten des Rotax 912 gemeint: Der Rotax 912 UL mit 80 PS und der Rotax 912 UL S mit 100 PS. Fast alle UL-Hersteller statten ihre Modelle wahlweise mit einem der beiden Triebwerke aus, wobei aber die 100-PS-Variante gegen Aufpreis und mit weiterem Zubehör geliefert werden kann.

Bei den Berechnungen der UL haben wir - so weit angeboten - immer beide Varianten berücksichtigt. Dies geschah nicht nur in Ermangelung anderer Triebwerke, sondern vorwiegend, weil sich die verschiedenen Anschaffungspreise, Leistungsdaten und Verbrauchswerte deutlich auf die Wirtschaftlichkeit eines UL auswirken.

Generell reichen bei allen UL 80 PS zur Bewältigung der grundlegenden fliegerischen Konfigurationen mit 2 Personen an Bord aus. Der Rotax 912 mit 100 PS sollte jedoch bei einem relativ hohen Leergewicht und bei UL gewählt werden, deren Leistungsdaten erst mit dem stärkeren Antrieb erflogen werden können.

Beide Rotax-Triebwerke sind 4-Zylinder-4-Takt-Otto-Motoren mit flüssigkeitsgekühlten Zylinderköpfen, stauluftgekühlten Zylindern, 2 Vergasern und mechanischer Kraftstoffpumpe. Der Propeller wird über ein integriertes Getriebe mit Schwingungsdämpfung und Überlastkupplung angetrieben.

Abb. 1.3 (oben): Fascination, schnelles zweisitziges UL-Reiseflugzeug, wahlweise mit Einziehfahrwerk erhältlich (Quelle: W.D. Flugzeugleichtbau).
Abb. 1.4 (unten): MCR 01 VLA Montagne, mit charakteristischem T-Leitwerk und Spornrad (Quelle: Dyn Aero).

Angelassen werden die Motoren elektrisch, der integrierte Wechselstromgenerator liefert eine Spannung von 12 Volt bei 20 A Leistung. Optional können eine Vakuumpumpe (für Kreiselsinstrumente) und eine hydraulische Regelanlage für einen Constant-Speed-Propeller (Verstellpropeller) geliefert werden. Der Drehsinn der Propellerwelle ist aus der Sicht des Piloten rechts.

Je nach Ausführung liegt das Gewicht der Motoren zwischen 59,1 und 61,0 kg. Der Treibstoffverbrauch unterscheidet sich bei beiden Modellen je nach Leistung (1. Wert 80-PS-Motor, 2. Wert 100-PS-Motor, Werte in Liter pro Stunde):

Startleistung l/h .... 24,0 / 27,0
Höchste Dauerleistung l/h .... 22,6 / 25,0
75% Dauerleistung l/h .... 16,2 / 18,5

Die von uns bei den Kostenberechnungen eingesetzten Verbrauchswerte (65% Leistung) liegen durchschnittlich bei 14,4 l/h (80-PS-Motor) und bei 18,0 l/h (100-PS-Motor). Basis dieser Werte ist ein 2-Stunden-Flug einschließlich Rollvorgängen am Boden sowie Start/Steigflug auf Reiseflughöhe und Sinkflug/Anflug/Landung von der Reiseflughöhe.

UL-Rettungsgeräte

Rettungsgeräte sind für ein UL unabdingbar. Allerdings sind zum Leergewicht des UL für das Rettungssystem rund 15-20 kg hinzuzurechnen, so daß die ohnehin knappen Zuladungsmöglichkeiten zusätzlich eingeschränkt werden. Der Sicherheitsgewinn wiegt aber diese Einschränkung um ein Vielfaches auf. Bei den VLA wird i.d.R. auf ein Rettungssystem wegen des höheren Gesamtgewichtes dieser Flugzeuge und wegen der Einordnung in die E-Klasse verzichtet.

Rettungssysteme werden im Notfall ausgelöst. Als stellvertretendes Beispiel für ein Rettungsgerät haben wir das Magnum 450 (raketen-gesteuertes Doppelsitzer-Schirmsystem) der Firma Junkers Profly GmbH aus Ködniz abgebildet. Bei diesem System wird mit einer Rakete ein am Flugzeug befestigter Fallschirm abgeschossen, der Flugzeug und Besatzung sicher zu Boden bringt.

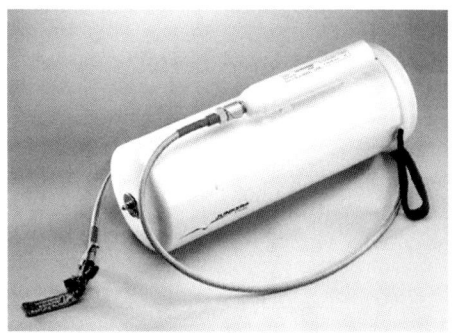

Abb. 1.5: Magnum 450, ein in UL häufig verwendetes raketen-gesteuertes Rettungsgerät (Quelle: Junkers Profly).

In den Lufttüchtigkeitsforderungen für UL (s. Kapitel 4) sind die Bestimmungen für den Einbau und das Arbeitsprinzip von Rettungssystemen eindeutig festgelegt. So ist z.B. die Belastung durch das Rettungssystem auf Seite 172 beschrieben. Bezüglich der Anordnung der Steuerungen und Bedienorgane im Führerraum bei Flugzeugen mit Doppelsteuerung ist festgelegt, daß neben Gashebel, Flügelklappen, Trimmung und Einrichtung zum Öffnen und Abwerfen der Kabinenhaube auch das Rettungssystem von jedem der beiden Flugzeugführersitze aus bedienbar sein muß.

Nähere Ausführungen über die Position und Anbringung des Rettungssystems sind in Kapitel 4 auf Seite 180 zu finden. Hier ist u.a. festgelegt, daß die Auslöseeinrichtung für das Rettungssystem so angebracht sein muß, daß sie vom Flugzeugführer auch unter Beschleunigungsbedingungen unbehindert erreichbar und leicht zu betätigen ist.

Im Betriebshandbuch müssen wesentliche Angaben zum Einbau, zur Wartung und Nachprüfung des Rettungssystems enthalten sein. Bei den Betriebsangaben und -verfahren schließlich sind Angaben zur Funktion und Bedienung des Rettungssystems zu machen.

VLA Very Light Aircraft

Die Definition für ein VLA ist in den JAR-VLA festgelegt und umfaßt folgende wichtige Kriterien:

- Ein Triebwerk (Vergaser, Einspritzer)
- Überziehgeschwindigkeit max. 83 km/h
- Maximales Startgewicht 750 kg
- Maximal 2 Sitze inklusive Pilot

Nur die Flugzeuge, die diese Forderungen erfüllen, können als VLA vom Luftfahrt-Bundesamt zugelassen werden.

Die Basiszulassung nach JAR-VLA (Standard-Lufttüchtigkeitszeugnis) beinhaltet keine Zulassung für Nacht- und IFR-Flüge. Allerdings kann das VLA auch für solche Flüge zugelassen werden, sobald zusätzliche Kriterien erfüllt werden.

Im Gegensatz zu den Ultraleichtflugzeugen, die in der M-Klasse geführt werden und der Zulassung und Aufsicht des DAeC und des DULV unterliegen, wird ein VLA in der normalen E-Klasse zugelassen, für die ausschließlich das Luftfahrt-Bundesamt zuständig ist. Dadurch entfallen die für UL geltenden vereinfachten Zulassungsverfahren: Ein VLA wird wie ein normales E-Klasse-Flugzeug behandelt. Während bei einem UL daneben vereinfachte Wartungsvorschriften gelten, sind beim VLA z.B. eigene Wartungsarbeiten kaum möglich.

Auch versicherungstechnisch wird ein VLA in der Regel wie ein einmotoriges Flugzeug bewertet. Allerdings gibt es keine festen Prämiensätze wie bei der Mehrzahl der Einmotorigen. Die Versicherungen entscheiden je nach Einzelfall über die Prämiensätze. Beabsichtigt man, sich ein VLA anzuschaffen, ist eine vorherige Anfrage bei der Versicherungsgesellschaft ratsam, zu welchen Konditionen das ausgewählte VLA versichert werden kann.

Zum Vergleich mit den UL sind in Kapitel 3 auch zwei VLA berechnet worden (Kennzeichnung VLA hinter dem Flugzeugnamen). Die Berechnungsgrundlagen entsprechen denen bei einer „normalen" Einmotorigen der E-Klasse (s.a. „Ein- und zweimotorige Flugzeuge", Air Report 2001). Sie unterscheiden sich vorwiegend durch höhere Anschaffungspreise und andere Versicherungsprämien sowie durch höhere Kosten bei Wartung, Reparaturen und Rücklagen.

Die Tendenz bei einigen UL-Herstellern geht jedoch bei verschiedenen Mustern auch in Richtung VLA, da diese Zulassung international anerkannt ist und somit größere Absatzchancen gegeben sind.

Experimental-Flugzeuge

Experimental-Flugzeuge entstehen in aller Regel aus Bausätzen von Flugzeugherstellern, die der künftige Flugzeugbesitzer in verschiedenen Fertigungsgraden erwerben kann. Je nach Fertigstellungsstufe muß er zwischen ca. 300 bis 2.000 eigene Arbeitsstunden rechnen, bevor das Flugzeug z.B. als VLA (E-Klasse) zugelassen werden kann. In Deutschland werden solche Projekte von der Oskar-Ursinus-Vereinigung betreut.

Oskar-Ursinus-Vereinigung (OUV)

Die OUV ist eine Vereinigung, die im ganzen deutschen Bundesgebiet Selbstbau-Luftfahrtgerät technisch und im Hinblick auf die Zulassung betreut. Der Verein bezweckt die fachkundige Beratung von im Selbstbau herzustellendem Luftfahrtgerät, die Prüfung von Projekten, die Beratung bei der Verwirklichung von Projekten und die Förderung von innovativen Projekten.

Jedem Projekt wird ein Gutachter zugeordnet, der über die nötige technische Erfahrung verfügt und bis zur entsprechenden Zulassung des Gerätes den Projektanten betreut. Zur Unterstützung gehört auch die Hilfestellung, wie der Bau mit dem Luftfahrt-Bundesamt und anderen Behörden abzuwickeln ist. Die OUV ist demnach nur unterstützend tätig.

Betreut werden Eigenentwicklungen, Nachbau nach Zeichnung, Nachbau mit Zeichnung und Bausätze bei weniger als 50% vorgefertigtem Anteil. Grundlage für die Prüfung und Zulassung von selbstgebauten Flugzeugen ist § 41 der Prüfordnung für Luftfahrtgeräte (LuftGerPO). Einzelstücke von Luftfahrtgerät werden nach diesen Vorschriften geprüft und zugelassen.

Bewährt hat sich für die Zusammenarbeit zwischen der OUV und dem LBA das LBA-Merkblatt I 3/ I4 Nr. 240.1. Dieses Merkblatt wurde im Laufe der Jahre den Erfordernissen angepaßt und z.T. gemeinsam weiterentwickelt. Es beinhaltet z.B., daß sich das LBA bei einem Selbstbauflugzeug auf die Gutachten der OUV stützen kann.

Normalerweise sind drei Gutachten bei einem Selbstbau erforderlich. Im ersten Gutachten wird festgestellt, ob es überhaupt sinnvoll ist, das Gerät zu bauen. Das zweite Gutachten wird vor dem Erstflug erstellt und bewertet die Flugfähigkeit und Sicherheit, einschließlich der dazu erforderlichen Betriebsanweisungen. Neben der Flugerprobung wird auch eine Schallmessung durchgeführt. Im dritten Gutachten wird vorwiegend die Flugerprobung mit der endgültigen Betriebsanweisung für das Flugzeug behandelt.

In diesem Handbuch werden zum Vergleich mit den UL und den beiden VLA in Kapitel 3 ebenso drei Experimental-Flugzeuge als „Serien-Kit" vorgestellt (Kennzeichnung EXP hinter dem Flugzeugnamen). Bei diesen Fertig-Flugzeugen eines französischen Herstellers ist z.B. eine Zulassung in Frankreich (F-P-Zulassung) möglich, die zwar nicht den deutschen Zulassungsverfahren entspricht, aber dennoch anerkannt ist. Eine Ausbildung zur SPL (F) UL ist mit diesen Flugzeugen nicht zulässig.

Diese Experimental-Flugzeuge wurden in den Flugzeugportraits zu Vergleichszwecken aufgenommen, da sie als fertige Flugzeuge mit festen Anschaffungspreisen angeboten werden und gute Beispiele dafür sind, welche Flugleistungen bei einem maximalen Startgewicht über dem UL-Standard von 450 kg bei gleicher Motorisierung wie bei einem UL möglich sind.

Abschließende Details über UL

Ultraleichtfliegen ist ökonomisch und umweltfreundlich, da UL-Motoren nur etwa 50% des Treibstoffs konventioneller Flugzeuge verbrauchen und außerdem die festgelegte Lärmgrenze von 60 dB(A) unterbieten.

Ultraleichtfliegen ist in Deutschland nur an dafür zugelassenen Plätzen erlaubt. Allerdings können UL-Fluggelände mit erheblich geringeren Auflagen als normale Flugplätze auch von Privatpersonen beantragt werden.

Wie für alle motorgetriebenen Flugzeuge und Fluggeräte gelten das deutsche Luftverkehrsrecht und alle Bestimmungen der Luftverkehrsgesetzgebung.

Technik und Material der modernen Ultraleichtflugzeuge ermöglichen Konstruktionen, die ein hohes Maß an Sicherheit und Komfort bieten. Alle Ultraleichtflugzeuge sind - wie bereits erwähnt - mit einem Rettungssystem ausgestattet. Durch sorgfältige Aus- und Weiterbildung der Piloten sowie eine penible Wartung des Fluggeräts kann das fliegerische Risiko weiter minimiert werden.

Heute haben sich Ultraleichtflugzeuge etabliert und genießen einen guten Ruf als sichere, preiswerte und umweltfreundliche Flugzeuge, mit denen problemlos auch kurze und mittlere Flugreisen durchgeführt werden können.

UL sind kein vollwertiger Ersatz für Flugzeuge der E-Klasse, sie können aber für bestimmte fliegerische Aktivitäten als kostengünstige Alternative bedenkenlos eingesetzt werden.

Berechtigung zum Führen eines Ultraleichtflugzeuges (SPL (F) UL)

Um die Sport-Piloten-Lizenz, Beiblatt F, Ultraleichtflugzeugführer (SPL (F) UL) erwerben zu können, sind folgende Voraussetzungen erforderlich:

- Mindestalter 17 Jahre
- Fliegerärztliches Tauglichkeitszeugnis Klasse III
- Polizeiliches Führungszeugnis
- Erklärung über schwebende Strafverfahren
- Nachweis der Teilnahme an einem Kurs „Sofortmaßnahmen am Unfallort" oder eine Führerscheinkopie (wenn nach 1969 erworben)
- Kopie des Personalausweises
- Vier Paßfotos

Eine gute physische und psychische Verfassung ist ebenfalls Ausbildungsvoraussetzung. Eine Liste der fliegerärztlichen Untersuchungsstellen kann vom DAeC oder vom DULV angefordert werden. Gesetzlich geregelt ist die UL-Ausbildung in den §§ 42, 45, 84a, 97, 97a, 178 der Verordnung über Luftfahrtpersonal (LuftPersV).

Theoretische Ausbildung

Für die theoretische UL-Ausbildung sind vom Gesetzgeber 60 Unterrichtsstunden in folgenden Fächern vorgeschrieben:

- Technik
- Meteorologie
- Luftrecht
- Navigation
- Verhalten in besonderen Fällen

Ein Pyrotechnik-Lehrgang gehört fest zur theoretischen Ausbildung. Er ist eine notwendige Einweisung in die Sprengstoff-Unterklasse T2, die zum berechtigten Umgang mit dem in jedem UL installierten Rettungsgerät, einem pyrotechnisch ausgelösten Rettungsfallschirm, benötigt wird.

Sprechfunkzeugnis BZF II

Das BZF II (Beschränkt gültiges Sprechfunkzeugnis II für den Flugfunkdienst) berechtigt zur Ausübung des Flugfunkdienstes in deutscher Sprache. Für UL-Piloten ist es nur für den Einflug in Kontrollzonen vorgeschrieben. Aus Sicherheitsgründen und wegen der erheblich erweiterten fliegerischen Möglichkeiten ist es jedoch jedem UL-Piloten dringend zu empfehlen.

Tip: Wer nach Erwerb der SPL (F) UL an eine weitere Ausbildung zum Privatflugzeugführer PPL (A, B) denkt, sollte gleich das BZF I mit der Berechtigung zum englischen (und damit internationalen) Sprechfunkverkehr erwerben.

Praktische Ausbildung

Die praktische Ausbildung umfaßt 25 Flugstunden. Bei einer Ausbildungsdauer von weniger als 6 Monaten reduziert sich die Stundenzahl auf 20 Stunden. Von diesen Flugstunden müssen mindestens 5 Flugstunden im Alleinflug geflogen werden. Im Einzelnen umfaßt die Ausbildung folgende Punkte:

- Mindestens 40 Starts und Landungen, davon 5 im Alleinflug auf zwei verschiedenen Flugplätzen zusätzlich zu dem Flugplatz, auf dem die Ausbildung durchgeführt wird.
- Selbstständige Vorbereitung und Durchführung von 5 Überlandflügen von mehr als 50 Km Flugstrecke im Alleinflug.
- Mindestens 3 Außenlandeübungen mit Fluglehrer.
- Theoretische und praktische Einführung in den Platzrundenbetrieb auf einem Flugplatz mit gemischtem Flugbetrieb (Segel- und Motorflugzeuge).
- Theoretische und praktische Unterweisung zur Beherrschung des Ultraleichtflugzeuges in besonderen Flugzuständen sowie das Verhalten in Notfällen und bei Unfällen.

Nach der Bodeneinweisung in Fluggelände und Fluggerät beginnt die Schulung im Doppelsitzer mit Fluglehrer. Geübt werden verschiedene Flugkonfigurationen mit Horizontal-, Kurven-, Steig- und Sinkflügen. Schwerpunkte bei den Flugübungen sind Starts und Landungen, z.T. im Durchstartverfahren (Touch and Go), sowie das Trainieren von Notfallverfahren.

Nach erfolgreichen Ziellandeübungen folgt der erste Alleinflug. Bei den anschließenden Alleinflügen hat der Flugschüler Funkkontakt mit dem Fluglehrer. Im Rahmen der weiteren Ausbildung werden Starts und Landungen (auch auf fremden Flugplätzen, mit und ohne Fluglehrer) sowie Überlandflüge geübt.

Prüfungen

Im Rahmen der SPL-(F)-UL-Ausbildung werden folgende Prüfungen abgenommen:

Theoretische UL-Prüfung

Die Prüfung zur theoretischen UL-Ausbildung beginnt im Anschluß an den theoretischen Unterricht. Sie wird von einem DAeC- oder DULV-Prüfer z.B. in den Schulungsräumen einer UL-Schule abgenommen. Die Theorie-Prüfung umfaßt in jedem Unterrichtsfach 40 Fragen im Multiple-Choice-Verfahren.

In einem Kurztest zum Pyrotechnik-Lehrgang werden die Kenntnisse im Umgang mit Sprengmitteln der Unterklasse T2 direkt im Anschluß an die Unterweisung vom Fluglehrer schriftlich überpüft.

Prüfung zum BZF II

Die BZF-II-Prüfung wird je nach Sitz der Flugschule bei einer nächstgelegenen Telekom-Dienststelle abgenommen. Neben der theoretischen Prüfung mit 100 Fragen im Multiple-Choice-Verfahren werden dabei auch von einem Fluglotsen der DFS Deutsche Flugsicherung GmbH die Fähigkeiten in der Praxis des Sprechfunkverkehrs überprüft. Je nach Sitz und Größe der Flugschule können die Prüfungen auch in den Schulungsräumen durchgeführt werden.

Praktische UL-Prüfung

Im Anschluß an die praktische Ausbildung wird auf dem Schulflugzeug die praktische Überprüfung der erworbenen fliegerischen Fähigkeiten durch einen DAEC- oder DULV-Prüfer abgenommen. Hierbei fliegt man in der gewohnten Umgebung des Ausbildungsflugplatzes einige Übungen, die man während der Ausbildung ausgiebig gelernt hat. Daran anschließend erhält man die SPL (F) UL.

Einweisung für PPL-Inhaber und Anrechnung anderer Berechtigungen

Piloten mit gültigem PPL (A, B oder C) haben bei der Ausbildung zur SPL (F) UL erhebliche Vergünstigungen. Die theoretische Ausbildung beschränkt sich auf eine Einweisung. Bei der praktischen Ausbildung werden 5 Flugstunden verlangt, wenn innerhalb der letzten 24 Monate 15 PPL-Flugstunden nachgewiesen werden. Eine Theorie- oder Praxis-Prüfung ist nicht erforderlich.

Für Piloten mit anderen Berechtigungen (z.B. Hängegleiter oder Gleitsegel) gibt es unter bestimmten Voraussetzungen Anrechnungsmöglichkeiten für den SPL (F) UL. Wie diese aktuell aussehen, kann beim DAeC, dem DULV oder UL-Flugschulen erfragt werden.

Passagierflugberechtigung

Wer mit einem UL einen Passagier befördern möchte, benötigt eine Passagierflugberechtigung, die vom DAEC oder DULV ausgestellt wird. Dazu sind 60 Stunden Flugerfahrung als verantwortlicher UL-Flugzeugführer und mindestens 5 Überlandflüge (davon einer mit einer (einfachen) Entfernung von mehr als 100 km) nachzuweisen. Voraussetzung ist auch, daß der Pilot mit dem entsprechenden UL vertraut ist, d.h. seinen Aufbau und seine Ausrüstung kennt und es in allen Flugzuständen beherrscht. Innerhalb der vorangegangenen 90 Tage muß der Pilot außerdem mit diesem UL-Muster 3 Starts und Landungen durchgeführt haben. Piloten mit einem gültigen PPL müssen lediglich 20 Stunden UL-Flugerfahrung nachweisen.

Verlängerung der SPL (F) UL

Die SPL (F) UL ist 48 Monate ab Ausstellungsdatum gültig. Um sie zu verlängern muß innerhalb der letzten 24 Monate vor ihrem Ablauf folgende Flugpraxis nachgewiesen werden:

- 18 Flugstunden
- 5 Überlandflüge
- 36 Starts- und Landungen

Für Piloten mit gültigem PPL gilt der Nachweis von drei Flugstunden, einem Überlandflug sowie 24 Starts und Landungen mit einem UL.

Ausbildungskosten

Bis zum Erwerb der Lizenz in einem UL-Verein fallen an Kosten rund 2.000 bis 2.500 € an. In Flugschulen ist die Ausbildung etwas teurer (ca. 3.500 €), dafür dauert sie in der Regel nicht so lange. Vereine unterrichten meistens nur an Wochenenden, kommerzielle Schulen haben auch an Wochentagen Flugbetrieb.

Als Beispiel für eine UL-Ausbildung (SPL (F) UL) haben wir das Angebot der Ultraleicht-Flugschule (http://www.ultraleicht-flugschule.de) Brilon übernommen, weil diese Beschreibungen besonders gut strukturiert, übersichtlich und klar sind. Die Preise enthalten bereits 16% MWSt. In den Flugstundenkosten sind die Kosten für Treibstoff und Vollkaskoversicherung enthalten. Die angegebenen Kosten sollen der allgemeinen Orientierung dienen (Stand: März 2002):

```
Verwaltungsgebühr ......................... 125 €
Theorie-Lehrgang ........................... 475 €
Theorie-Prüfungsgebühr ................ 145 €
Pyrotechnik-Lehrgang ...................... 60 €
Sprechfunk-Lehrgang BZF II .......... 225 €
Sprechfunk-Prüfung BZF II ............... 70 €
Flugstunden 20 je 90 € ................ 1.800 €
Landungen 120 je 3 € ..................... 360 €
Praxis-Prüfungsgebühr ................... 145 €
Lehrmaterial usw. .......................... 130 €
```

Insgesamt ist in diesem Fall mit Ausbildungskosten in Höhe von 3.535 € zu rechnen.

Die berechneten 20 Flugstunden sind nur bei einer Ausbildungszeit unter sechs Monaten möglich. Bei einer längeren kommen 5 Flugstunden hinzu.

Einweisung für PPL-Inhaber

Die Einweisung für PPL-Inhaber wird pauschal für 475 € angeboten. Darin sind die theoretische Einweisung und die geforderten 5 Flugstunden enthalten.

Schnupperkurs

Ein Schnupperkurs für 245 € beinhaltet neben einer ausführlichen Information über die theoretischen und praktischen Ausbildungsschwerpunkte (kleine Theorie-Schulung) eine Einweisung in den Flugplatzbetrieb und das Flugzeug. Daneben sind 3 UL-Flugstunden mit Fluglehrer enthalten, die bei einer späteren Ausbildung angerechnet werden.

Ausgebildet wird in den Vereinen des DAeC, DULV und in UL-Flugschulen. Informationen und Adressen der Vereine und Flugschulen können über die umfangreichen Websites des DAeC und des DULV eingesehen und abgerufen werden:

DAeC - http://www.daec.de und

DULV - http://www.dulv.de

Zuständigkeiten für UL und UL-Piloten

Während das Luftfahrt-Bundesamt generell für die Zulassung von Luftfahrzeugen und die Ausbildung des Luftfahrtpersonals zuständig ist, hat der Gesetzgeber für Luftsportgeräte, zu denen auch UL zählen, eine besondere Verordnung erlassen.

In dieser „Verordnung zur Beauftragung von Luftsportverbänden (BeauftrV)" werden der DAeC und der DULV beauftragt, alle mit der Zulassung und dem Betrieb von Luftsportgeräten zusammenhängenden Verfahren durchzuführen. Die Rechts- und Fachaufsicht über diese beiden Verbände liegt beim Luftfahrt-Bundesamt.

Die Verordnung regelt die Verfahren bei folgenden Luftsportgeräten:

- Ultraleichtflugzeuge
- Hängegleiter und Gleitsegel
- Gleitflugzeuge
- Sprungfallschirme
- Modellflugzeuge

Für die in diesem Handbuch behandelten UL gelten nachstehende Auszüge aus der Verordnung zur Beauftragung von Luftsportverbänden (BeauftrV) vom 16. Dezember 1993 (BGBl. I S. 2111) zuletzt geändert durch die Verordnung vom 1. Oktober 2001 (BGBl I S. 2638):

§ 1 Ultraleichtflugzeuge - DAeC

Der im Vereinsregister des Amtsgerichts Fulda, Zweigstelle Gersfeld (Rhön), unter der Nummer 110 eingetragene Deutsche Aero Club e.V. wird beauftragt, die folgenden öffentlichen Aufgaben im Zusammenhang mit der Benutzung des Luftraums durch Luftsportgeräte wahrzunehmen:

1. Erteilung der Muster- und Verkehrszulassung von Ultraleichtflugzeugen,

2. Erteilung der Erlaubnisse und Berechtigungen für das Luftfahrtpersonal dieser Luftsportgeräte,

3. Erteilung der Erlaubnisse für die Ausbildung dieses Luftfahrtpersonals,

4. Aufsicht über den Betrieb von Luftsportgeräten auf Flugplätzen und Geländen, wenn beide ausschließlich dem Betrieb von Luftsportgeräten dienen und soweit nicht ein anderer Beauftragter die Aufsicht führt, und

5. Erhebung von Kosten nach der Kostenverordnung der Luftfahrtverwaltung in der jeweils gültigen Fassung,

6. die Wahrnehmung der Aufgaben entsprechend der Nummern 2 bis 5 für ein- oder zweisitzige Luftsportgeräte mit einem nicht fest mit dem Luftfahrzeug verbundenen Motor und mit einer höchstzulässigen Leermasse von 120 Kilogramm einschließlich Gurtzeug und Rettungsgerät.

§ 2 Ultraleichtflugzeuge - DULV

Der im Vereinsregister des Amtsgerichts München unter der Nummer 10635 eingetragene Deutsche Ultraleichtflugverband e.V. wird beauftragt, die folgenden öffentlichen Aufgaben im Zusammenhang mit der Benutzung des Luftraums durch Luftsportgeräte wahrzunehmen:

(Es folgen im Verordnungstext die Punkte 1. bis 6. entsprechend den Ausführungen unter § 1 Ultraleichtflugzeuge - DAeC).

§ 5 Abgrenzung

(1) Die Beauftragten sind verpflichtet, ihre Aufgaben neutral und unabhängig von der

Mitgliedschaft in einem der genannten oder in anderen Verbänden oder Vereinen wahrzunehmen.

(2) Der Beauftragte ist nicht berechtigt, einen Antragsteller an einen anderen Beauftragten zu verweisen oder einen von einem anderen Beauftragten erlassenen Verwaltungsakt zu verlängern, zu ergänzen, nachträglich mit Nebenbestimmungen zu versehen, zurückzunehmen oder zu widerrufen. Derselbe Einzelfall, der bereits Gegenstand eines Verwaltungsverfahrens bei einem Beauftragten gewesen ist, darf ohne dessen Einwilligung weder gleichzeitig noch nacheinander zum Gegenstand eines Verwaltungsverfahrens bei einem anderen Beauftragten gemacht werden.

(3) Die mit der Durchführung derselben Aufgabe beauftragten Verbände sind verpflichtet, zur Gewährleistung eines einheitlichen Sicherheitsstandards und Anforderungsprofils ihre Verwaltungsverfahren und -grundsätze aufeinander abzustimmen und in einer Vereinbarung festzulegen. Sie treffen sich mindestens zweimal im Jahr zu Koordinierungssitzungen.

§ 6 Rechts- und Fachaufsicht

Die Rechts- und Fachaufsicht über die in den §§ 1 bis 4a beauftragten Luftsportverbände wird auf das Luftfahrt-Bundesamt übertragen. Soweit Einzelfragen der Luftsportgeräteverwaltung durch einen Beauftragten grundsätzlicher Klärung bedürfen, werden diese vom Luftfahrt-Bundesamt dem Bundesministerium für Verkehr, Bau- und Wohnungswesen zur Entscheidung vorgelegt.

Zulassung eines UL

Wer ein UL zum Verkehr zulassen möchte, kommt um einige Formalien und Gesetzeskenntnisse nicht herum. Zum besseren Verständnis des Zulassungsantrags und seiner Bearbeitung folgen nachstehend einige Auszüge aus der Luftverkehrs-Zulassungsordnung (LuftVZO).

Auszug aus der LuftVZO (§§ 6 - 8):

2. Verkehrszulassung des Luftfahrtgeräts

§ 6 Umfang der Zulassung

(1) Luftfahrtgeräte, die der Verkehrszulassung bedürfen, sind

1. Flugzeuge,
2. Drehflügler,
3. Luftschiffe,
4. Motorsegler,
5. Segelflugzeuge,
6. bemannte Ballone,
6a. Luftsportgeräte,
7. Flugmodelle mit mehr als 20 kg Höchstgewicht,
8. Startgeräte, ausgenommen Startwinden für Segelflugzeuge,
9. sonstiges Luftfahrtgerät, soweit es für die Benutzung des Luftraums bestimmt und nach der Prüfordnung für Luftfahrtgerät prüfpflichtig ist.

(2) Nichtmotorgetriebene Luftsportgeräte sowie Rettungs- und Schleppgeräte für Luftsportgerät sind von der Verkehrszulassung befreit.

§ 7 Zuständige Stellen

Die Verkehrszulassung wird von dem Luftfahrt-Bundesamt erteilt. Die Verkehrszulassung der Luftsportgeräte wird von dem vom Bundesminister für Verkehr Beauftragten erteilt.

§ 8 Zulassungsantrag für Flugzeuge, Drehflügler, Luftschiffe, Motorsegler und Ultraleichtflugzeuge

(1) Der Antrag auf Verkehrszulassung von Flugzeugen, Drehflüglern, Luftschiffen, Motorseglern und Ultraleichtflugzeugen muß enthalten

1. die Bezeichnung des Eigentümers, und zwar

> a) bei natürlichen Personen den Namen und die Anschrift sowie andere den Eigentümer deutlich kennzeichnende Merkmale, soweit dies zur Klarstellung erforderlich ist,
>
> b) bei juristischen Personen und Gesellschaften des Handelsrechts die Firma oder den Namen sowie den Sitz, bei einer offenen Handelsgesellschaft ferner die Namen aller Gesellschafter und bei einer Kommanditgesellschaft oder einer Kommanditgesellschaft auf Aktien die Namen aller persönlich haftenden Gesellschafter,
>
> c) bei mehreren Eigentümern die Anteile der Berechtigten in Bruchteilen oder das für die Gemeinschaft maßg. Rechtsverhältnis, ferner einen von den Berechtigten bevollmächtigten Vertreter;

2. die Angabe der Staatsangehörigkeit des Eigentümers; bei juristischen Personen oder Gesellschaften des Handelsrechts die Angabe der Staatsangehörigkeit der Vertretungsberechtigten oder persönlich haftenden Personen und auf Verlangen einen Auszug aus dem Vereins-, Handels- oder Genossenschaftsregister; die deutsche Staatsangehörigkeit ist auf Verlangen nachzuweisen;

3. bei juristischen Personen und Gesellschaften des Handelsrechts die Erklärung, wem der überwiegende Teil ihres Vermögens oder Kapitals sowie die tatsächliche Kontrolle darüber zusteht und die Erklärung über die Staatsangehörigkeit dieser Personen; die den Erklärungen zugrundeliegenden tatsächlichen Behauptungen sind auf Verlangen nachzuweisen;

4. die Erklärung, daß das Luftfahrzeug außerhalb des Geltungsbereichs dieser Verordnung nicht in einem öffentlichen Register eingetragen ist; die Erklärung ist auf Verlangen glaubhaft zu machen;

5. die Angabe des Verwendungszweckes;

6. den Namen und die Anschrift des Halters, wenn der Eigentümer nicht zugleich Halter ist; bei mehreren Haltern gilt Nummer 1 Buchstabe c sinngemäß;

7. den regelmäßigen Standort des Luftfahrzeugs.

(2) Dem Antrag sind beizufügen

1. der Nachweis des Eigentumserwerbs an dem Luftfahrzeug;

2. der Nachweis der Lufttüchtigkeit nach der Prüfordnung für Luftfahrtgerät (Prüfschein);

3. die Versicherungsbestätigung nach § 103 Abs. 4 oder der Hinterlegungsschein nach § 105;

4. der Nachweis der Löschung, wenn das Luftfahrzeug zuletzt außerhalb des Geltungsbereichs dieser Verordnung in einem öffentlichen Register eingetragen war;

5. gegebenenfalls der Nachweis der Genehmigung des Bundesamtes für Post und Telekommunikation (BAPT), für Ultraleichtflugzeuge zusätzlich der Nachweis der Zulassung durch das Luftfahrt-Bundesamt oder das Flugsicherungsunternehmen zur Errichtung und zum Betrieb der Bordfunkanlage;

6. auf Verlangen der zuständigen Stelle eine Bescheinigung über das Ausmaß des durch den Betrieb des Luftfahrzeugs entstehenden Geräuschs, wenn das Luftfahrzeug nicht in allen Teilen dem lärmschutzgeprüften Muster entspricht; die zuständige Stelle kann eine für die Geräuschmessung geeignete Stelle vorschreiben, wenn Anlass für Zweifel an der Richtigkeit des vom Hersteller erbrachten Meßergebnisses besteht.

Abb. 1.6: Vorbildlich aufgebautes Panel der Remos G-3 Mirage mit Platz für eine vollständige E-Klasse-Avionic (Quelle: Remos).

Kapitel 2
Erläuterungen zu den technischen Daten und Kosten von A bis Z

Einführung

Die folgenden Seiten enthalten in alphabetischer Reihenfolge Erläuterungen zu den technischen Daten und den Kosten der in Kapitel 3 berechneten UL. So weit erforderlich, sind auch abweichende Werte für die vergleichsweise vorgestellten VLA und Experimental-Flugzeuge kommentiert.

In dem Abschnitt „Technische Daten von A - Z" werden nur die gängigsten Werte behandelt, die zur Beurteilung der Leistungsfähigkeit eines Flugzeuges nötig sind. Detaillierte Angaben wie z.B. Kabinenabmessungen, Flugleistungsdaten bei verschiedenen Klappenstellungen und Triebwerk-Leistungseinstellungen können ohnehin nur den Flugzeughandbüchern entnommen werden. Bei Interesse an Daten eines bestimmten Flugzeugtyps ist der direkte Kontakt zum Flugzeughersteller zu empfehlen, da selbst umfangreiche Prospekte selten spezielle Werte enthalten.

Im Abschnitt „Kostenbegriffe von A - Z" werden alle Kosten sehr detailliert beschrieben und - falls erforderlich - mit Berechnungsbeispielen abgeschlossen. Da die einzelnen Kostenbegriffe alphabetisch abgehandelt werden, ist der logische Ablauf einer zusammenfassenden Berechnung nicht sofort ersichtlich. Aus diesem Grund schließt eine Musterberechnung für ein UL dieses Kapitel ab. In dieser Musterberechnung kann sukzessive die Kalkulation für ein Flugzeug, beginnend vom Anschaffungspreis bis zu den Kosten für Flug- und Sitzplatzkilometer, nachvollzogen werden.

Technische Daten von A - Z

Abmessungen

Länge, Höhe und Spannweite der Flugzeuge werden in Metern (m), die Fläche der Tragflächen in Quadratmetern (qm) angegeben. Detailmaße sind aus Gründen der Übersichtlichkeit nicht genannt.

Abreißgeschwindigkeit

Die Abreißgeschwindigkeit (km/h) ist die Geschwindigkeit, bei der die Luftströmung an den Tragflächen abreißt und zum Auftriebsverlust führt. Es wurde die Abreißgeschwindigkeit bei eingefahrenen Klappen gewählt, um auch das Gefahrenmoment des Strömungsabrisses während des Fluges zu berücksichtigen. Diese Abreißgeschwindigkeit liegt ca. 5-10% höher als die Abreißgeschwindigkeit mit voll gesetzten Klappen.

Avionic

Unter Avionic ist im weitesten Sinne die Ausrüstung eines Flugzeuges mit Funk- und Navigationsgeräten sowie Flugregelsystemen zu verstehen. Folgende Avionic steht den UL in diesem Handbuch wahlweise je nach Einbaumöglichkeit und Ansprüchen im Rahmen einer in den Anschaffungspreis eingerechneten Pauschale von 7.500 € zur Verfügung (s.a. Kapitelabschnitt Kostenbegriffe, Anschaffungspreis):

1. Sprechfunkgerät (Mindestausrüstung)
2. Sprechfunk/VOR-Gerät
3. GPS Gerät (Einbau oder portabel)
4. ADF (Mittelwellen-NAV-Anlage)
5. Transponder (Mindestausrüstung)

Die wenigen beispielhaft zur Abgrenzung und Ergänzung zu den UL ebenfalls vorgestellten VLA und Experimental-Flugzeuge haben zulassungsbedingt ein umfangreicheres Avionic-Package in Höhe von 15.000 € erhalten.

Daten, technische

Die technischen Daten der Flugzeuge sind in diesem Kapitel in Kurztexten einzeln erläutert. In den Flugzeugportraits entsprechen sie der folgenden Tabelle (Abb. 2.1).

Dienstgipfelhöhe

Dienstgipfelhöhe ist die maximal erreichbare Höhe (in m), in der ein Flugzeug mit maximalem Startgewicht (Gesamtgewicht abzüglich der seit dem Start verbrauchten Treibstoffmenge) noch mit 0,5 m/sec steigen kann. Bei UL ist dieser Wert fliegerisch ohne allzu große Bedeutung und wurde daher mit **k.A.** (keine Angabe) ersetzt, es sei denn, ein Flugzeughersteller hat die Dienstgipfelhöhe ausdrücklich in seinen technischen Daten veröffentlicht.

Fahrwerk

Entsprechend dem Konzept von UL und VLA werden bis auf wenige Ausnahmen nur feste Fahrwerke angeboten.

Abb. 2.1: Beispieltabelle für technische Daten bei der Comco Ikarus Eurostar (80 PS).

Comco Ikarus Eurostar (80 PS) — UL

1. Sitze, Fahrwerk, Zelle		4. Belastungsdaten	
Sitzplätze	2	Leistungsbelastung	5,6 kg/PS
Fahrwerk	Fest	Flächenbelastung	45,7 kg/qm
Länge / Höhe	5,98 m / 2,34 m		
Spannweite	8,10 m	**5. Leistungsdaten**	
Flügelfläche	9,84 qm	Höchstgeschwindigkeit	225 km/h
		Reisegeschwindigkeit[1]	170 km/h
2. Propeller, Triebwerk, Verbrauch		Abreißgeschwindigkeit[4]	65 km/h
Propeller	Starr	Steigleistung	330 m/min
Triebwerk	Rotax 912 UL	Dienstgipfelhöhe	k.A. (keine Angabe)
Triebwerkleistung	80 PS (59 kW)	Start-[5] / Landerollstrecke[6]	145 m / 200 m
Treibstoffverbrauch[1]	14,4 l/h Mogas		
		6. Transport-Kennzahlen	
3. Gewichte		Gesamtzuladung[7]	178 kg = 40 %
Leergewicht	272 kg	davon Nutzladung[2]	131 kg = 29 %
+ Nutzladung[2]	131 kg	davon Treibstoff	47 kg = 10 %
+ Treibstoff[3]	65 l = 47 kg	Reichweite[8]	682 km
= Gesamtgewicht	450 kg	Treibstoffverbrauchsindex	1,99

Kurz-Info: Ganzmetall-Tiefdecker mit verklebten und vernieteten Alu-Blechen sowie zusätzlicher Außennahtabdichtung. Optional: Anklappbares Tragflächensystem.

[1] Bei 65% Leistung [2] Pilot, Passagiere, Gepäck [3] kg-Berechnung nach spezifischem Gewicht [4] Klappen 0° [5] Start- bis Abhebepunkt [6] Aufsetz- bis Stillstandpunkt [7] Anteil am Gesamtgewicht [8] Inkl. 30 Min. Reserve

Einziehfahrwerke sind zumindest im UL-Bereich Spezialitäten, die das MTOW anheben, die Flugleistungen nur marginal verbessern, die Anschaffungs- und die Wartungskosten dagegen deutlich erhöhen.

Flächenbelastung

Die Flächenbelastung eines Flugzeuges errechnet sich aus dem Gesamtgewicht (kg) dividiert durch die Flügelfäche (qm). Die Flächenbelastung wird in kg/qm angegeben. In Verbindung mit der Leistungsbelastung (kg/PS) ist sie zur Beurteilung des Flugverhaltens wichtig.

Faustregel: Schnelle Flugzeuge haben hohe, langsame Flugzeuge niedrige Flächenbelastungen.

Gesamtgewicht

Das Gesamtgewicht (maximales Startgewicht, Maximum Take-Off Weight, MTOW) ist bei den technischen Daten in kg angegeben. Es ist das maximale Gewicht eines Flugzeuges, mit dem es starten darf. Das Gesamtgewicht setzt sich aus dem Leergewicht und der Zuladung einschließlich vollen Treibstofftanks zusammen.

Bei UL ist das MTOW durchgängig mit 450 kg, bei VLA mit 750 kg angegeben. Bei Experimental-Flugzeugen ist das vom Flugzeughersteller genannte MTOW übernommen worden.

Im MTOW der UL ist das Gewicht des Rettungsgeräts grundsätzlich enthalten. Das dadurch bedingte Mehrgewicht liegt je nach Rettungssystem zwischen 10 und 15 kg.

Gesamtzuladung

Die Gesamtzuladung bei den technischen Daten ist in kg angegeben. Gesamtzuladung ist definiert als das Gewicht, das zusätzlich zum Leergewicht bis zum maximalen Startgewicht (Gesamtgewicht) zugeladen werden darf. Darin ist das Gewicht des Treibstoffs, der Crew, der Passagiere und des Gepäcks enthalten. Außerdem sind die Einzelzuladungsgewichte für Treibstoff und Passagiere/Gepäck angegeben. Bei einer individuellen Berechnung ist noch ein Sicherheitsabzug sowie eine exakte Weight-and-Balance-Berechnung in jedem Fall dringend zu empfehlen.

Höchstgeschwindigkeit

Die Höchstgeschwindigkeit eines Flugzeuges wird als die Geschwindigkeit (km/h) definiert, die es mit maximaler Motorenleistung und maximalen Startgewicht in Meereshöhe unter den Bedingungen der Standardatmosphäre erreicht.

Landerollstrecke

Die Landerollstrecke ist in diesem Handbuch in Metern (m) angegeben. Sie ist als die Strecke definiert, die ein Flugzeug vom Aufsetzen bis zum Stillstand bei maximalem Startgewicht, vollen Landeklappen entsprechend dem Flugzeug-Betriebshandbuch unter den Bedingungen der Standardatmosphäre benötigt.

Leergewicht

Unter dem Leergewicht (kg) eines Flugzeuges ist das Gewicht des leeren Flugzeuges mit Avionic-Ausrüstung, Öl und nicht ausfliegbarer Treibstoffmenge zu verstehen.

Bei UL ist das Gewicht des Rettungsgerätes im Leergewicht enthalten.

Leistungsbelastung

Die Leistungsbelastung eines Flugzeuges errechnet sich aus dem maximalen Startgewicht (kg) dividiert durch die Leistung des Triebwerkes (PS) und wird in kg/PS angegeben. Zusammen mit der Flächenbelastung (kg/qm) wird sie zur Beurteilung des Flugverhaltens verwendet. Die Leistungsbelastung ist ein Kriterium, um beispielsweise die Sicherheitsreserve eines Flugzeuges beurteilen zu können.

Faustregel: Je niedriger die Leistungsbelastung, um so größer die Sicherheitsreserve.

Propeller

Hier ist angegeben, ob es sich um einen starren oder verstellbaren Propeller handelt. Starre Propeller haben eine festgelegte Steigung der einzelnen Propellerblätter, bei Verstellpropellern läßt sich der Wirkungsgrad einstellen (Reiseflug-, Start- und Segelstellung). UL haben vorwiegend starre Propeller, da das bei einem Verstellpropeller entstehende Mehrgewicht die verfügbare Zuladekapazität deutlich einschränken kann.

Reichweite

Die bei den technischen Daten unter Transport-Kennzahlen angegebene Reichweite (in km) der Flugzeuge ist die Strecke, die das Flugzeug mit Standard-Tanks bei einer Leistung von 65% in etwa 5.000 Fuß unter Berücksichtigung einer 30-Minuten-Reserve mit voller Beladung zurücklegt. Die geringe, nicht ausfliegbare Menge Treibstoff ist in der 30-Minuten-Reserve enthalten.

Berechnungsbeispiel

Ein UL Typ ABC hat eine Standard-Tankmenge von 60 Litern und einen Verbrauch von 15 Litern pro Stunde bei einer Reisegeschwindigkeit von 150 km/h. Zieht man die 30-Minuten-Reserve von rund 8 Litern von der Tankfüllung ab, verbleiben 52 Liter für den Streckenverbrauch:

Reichweite
= 52 l : 15 l/h x 150 km = **520 km**

Reisegeschwindigkeit

Die wirtschaftliche Reisegeschwindigkeit (in km/h) ist bei den technischen Daten die Geschwindigkeit eines Flugzeuges, die es bei einer Leistung von 65% in VFR-typischer Reiseflughöhe (ca. 5.000 Fuß) und maximal zulässigem Gesamtgewicht abzüglich des bis zum Erreichen dieser Höhe verbrauchten Treibstoffs erreicht.

Sitzplätze

Bei der Angabe der Sitzplätze in den technischen Daten ist der Platz des Piloten enthalten. Es werden nur die Sitzplätze in der Standardausrüstung jedes Flugzeuges ohne mögliche Erweiterungsoptionen genannt. UL haben maximal 2 Sitze, VLA und Experimental-Flugzeuge 2 bis 4 (4 Sitze sind allerdings eine Ausnahme).

Startrollstrecke

Die Startrollstrecke ist in Metern (m) angegeben und als die Strecke definiert, die ein Flugzeug vom Startpunkt bis zum Abheben bei maximalem Startgewicht, Landeklappen in Startstellung in der Standardatmosphäre benötigt.

Steigleistung

Die Steigleistung ist bei den technischen Daten in Metern pro Minute (m/min) angegeben. Als technische Kennzahl informiert sie u.a. über die Leistungsfähigkeit eines Flugzeuges.

Treibstoff

Flugzeuge mit Kolbentriebwerken benötigen Flugbenzin (Avgas), mit modifizierten Kolbentriebwerken Auto-Superbenzin (Mogas oder unverbleites Superbenzin) und mit Turbinentriebwerken Kerosin. Bei der Angabe der Treibstoff-Zuladung (kg) bei den technischen Daten ist das spezifische Gewicht von Avgas und Mogas mit je 0,72 kg je Liter berücksichtigt. UL benötigen durchgängig Mogas, können aber auch mit Avgas betrieben werden (Vorsicht: Erhöhter Verschleiß!). Gleiches gilt für VLA und Experimental-Flugzeuge, sofern sie mit den UL-typischen Motoren ausgerüstet sind (z.B. Rotax, Limbach).

Treibstoffverbrauch

Bei der Treibstoffverbrauchsberechnung je Betriebsstunde (l/h) haben wir eine Leistung von 65% in VFR-typischer Flughöhe (ca. 5.000 ft) angenommen. Der Minderverbrauch beim Landeanflug und der Landung sowie der Mehrverbrauch beim Start bis zum Erreichen der Reiseflughöhe und die Rollvorgänge sind berücksichtigt. Als Berechnungsbasis für den Treibstoffverbrauch pro Betriebsstunde wurde ein 2-stündiger Flug unter den o.a. Voraussetzungen gewählt.

Der Durchschnitt der so berechneten Verbrauchswerte ergab eine Verbrauchskonstante von 0,22 bei Avgas und 0,18 bei Mogas.

Die günstigere Treibstoffverbrauchskonstante bei Mogas erklärt sich aus den gegenüber konventionellen Flugzeugtriebwerken moderneren, optimierten Mogas-Motoren. Multipliziert mit der Triebwerksleistung (PS) kann diese Konstante als „Faustformel" verwendet werden.

Beispiele einmotoriges Flugzeug mit

Avgas-Triebwerk 235 PS:
Verbrauch = 235 x 0,22 = **51,7 Liter/h**

Mogas-Triebwerk 80 PS:
Verbrauch = 80 x 0,18 = **14,4 Liter/h**

Mogas-Triebwerk 100 PS:
Verbrauch = 100 x 0,18 = **18,0 Liter/h**

Triebwerk

Unter der Bezeichnung Triebwerk ist bei den technischen Daten der Herstellername und die Kurzbezeichnung des Triebwerkes genannt. Die Triebwerksleistung bei den technischen Daten ist in PS angegeben. Der Motorenhersteller Rotax ist bei den UL und VLA marktbeherrschend. Die bei UL verwendeten Rotax-Motoren sind nicht zertifiziert und tragen die Bezeichnungen z.B. Rotax 912 UL bei der 80-PS- und Rotax 912 UL S bei der 100-PS-Motorenvariante. Die zertifizierten Pendants im VLA-Bereich haben die Bezeichnungen Rotax 912 A (80 PS) bzw. Rotax 912 S (100 PS).

Kostenbegriffe von A - Z

Die folgenden Seiten enthalten in alphabetischer Reihenfolge Kurztexte über die betriebswirtschaftlichen Begriffe und Kostenwerte der in diesem Handbuch behandelten UL.

Abschreibung

Abschreibung (AfA) ist ein Begriff aus der Kostenberechnung von Investitionsgütern und in der Regel nur für Unternehmen interessant, die eine genaue steuerliche und betriebswirtschaftliche Kalkulation erstellen müssen (kaufmännische Kostenkalkulation).

Unter Abschreibung ist die jährlich gleichbleibende Wertminderung eines Flugzeuges über einen festen Zeitraum (Abschreibungsdauer) zu verstehen. Bei allen berechneten Neuflugzeugen (kaufmännische Kalkulation) liegt die (steuerrechtlich vorgeschriebene) Abschreibungsdauer bei 21 Jahren und einem Restwert in Höhe von 30% des Neu- bzw. Anschaffungspreises.

Bei UL mag eine derart hohe Abschreibungsdauer manchem ungerechtfertigt hoch erscheinen, da es bauartbedingt nicht die Lebenserwartung eines konventionellen Flugzeuges, z.B. der E-Klasse, hat. Kürzere Abschreibungszeiträume können mit entsprechenden Nachweisen bei den Finanzbehörden aber „ausgehandelt" werden.

Lange Abschreibungszeiträume verbilligen die Flugstundenkosten, kurze verteuern sie. Aus unternehmerischer Sicht kann eine kurze Abschreibungsdauer zur Reduzierung eines erwarteten zu versteuernden Gewinns sinnvoll und interessant sein.

Auf solche Einzelfälle kann man natürlich nicht bei standardisierten Berechnungen eingehen. Aus diesem Grund werden alle UL, VLA und Experimental-Flugzeuge einheitlich mit 21 Jahren entsprechend den gesetzlichen Vorschriften abgeschrieben. Die Abschreibung in diesem Handbuch ist daher lediglich als kalkulatorische Größe zu verstehen.

Berechnungsbeispiel

Kaufpreis UL Typ ABC o. MWSt 80.000 €
- Restwert nach 21 Jahren 30% 24.000 €

= AfA gesamt über 21 Jahre 56.000 €
= AfA pro Jahr 2.667 €

Abstellgebühren/Hangarierung

Abstellgebühren und Hangarierungskosten werden meistens nach Gewicht des Flugzeuges und der Dauer der Stationierung vom Flugplatzhalter bzw. Hallenbesitzer in Jahresverträgen berechnet. Bei den in Kapitel 3 vorgestellten UL, VLA und Experimental-Flugzeugen wurden einheitliche Hangarierungskosten in Höhe von 1.500 € pro Jahr (ohne MWSt) angesetzt. Grundlage hierfür waren Kostenermittlungen auf Verkehrslandeplätzen im Rhein-Main-Gebiet für Flugzeuge bis 1.200 kg Gesamtgewicht.

Viele UL-Hersteller bieten die Option, die Tragflächen anklappen zu können und damit den Transport des UL in einem Spezial-Anhänger zu ermöglichen. Steht zuhause genügend Garagenplatz zur Verfügung, können so Hangarierungskosten eingespart werden. Doch auch bei einer Hangarierung kann ein UL mit angelegten Flächen erheblich Platz und damit Kosten sparen. Solche Einsparmöglichkeiten sind bei den Kostenberechnungen nicht berücksichtigt.

Anschaffungspreis

In den Musterberechnungen werden die Anschaffungspreise mit und ohne Mehrwertsteuer in Euro auf der Basis eines Kurses von 1,12 € je US-Dollar genannt, sofern die Flugzeugpreise in US-Dollar angegeben waren. In der Mehrzahl der Fälle rechnet der Flugzeughandel allerdings mit Euro. Der Anschaffungspreis (betriebsbereit frei deutschem Flugplatz) wurde bei allen UL, VLA und Experimental folgendermaßen kalkuliert (alle Preise ohne MWSt):

Grundpreis
+ 5% Pauschale für Zusatzausrüstung
+ Avionic 7.500 € (UL) bzw.
15.000 € (VLA und Experimental)

An Avionic stehen für die UL, VLA und Experimental wahlweise je nach Zulassungsvorschriften, Einbaumöglichkeit und Ansprüchen im Rahmen der o.a. 5%-Pauschalen zur Verfügung:

1. Sprechfunkgerät (Mindestausrüstung)
2. Sprechfunk/VOR-Gerät
3. GPS Gerät (Einbau oder portabel)
4. ADF (Mittelwellen-NAV-Anlage)
5. Transponder (Mindestausrüstung)

Betriebserschwernisse

Beim Betrieb eines Flugzeuges können sich neben seinem Alter und einer speziellen Ausrüstung auch Betriebserschwernisse negativ auf die Betriebsstunden-Kosten auswirken.

Diese kostensteigernden Faktoren sind als prozentuale Aufschläge auf die Summe der Umlagekosten (für Wartung, Reparaturen, Rücklagen) und Treibstoffverbrauchskosten berücksichtigt worden.

1. **Altersaufschläge:** Da es sich bei allen berechneten UL, VLA und Experimental-Flugzeugen um Neuflugzeuge handelt, wurden keine altersbedingten Aufschläge eingerechnet. Normalerweise wird bei Gebrauchtflugzeugen 1% pro Jahr des Flugzeugalters angesetzt.

2. **Aufschläge für Technik:** Je nach technischer Ausstattung wurden folgende Punkte als kostensteigernd berücksichtigt:

   - Einspritzer, Turbolader   1%
   - Einziehfahrwerk   1%
   - Verstellpropeller   1%

3. **Betriebsbedingte Aufschläge:** Um die anderen kostensteigernden Faktoren zu berücksichtigen, sind bei allen Flugzeugen zur Standardisierung folgende Aufschläge in die Kosten je Betriebsstunde fest eingerechnet worden:

   - Vorw. Betrieb auf Grasbahn   1%
   - Vorw. Betrieb bis 2 Stunden   1%
   - Vorw. Betrieb bis 5.000 ft   1%
   - Vorw. Betrieb max. Startgewicht   1%

Ausgeschlossen wurden bei allen Berechnungen folgende Betriebserschwernisse:

- Vereins- und Schulungsbetrieb
- Betrieb mit mehr als 3 Piloten

Berechnungsbeispiel

Ein UL Typ ABC hat eine Umlage für Wartung, Reparaturen und Rücklagen in Höhe von 15,00 € pro Betriebsstunde sowie Treibstoffverbrauchskosten von 20,00 € pro Betriebsstunde (= 35,00 €). Es hat ein Einziehfahrwerk und einen Verstellpropeller (je 1% Aufschlag). Hinzu kommen die betriebsbedingten Aufschläge (s. Punkt 3.) mit 4 %.

Es entstehen folgende Kosten pro Betriebsstunde:

Umlagekosten/Treibstoff pro h	35,00 €
+ 1% Einziehfahrwerk	0,35 €
+ 1% Verstellpropeller	0,35 €
+ 4% Betriebsbedingter Aufschlag	1,40 €
= Summe	**37,10 €**

Betriebsstundenkostenprofil

Bei den beispielhaften Flugzeugportraits sind die Betriebsstundenkosten p.a. (gestaffelt in 25-Stunden-Einheiten von 50 Stunden p.a. bis 500 Stunden p.a.) nach kaufmännischen und privaten Kalkulationskriterien ausgewiesen. Die Berechnung sieht folgendermaßen aus:

Fixe Kosten p.a. : Betriebsstunden p.a.
= Fixkostenanteil an Betriebsstunde
+ Variable Kosten je Betriebsstunde
= Gesamtkosten je Betriebsstunde

Berechnungsbeispiel

Ein UL Typ ABC hat pro Jahr Fixe Kosten in Höhe von z.B. 6.000 € und Variable Kosten je Betriebsstunde von 50,00 €. Wird nun das UL pro Jahr insgesamt 100 Stunden geflogen, errechnen sich die Gesamtkosten je Betriebsstunde so:

Fixe Kosten p.a.
= 6.000 € : 100 Betriebsstunden
= 60 € je Betriebsstunde
+ Variable Kosten/Betriebsstunde 50 €
= Gesamtkosten/Betriebsstunde = 110 €

Flugkilometerkosten

Flugkilometerkosten zählen zu den Kosten, die eine unmittelbare Aussagekraft über die Wirtschaftlichkeit eines Flugzeuges haben.

Berechnungsbeispiel

Ein Flugzeug hat bei einer Betriebsstundenzahl von 300 h p.a. 100 € Kosten je Betriebsstunde und eine Reisegeschwindigkeit von 150 km/h bei 65% Leistung. Es entstehen folgende Kosten:

Kosten je Flugkilometer
= 100,00 € : 150 km/h = **0,67 €**

Kalkulation, kaufmännische

Die Fixen Kosten bei der kaufmännischen Kalkulationsmethode enthalten zusätzlich zu den auch bei der privaten Kalkulation berechneten Kosten für Hangarierung und Versicherung noch Abschreibung und Zinsen für das Eigen- und Fremdkapital. Ein Gewinnaufschlag (Unternehmerlohn) wurde nicht angesetzt. Die Mehrwertsteuer ist bei den kaufmännischen Werten nicht enthalten.

Kalkulation, private

Bei der privaten Kalkulation sind als Fixe Kosten Hangarierung und Versicherung erfaßt. Abschreibungskosten sowie Kapitalzinsen werden erfahrungsgemäß bei privaten (Vereine, Haltergemeinschaften u.ä.) Berechnungen der Betriebsstundenkosten nicht in Kalkulationen einbezogen. Weiterhin unterscheidet sich in diesem Handbuch die private Kalkulation von der kaufmännischen dadurch, daß die Mehrwertsteuer in allen privaten Werten enthalten ist.

Kosten, Fixe

Die Fixen Kosten werden jährlich errechnet (p.a.). Sie fallen grundsätzlich an, ganz gleich, ob ein Flugzeug fliegt oder in der

Halle steht. Die Fixen Kosten setzen sich aus folgenden Kostenpositionen zusammen:

1. Abschreibung
2. Kapitalzinsen
3. Versicherung
4. Hangarierung (oder Abstellung)

Bei der privaten Kalkulation entfallen Abschreibung und Zinsen.

Kosten, Variable

Die Variablen Kosten sind die Kosten, die mit dem Betrieb eines Flugzeuges unmittelbar verbunden sind (Variable Kosten je Betriebsstunde):

1. Treibstoff, Öl, Reifenverschleiß
2. Umlage Wartung
3. Umlage Reparaturen
4. Umlage Rücklagen
5. Aufschläge für Betriebserschwernisse

Landegebühren und sonstige Flugkosten sind bei den Variablen Kosten nicht berücksichtigt.

Treibstoff, Öl, Reifenverschleiß

Diese Kosten errechnen sich aus dem Verbrauch an Treibstoff in Litern je Betriebsstunde multipliziert mit dem Literpreis in €. Abschließend wird dieser Wert mit dem Faktor 1,05 multipliziert (Verbrauch in Liter/h x €/Liter x 1,05), um den Ölverbrauch und den Reifenverschleiß pauschal zu bewerten.

Wartung, Reparaturen und Rücklagen

Diese Kosten sind mit insgesamt 0,02% des Anschaffungspreises des UL in die Variablen Kosten als Umlage für Wartung, Reparatur und Rücklagen eingerechnet.

VLA und Experimental-Flugzeuge wurden entsprechend höher mit 0,04% bewertet.

Diese Pauschalberechnung berücksichtigt, daß teure Flugzeuge entsprechend hohe Wartungs- und Reparaturkosten sowie Rücklagen haben. Außerdem ermöglicht diese Berechnungsart eine einheitliche Bewertung bei allen Flugzeugen und verhindert, daß z.B. stetig steigende Wartungskosten nur als „Momentaufnahme" in eine Betriebsstundenkostenberechnung eingehen.

Rücklagen sind für außerordentliche Kosten wie Jahresnachprüfungen, Neueinbauten, Austauschaggregate usw. vorgesehen.

Betriebserschwernisse

Hier sind betriebskostensteigernde Faktoren wie z.B. Alter des Flugzeuges, besondere technische Ausstattungen und betriebsbedingte Faktoren erfaßt (s.a. Betriebserschwernisse zu Beginn des Abschnitts Kostenbegriffe).

Leasing

Leasing ist eine Form der Investitionsfinanzierung mit Vorteilen für Unternehmen. Da UL nicht in der Luftfahrzeugrolle des LBA eingetragen werden, haben Leasinggeber kein Registerpfandrecht an diesen Flugzeugen. Aus diesem Grund werden von den führenden Leasingfirmen z.Zt. keine UL-Leasingverträge abgeschlossen.

Sitzplatzkilometerkosten

Die Sitzplatzkilometerkosten gehören wie die Flugkilometerkosten zu den Kosten, die unmittelbar Rückschlüsse auf die Wirtschaftlichkeit eines Flugzeuges zulassen.

Berechnungsbeispiel

Ein Flugzeug hat Kosten von 100 € je Betriebsstunde bei 300 Betriebsstunden p.a., eine Reisegeschwindigkeit von 200 km/h bei 65% Leistung und 2 Sitzplätze. Es entstehen folgende Kosten:

Kosten je Sitzplatzkilometer
= 100 €/h : 200 km/h : 2 **= 0,25 €**

Transport-Kennzahlen

Diese Kennzahlen geben durch die prozentualen Anteile auf einen Blick Auskunft über die Transportleistung eines Flugzeuges. Die in den Transport-Kennzahlen ebenfalls angegebene Reichweite und der Treibstoffverbrauchsindex TVI werden gesondert erläutert.

Als Beispiel für die Transport-Kennzahlen nehmen wir ein UL mit einem Gesamtgewicht von 450 kg bei 290 kg Leergewicht und einer Gesamtzuladung von somit 160 kg (Nutzladung 110 kg, Treibstoff 50 kg):

1. **Prozentsatz der Gesamtzuladung**
   (Gesamtzulad. x 100) : Gesamtgewicht
   = (160 kg x 100) : 450 kg **= 36%**

2. **Prozentsatz der Nutzladung**
   (Nutzladung x 100) : Gesamtgewicht
   = (110 kg x 100) : 450 kg **= 24%**

3. **Prozentsatz des Treibstoffgewichts**
   (Treibstoffgew. x 100) : Gesamtgewicht
   = (50 kg x 100) : 450 kg **= 11%**

Treibstoffpreise

Für die Motoren der UL, VLA und Experimental-Flugzeuge wird vorwiegend Mogas als Treibstoff verwendet.

Generell ist der Betrieb auch mit Avgas 100 LL technisch möglich, allerdings mit einem erhöhten Motorenverschleiß. Im März 2002 hatten die Treibstoffe am Verkehrslandeplatz Aschaffenburg-Großostheim (EDFC) folgende Literpreise (ohne / mit MWSt):

Mogas   1,08 € / 1,25 €
Avgas   1,32 € / 1,53 €

TVI Treibstoffverbrauchsindex

Der Treibstoffverbrauchsindex (TVI) gibt die Transportleistung eines Flugzeuges bezüglich Treibstoffverbrauch, Kilometerleistung und beförderte Personen je Betriebsstunde an. Unter Kilometerleistung ist dabei die Reisegeschwindigkeit des Flugzeuges pro Betriebsstunde in VFR-typischer Flughöhe bei einer Leistungseinstellung von 65% und maximaler Zuladung zu verstehen.

Der Faktor S (S = Streckenleistung) bei der Berechnung des TVI ist allerdings erklärungsbedürftig: Bei der Entwicklung des TVI vor einigen Jahren hatten wir die Transportleistung des Flugzeuges gegenüber einem PKW untersucht und dabei die PKW-Streckenleistung mit 100 festgelegt.

Da aber nun die Streckenleistung eines Flugzeuges dank seiner Fähigkeit, direkte Strecken von A nach B mit gewissen Einschränkungen fliegen zu können, günstiger zu bewerten ist, kam nach verschiedenen Untersuchungen ein Mittelwert von S = 80 heraus.

Folgende Größen gehen in die TVI-Berechnungsformel eines Flugzeuges ein:

1. PS-Leistung des Flugzeuges (L)
2. Treibstoffverbrauchsfaktor (T = 0,22 bei Avgas, T = 0,18 bei Mogas, T = 0,25 bei Kerosin)

3. Streckenleistung (S = 80)
4. Reisegeschwindigkeit, 65% Leistung (R)
5. Personenzahl inkl. Pilot (P)
6. Zeitkorrekturfaktor (Z = R : 100)

Berechnungsformel:
TVI = (L x T x S) : (R x P) : Z

Berechnungsbeispiel
(Remos G-3 Mirage)

PS-Leistung	L = 100
Treibstoffverbrauchsfaktor	T = 0,18
Streckenleistung	S = 80
Reisegeschwindigkeit	R = 195
Personenzahl	P = 2
Zeitkorrekturfaktor	Z = 195 : 100 = 1,95

TVI Remos G-3 Mirage
= (100 x 0,18 x 80) : (195 x 2) : 1,95
= 1,89

TVI Bewertungsrichtlinien

Die nachstehenden Bewertungsrichtlinien wurden ursprünglich für ein- und zweimotorige Reiseflugzeuge entwickelt. Sie sind für UL nur mit erheblichen Einschränkungen anwendbar, da der Einsatz eines UL in der Regel nicht den Zweck verfolgt, Personen oder Güter schnellstmöglich und zu niedrigsten Kosten von A nach B zu transportieren. Insofern treffen die qualitativen Bewertungen in der Tabelle für UL nur bedingt zu. Da die TVI der UL aber alle einheitlich berechnet sind, können ihre jeweiligen Positionen innerhalb der Bewertungsliste dennoch für ihre Transportleistung aussagekräftig sein. Die UL lassen sich somit untereinander durchaus vergleichen.

Idealer Wert	TVI 0,50
Optimaler Wert	TVI 0,75
Sehr guter Wert	TVI 1,00
Guter Wert	TVI 1,25
Mittelwert	TVI 1,50
Befriedigender Wert	TVI 1,75
Noch befriedigender Wert	TVI 2,00
Ausreichender Wert	TVI 2,25
Schlechter Wert	TVI 2,50
Sehr schlechter Wert	TVI 2,75

Bewertungsbeispiele

Die bei der TVI-Musterberechnung verwendete **Remos G-3 Mirage** (Triebwerk Rotax 100 PS) erreicht mit einem **TVI** von **1,89** einen befriedigenden Transportleistungswert und kann mit gewissen Einschränkungen als vollwertiges zweisitziges Reiseflugzeug bezeichnet werden.

Die **Jet Fox 97 von Euroala** dagegen hat in der Motorenvariante mit einem Rotax 100 PS einen **TVI von 3,42**. Dieses UL ist eindeutig zur Verwendung als Freizeitflugzeug mit nur geringen Transportleistungsqualitäten gedacht.

Noch eindeutiger fällt der **TVI** für **Wellers UW-9 Sprint** mit **4,61** aus. An Transportleistung ist hier überhaupt nicht mehr zu denken. Dementsprechend charakterisiert Weller seine Sprint auch als Flugzeug zum Luftwandern und für den Schulungsbetrieb.

Die **Evolution** von **W.D. Flugzeugleichtbau** in der Motorenvariante mit einem Rotax 80 PS erreicht einen **TVI** von **1,00**. Dies ist selbst im Vergleich mit „normalen" einmotorigen Flugzeugen ein sehr guter Wert, der die Evolution als Reiseflugzeug mit einer Reichweite von 1.880 km geradezu prädestiniert.

Versicherungskosten

Bei allen Luftfahrt-Versicherungen handelt es sich um an das Luftfahrzeug selbst gebundene Versicherungen.

Teilweise sind es sogar gesetzlich vorgeschriebene bzw. behördlicherseits angeordnete Versicherungen, ohne die eine Genehmigung zur Aufnahme des Flugbetriebes bei gewerblichen Unternehmen erst gar nicht erteilt wird. Man unterscheidet folgende Versicherungsarten:

Halter-Haftpflichtversicherung

Hierbei handelt es sich um eine Pflichtversicherung gemäß den Vorschriften der § 33 ff. des Luftverkehrsgesetzes (LuftVG). Die Versicherung deckt Ansprüche aus Schäden an Personen und Sachen, die **nicht** im Luftfahrzeug befördert werden (Drittschäden). Die Haftung trifft zunächst den Halter des Luftfahrzeuges bis zur Höhe der in § 37 LuftVG festgelegten Haftungssummen und zwar auch dann, wenn kein Verschulden vorliegt. Man spricht hier von einer verschärften Gefährdungshaftung (Erfolgshaftung). Die Deckungssumme liegt z.Zt. bei 2.556.460 € pauschal für Personen und/oder Sachschäden.

Passagier-Haftpflichtversicherung

Versichert ist die gesetzliche Haftpflicht des Luftfrachtführers gegenüber Personen und Sachen (Obhutsgepäck), die **im** Luftfahrzeug befördert werden. Die gesetzliche Haftung (LuftVG) ist beschränkt auf die Haftungssummen von 164.000 € für Personenschäden und 1.640 € für Schäden am Obhutsgepäck.

CSL-Deckung

Die CSL-Deckung ist eine Zusammenfassung der unter Halter- und Passagier-Haftpflichtversicherung aufgeführten Einzelversicherungen. Vorteil dieser Deckungsform ist, daß eine einheitliche Deckungssumme je Schadenfall zur Verfügung steht.

Hierbei ist es gleichgültig, ob der Anspruch von außen gestellt wird (Drittschaden) oder von den Passagieren bzw. deren Rechtsnachfolgern. Der Deckungsschutz ist daher wesentlich „komfortabler" als bei den Einzeldeckungen. Ein wesentlicher Gesichtspunkt ist z.B., daß gerade im Bereich des Personenschadens die normalen Deckungssummen der Passagier-Haftpflichtversicherung oft nicht ausreichen.

Für alle in den Portraits in Kapitel 3 berechneten UL haben wir diese Art der Halter- und Passagier-Haftpflichtversicherung gewählt. Die vergleichsweise berechneten VLA und Experimental wurden wie normale Flugzeuge der E-Klasse versichert. Da Erläuterungen zu den Versicherungsgrundlagen für E-Klasse-Flugzeuge den Rahmen dieses Handbuchs sprengen würden, sei für eine Vertiefung dieses Themas auf Band 16 der Privatpiloten-Bibliothek, „Flugzeuge kaufen, leasen, chartern", verwiesen.

Die CSL-Deckung kostet p.a. inklusive 16% Versicherungssteuer 327,22 € und beinhaltet als Deckungssumme einen Pauschalbetrag je Schadensereignis in Höhe von 3.840.000 €. Alle UL in Kapitel 3 wurden zu diesen Konditionen berechnet.

Luftfahrt-Kaskoversicherung

Die Kaskoversicherung deckt den wirtschaftlichen Verlust bei Beschädigung oder Totalschaden des Luftfahrzeuges bis zur Höhe der Versicherungssumme, maximal jedoch bis zum Zeitwert des Luftfahrzeuges am Schadentag. Dieser wird im Totalschadenfall von einem Sachverständigen ermittelt. Für die Kaskoversicherung der Geschäfts- und Reiseflugzeuge sowie Hubschrauber existieren keine festen Prämiensätze. Der Tarif wird individuell ermittelt.

Für die Berechnung der Kasko-Versicherungsprämie sind dabei risikotechnische Details wie z.B. Flugzeugtyp, Kennzeichen, Baujahr, Versicherungssumme (Zeitwert) und vor allem der genaue Verwendungszweck von Bedeutung. Auch die Lizenzen und die Flugerfahrung der einzelnen Piloten können erheblichen Einfluß auf die Prämie haben.

Berechnung der Kasko-Versicherungsprämie bei einem UL

Die **Versicherungssumme** (VS) entspricht dem Anschaffungspreis des Flugzeuges ohne MWSt und ist folgendermaßen gestaffelt:

A. Anschaffungspreis bis 49.999 €
B. Anschaffungspreis ab 50.000 €

Verwendungszweck des UL sind private und geschäftliche Sport- und Reiseflüge durch:

1. Bis zu 3 namentlich genannte Piloten
2. Mehrere ungenannte Piloten (inkl. Anfängerschulung)

Der **Schadenfreiheitsrabatt** (SFR) beträgt 15% und wird vorab berechnet. Er ist nachzuzahlen, wenn ein entschädigungspflichtiger Kaskoschaden eintritt und/oder der Vertrag nicht um ein weiteres Jahr verlängert wird.

Bei der **Selbstbeteiligung** werden folgende Varianten angeboten:

a. 2.500 € je Schadenfall
b. 5.000 € je Schadenfall

Jahresprämien

Die Jahresprämien errechnen sich aus den Kombinationen der einzelnen Positionen Anschaffungspreis (A. oder B.), Anzahl der Piloten (1. oder 2.) sowie der Selbstbeteiligung (a. oder b.):

A.1.a. .... 5,30% der VS abz. 15% SFR
A.1.b. .... 4,65% der VS abz. 15% SFR

A.2.a. .... 7,45% der VS abz. 15% SFR
A.2.b. .... 6,50% der VS abz. 15% SFR

B.1.a. .... 4,45% der VS abz. 15% SFR
B.1.b. .... 3,80% der VS abz. 15% SFR

B.2.a. .... 6,95% der VS abz. 15% SFR
B.2.b. .... 6,10% der VS abz. 15% SFR

Alle Prämien verstehen sich zuzüglich der Versicherungssteuer in Höhe von 16%, der Geltungsbereich der Kaskoversicherung ist europaweit.

Bei den Berechnungen der Kaskoprämien (Portraits der UL, Kapitel 3) haben wir die jeweiligen Anschaffungspreise für Neuflugzeuge ohne MWSt zugrundegelegt, bis zu drei namentlich genannte Piloten angenommen und die Selbstbeteiligung mit 2.500 € je Schadenfall festgesetzt. Es gelten folglich für die Prämiensätze p.a. lediglich die beiden Kombinationen A.1.a. oder B.1.a.

Berechnungsbeispiel

Der Anschaffungspreis des neuen UL Typ ABC beträgt z.B. 70.000 € ohne MWSt:

Prämie p.a. nach B.1.a
= 4,45% von 70.000 €
= 3.115,00 € - 15% SFR
= 2.647,75 € + 16% Versicherungssteuer
= 3.613,40 € p.a.

Die zu Vergleichszwecken in Kapitel 3 ebenfalls berechneten VLA und Experimental sind aus Vereinfachungsgründen auch nach dem o.a. Schema berechnet worden.

Allerdings werden die effektiven Prämien bei VLA und Experimental von den Versicherungsgesllschaften individuell auf Anfrage ermittelt.

Sitzplatz-Unfallversicherung

Eine Sitzplatz-Unfallversicherung (Platzversicherung) ist vorgeschrieben bei Einsatz der Luftfahrzeuge zur gewerblichen Personenbeförderung und sinnvoll bei privaten Flügen. Die Versicherungssummen betragen 17.896 € für den Todes- und 25.565 € für den Invaliditätsfall je Pilotensitz.

Die Versicherungsprämien p.a. liegen inklusive 16% Versicherungssteuer je Pilotensitz bei 63,91 € und je Gastsitz bei 51,12 €. Um auch hier die Berechnung der UL in Kapitel 3 zu vereinfachen, haben wir jeden Sitz als Pilotensitz definiert und mit jeweils 63,91 € p.a. (2 Sitze = 127,82 € p.a.) berechnet. Auch bei Schulflügen - sowohl bei der Anfängerschulung als auch bei weiterführenden Schulungen - gelten entsprechende Summen für den Fluglehrer- und den Flugschülersitz.

Die vergleichsweise in Kapitel 3 vorgestellten VLA und Experimental wurden nach den Versicherungsgrundlagen der E-Klasse berechnet (s.a. Hinweise am Ende des Textabschnitts CSL-Deckung).

Notwendige Zusatzversicherungen bei grenzüberschreitenden Flügen

Trotz beginnender Harmonisierung der Haftung im europäischen Luftverkehr sind Haftungsvorschriften innerhalb der Europäischen Gemeinschaft immer noch sehr unterschiedlich. Die in Deutschland geltenden Haftungsnormen und die Versicherungsvorschriften sind für die meisten Länder ausreichend.

Lediglich für die Schweiz, Österreich und die skandinavischen Länder gelten höhere Haftungssummen. Bei Einflug in den jeweiligen Luftraum wird hierüber der Versicherungsnachweis verlangt. Ein Verstoß dagegen wird mit Bußgeldern oder sogar Haftstrafe belegt. Über die Höhe der notwendigen Versicherungen und die in Frage kommenden Zusatzprämien geben die Versicherungsgesellschaften oder die Luftfahrt-Versicherungsmakler alle notwendigen Informationen.

Zinsen

Wir haben bei den Betriebsstundenberechnungen innerhalb der kaufmännischen Kalkulation den Anschaffungspreis mit 50% Fremd- und 50% Eigenmitteln als Finanzierungsmodell angenommen. Dabei sind 5% p.a. bei den Eigenmitteln und 7,5% p.a. bei den Fremdmitteln als Kapitalzins eingesetzt. Da aber bei derartigen Finanzierungen lediglich der Zins auf das durchschnittlich p.a. gebundene Kapital berechnet wird, flossen bei den Eigenmitteln effektiv 2,5% und bei den Fremdmitteln effektiv 3,75% Zinsen p.a. in die Fixen Kosten ein.

Berechnungsbeispiel

Ein UL Typ ABC kostet 80.000 € ohne MWSt und soll mit 50% Eigen- und 50% Fremdmitteln finanziert werden:

1. 40.000 € finanziert mit Eigenmitteln zu 2,5% p.a. **= 1.000 € p.a.**

2. 40.000 € finanziert mit Fremdmitteln zu 3,75% p.a. **= 1.500 € p.a.**

3. Gesamtzinsbelastung **= 2.500 € p.a.**

Abschließende Musterberechnung

Auf den nächsten 3 Seiten folgt eine abschließende Musterberechnung für eine Allegro der Fantasy Air Group, anhand der die Berechnungsschemata für alle Kalkulationen nachvollzogen werden können.

Entsprechend diesem Schema sind alle Flugzeuge berechnet worden. Es muß ausdrücklich darauf hingewiesen werden, daß alle Kostenpositionen lediglich als Anhaltswerte zu verstehen sind, die im Einzelfall in der Praxis abweichen können.

Da aber alle Flugzeuge nach den gleichen Kriterien bewertet wurden, sind sie miteinander vergleichbar.

Eine exakte Kostenanalyse für ein Flugzeug kann nur dann erstellt werden, wenn alle Kosten buchhaltungsmäßig erfaßt und z.B. in einer detaillierten Jahresabrechnung auf die absolvierten Betriebsstunden umgerechnet werden. Anhand einer solchen Jahresabrechnung können nun z.B. bei einer privaten oder kommerziellen Vercharterung realistischere Charterkosten je Betriebsstunde für das Folgejahr ermittelt und berechnet werden.

Abb. 2.2: In der Musterberechnung kalkuliertes zweisitziges UL Allegro 2000 mit Rotax 912 UL 80 PS (Quelle: Fantasy Air Group).

Musterberechnung	Einheiten	€ KFM o. MWSt	€ PVT m. MWSt
A. Basisdaten			
Flugzeugtyp	Allegro		
Sitze	2		
Motor	Rotax 912 UL		
Leistung in PS	80		
Treibstoffverbrauch in Liter/h	14,4		
Reisegeschwindigkeit bei 65%	145		
Tankinhalt in Liter	55		
Literpreis Treibstoff	Mogas	1,08 €	1,25 €
B. Betriebserschwernisse			
Einziehfahrwerk	0,00%		
+ Verstellpropeller	0,00%		
+ Einspritzmotor	0,00%		
+ Vorwiegend Betrieb auf Grasbahn	1,00%		
+ Vorwiegend Betrieb bis 2 Stunden	1,00%		
+ Vorwiegend Betrieb bis 5.000 ft	1,00%		
+ Vorwiegend Betrieb mit max. Startgewicht	1,00%		
= Summe Betriebserschwernisse in %	**4,00%**		
C. Anschaffungspreis			
Grundpreis		43.416 €	50.363 €
+ Pauschale Zusatzausrüstung	5%	2.171 €	2.518 €
+ Avionic-Package		7.500 €	8.700 €
= Anschaffungspreis		**53.087 €**	**61.581 €**
D. Abschreibung			
Restwert nach 21 Jahren	30%	15.926 €	entfällt
Abschreibung in 21 Jahren		37.161 €	entfällt
Abschreibung p.a.		**1.770 €**	**entfällt**

Musterberechnung	Einheiten	€ KFM o. MWSt	€ PVT m. MWSt
E. Kapitalzinsen			
Zinsen p.a. auf 50% v. Anschaffungspreis Eigenmittel	2,50%	664 €	entfällt
+ Zinsen auf 50% v. Anschaffungspreis Fremdmittel	3,75%	995 €	entfällt
= **Kapitalzinsen p.a.**		**1.659 €**	entfällt
F. Hangarierung p.a.		**1.500 €**	**1.740 €**
G. Versicherung (inkl. 16% Vers. Steuer)			
CSL-Prämie p.a.		327 €	327 €
+ Sitz-Unfallversicherung p.a.		128 €	128 €
+ Kaskoversicherung p.a., Prozent auf Pos. C., 15% SFR	4,45%	2.329 €	2.329 €
= **Versicherungskosten p.a.**		**2.784 €**	**2.784 €**
H. Fixe Kosten p.a.		**7.713 €**	**4.524 €**
(KFM Pos. D. + E. + F. + G. / PVT Pos. F. + G.)			
I. Variable Kosten je Betriebsstunde			
Treibstoffkosten €/h inkl. 5% Aufschlag		16,33 €	18,94 €
+ Umlage Wartg., Reparat., Rückl. €/h(% v. Pos. C.)	0,02%	10,62 €	12,32 €
= **Variable Kosten €/h ohne Betriebserschwernisse**		**26,95 €**	**31,26 €**
+ Betriebserschwernisse €/h (Pos. B.)	4,00%	1,08 €	1,25 €
= **Variable Kosten €/h mit Betriebserschwernissen**		**28,02 €**	**32,51 €**
J. Gesamtkosten je Betriebstunde bei 25 bis 500 h/p.a.			
(Fixe Kosten Pos. H. : h/p.a. + Var. Kosten €/h Pos. I.)			
Kosten je Betriebsstunde bei h/p.a.	25	336,54 €	213,48 €
Kosten je Betriebsstunde bei h/p.a.	50	182,28 €	123,00 €
Kosten je Betriebsstunde bei h/p.a.	75	130,86 €	92,83 €
Kosten je Betriebsstunde bei h/p.a.	100	105,15 €	77,75 €
Kosten je Betriebsstunde bei h/p.a.	125	89,73 €	68,70 €

Musterberechnung	Einheiten	€ KFM o. MWSt	€ PVT m. MWSt
Kosten je Betriebsstunde bei h/p.a.	150	79,44 €	62,67 €
Kosten je Betriebsstunde bei h/p.a.	175	72,10 €	58,36 €
Kosten je Betriebsstunde bei h/p.a.	200	66,59 €	55,13 €
Kosten je Betriebsstunde bei h/p.a.	225	62,30 €	52,62 €
Kosten je Betriebsstunde bei h/p.a.	250	58,88 €	50,61 €
Kosten je Betriebsstunde bei h/p.a.	275	56,07 €	48,96 €
Kosten je Betriebsstunde bei h/p.a.	300	53,73 €	47,59 €
Kosten je Betriebsstunde bei h/p.a.	325	51,76 €	46,43 €
Kosten je Betriebsstunde bei h/p.a.	350	50,06 €	45,44 €
Kosten je Betriebsstunde bei h/p.a.	375	48,59 €	44,57 €
Kosten je Betriebsstunde bei h/p.a.	400	47,31 €	43,82 €
Kosten je Betriebsstunde bei h/p.a.	425	46,17 €	43,15 €
Kosten je Betriebsstunde bei h/p.a.	450	45,16 €	42,56 €
Kosten je Betriebsstunde bei h/p.a.	475	44,26 €	42,03 €
Kosten je Betriebsstunde bei h/p.a.	500	43,45 €	41,56 €
Kosten je Flugkilometer bei h/p.a.	300	0,37 €	0,43 €
Kosten je Stitzplatzkilometer bei h/p.a.	300	0,19 €	0,21 €

Abb. 2.3: Impulse 100 UL im Gegenlicht der Abendsonne (Quelle: Impulse Aircraft).

Kapitel 3
Portraits der Ultraleichtflugzeuge in Bildern, Daten, Kosten

Aero Sp. z o.o. AT-3 L 100   VLA

1. Sitze, Fahrwerk, Zelle		4. Belastungsdaten	
Sitzplätze	2	Leistungsbelastung	5,8 kg/PS
Fahrwerk	Fest	Flächenbelastung	62,6 kg/qm
Länge / Höhe	5,88 m / 2,23 m		
Spannweite	7,55 m	**5. Leistungsdaten**	
Flügelfläche	9,30 qm	Höchstgeschwindigkeit	223 km/h
		Reisegeschwindigkeit[1]	175 km/h
2. Propeller, Triebwerk, Verbrauch		Abreißgeschwindigkeit[4]	82 km/h
Propeller	Starr	Steigleistung	210 m/min
Triebwerk	Limbach L2400	Dienstgipfelhöhe	3.800 m
Triebwerkleistung	100 PS (74 kW)	Start-[5] / Landerollstrecke[6]	170 m / 160 m
Treibstoffverbrauch[1]	18,0 l/h Mogas		
		6. Transport-Kennzahlen	
3. Gewichte		Gesamtzuladung[7]	210 kg = 36 %
Leergewicht	372 kg	davon Nutzladung[2]	160 kg = 27 %
+ Nutzladung[2]	160 kg	davon Treibstoff	50 kg = 09 %
+ Treibstoff[3]	70 l = 50 kg	Reichweite[8]	593 km
= Gesamtgewicht	582 kg	Treibstoffverbrauchsindex	2,35

Kurz-Info: Metallkonstruktion mit GFK/CFK-Verkleidungen und Sandwichbauweise. JAR-VLA-Zulassung beantragt.

1 Bei 65% Leistung   **2** Pilot, Passagiere, Gepäck   **3** kg-Berechnung nach spezifischem Gewicht   **4** Klappen 0°   **5** Start- bis Abhebepunkt   **6** Aufsetz- bis Stillstandpunkt   **7** Anteil am Gesamtgewicht   **8** Inkl. 30 Min. Reserve

Aero Sp. z o.o. AT-3 L 100		Preise & Kosten
1. Kaufpreis, Abschreibung, Restwert	**€ Kaufmännisch**	**€ Privat**
Kaufpreis (neu, Baujahr 2002)	97.644 €	113.267 €
Abschreibung in 21 Jahren	68.351 €	entfällt
Restwert nach 21 Jahren	29.293 €	entfällt
2. Fixe Kosten p.a.	**€ Kaufmännisch**	**€ Privat**
Abschreibung	3.255 €	entfällt
+ 2,5% Zins auf 50% Eigenkapital	1.221 €	entfällt
+ 3,75% Zins auf 50% Fremdkapital	1.831 €	entfällt
+ Versicherung (inkl. Vers.-Steuer)	4.980 €	4.980 €
+ Hangarierung	1.500 €	1.740 €
Summen Fixe Kosten	**12.787 €**	**6.720 €**
3. Variable Kosten je Betriebsstunde	**€ Kaufmännisch**	**€ Privat**
Treibstoff	20,41 €	23,68 €
+ Wartung/Reparaturen/Rücklagen	39,06 €	45,31 €
+ Betriebserschwernisse	2,97 €	3,45 €
Summen Variable Kosten	**62,44 €**	**72,43 €**
4. Gesamtkosten je Betriebsstunde	**€ Kaufmännisch**	**€ Privat**
Bei 025 Betriebsstunden p.a.	573,90 €	341,25 €
Bei 050 Betriebsstunden p.a.	318,17 €	206,84 €
Bei 075 Betriebsstunden p.a.	232,93 €	162,04 €
Bei 100 Betriebsstunden p.a.	190,31 €	139,64 €
Bei 125 Betriebsstunden p.a.	164,74 €	126,20 €
Bei 150 Betriebsstunden p.a.	147,69 €	117,24 €
Bei 175 Betriebsstunden p.a.	135,51 €	110,84 €
Bei 200 Betriebsstunden p.a.	126,38 €	106,04 €
Bei 225 Betriebsstunden p.a.	119,27 €	102,30 €
Bei 250 Betriebsstunden p.a.	113,59 €	99,32 €
Bei 275 Betriebsstunden p.a.	108,94 €	96,87 €
Bei 300 Betriebsstunden p.a.	105,06 €	94,84 €
Bei 325 Betriebsstunden p.a.	101,79 €	93,11 €
Bei 350 Betriebsstunden p.a.	98,98 €	91,63 €
Bei 375 Betriebsstunden p.a.	96,54 €	90,35 €
Bei 400 Betriebsstunden p.a.	94,41 €	89,23 €
Bei 425 Betriebsstunden p.a.	92,53 €	88,25 €
Bei 450 Betriebsstunden p.a.	90,86 €	87,37 €
Bei 475 Betriebsstunden p.a.	89,36 €	86,58 €
Bei 500 Betriebsstunden p.a.	88,02 €	85,87 €
Flugkilometer bei 300 Stunden p.a.	0,60 €	0,54 €
Sitzplatzkilometer bei 300 Stunden p.a.	0,30 €	0,27 €

€ Kaufmännisch (Tab. 1-4): Kaufmännische Kalkulation (ohne MWSt). Tabelle 4 enthält die Gesamtkosten je Betriebsstunde (Variable Kosten + umgelegte Fixe Kosten).
€ Privat (Tab. 1-4): Private Kalkulation (mit MWSt). Tabelle 4 enthält die Gesamtkosten je Betriebsstunde (Variable Kosten + umgelegte Fixe Kosten; Fixe Kosten jedoch ohne Abschreibung und ohne Zinsen).

Aero Sp. z o.o. AT-3 R 100 — VLA

1. Sitze, Fahrwerk, Zelle	
Sitzplätze	2
Fahrwerk	Fest
Länge / Höhe	5,88 m / 2,23 m
Spannweite	7,55 m
Flügelfläche	9,30 qm

2. Propeller, Triebwerk, Verbrauch	
Propeller	Starr
Triebwerk	Rotax 912 S
Triebwerkleistung	100 PS (74 kW)
Treibstoffverbrauch[1]	18,0 l/h Mogas

3. Gewichte	
Leergewicht	350 kg
+ Nutzladung[2]	182 kg
+ Treibstoff[3]	70 l = 50 kg
= Gesamtgewicht	582 kg

4. Belastungsdaten	
Leistungsbelastung	5,8 kg/PS
Flächenbelastung	62,6 kg/qm

5. Leistungsdaten	
Höchstgeschwindigkeit	223 km/h
Reisegeschwindigkeit[1]	185 km/h
Abreißgeschwindigkeit[4]	82 km/h
Steigleistung	222 m/min
Dienstgipfelhöhe	3.800 m
Start-[5] / Landerollstrecke[6]	160 m / 150 m

6. Transport-Kennzahlen	
Gesamtzuladung[7]	232 kg = 40 %
davon Nutzladung[2]	182 kg = 31 %
davon Treibstoff	50 kg = 09 %
Reichweite[8]	627 km
Treibstoffverbrauchsindex	2,10

Kurz-Info: Ausführung wie AT-3 Limbach, jedoch mit Rotax Motor (1.200 Stunden TBO statt 1.000).

[1] Bei 65% Leistung [2] Pilot, Passagiere, Gepäck [3] kg-Berechnung nach spezifischem Gewicht [4] Klappen 0° [5] Start- bis Abhebepunkt [6] Aufsetz- bis Stillstandpunkt [7] Anteil am Gesamtgewicht [8] Inkl. 30 Min. Reserve

Aero Sp. z o.o. AT-3 R 100 — Preise & Kosten

1. Kaufpreis, Abschreibung, Restwert	€ Kaufmännisch	€ Privat
Kaufpreis (neu, Baujahr 2002)	97.644 €	113.267 €
Abschreibung in 21 Jahren	68.351 €	entfällt
Restwert nach 21 Jahren	29.293 €	entfällt
2. Fixe Kosten p.a.	**€ Kaufmännisch**	**€ Privat**
Abschreibung	3.255 €	entfällt
+ 2,5% Zins auf 50% Eigenkapital	1.221 €	entfällt
+ 3,75% Zins auf 50% Fremdkapital	1.831 €	entfällt
+ Versicherung (inkl. Vers.-Steuer)	4.980 €	4.980 €
+ Hangarierung	1.500 €	1.740 €
Summen Fixe Kosten	**12.787 €**	**6.720 €**
3. Variable Kosten je Betriebsstunde	**€ Kaufmännisch**	**€ Privat**
Treibstoff	20,41 €	23,68 €
+ Wartung/Reparaturen/Rücklagen	39,06 €	45,31 €
+ Betriebserschwernisse	2,97 €	3,45 €
Summen Variable Kosten	**62,44 €**	**72,43 €**
4. Gesamtkosten je Betriebsstunde	**€ Kaufmännisch**	**€ Privat**
Bei 025 Betriebsstunden p.a.	573,90 €	341,25 €
Bei 050 Betriebsstunden p.a.	318,17 €	206,84 €
Bei 075 Betriebsstunden p.a.	232,93 €	162,04 €
Bei 100 Betriebsstunden p.a.	190,31 €	139,64 €
Bei 125 Betriebsstunden p.a.	164,74 €	126,20 €
Bei 150 Betriebsstunden p.a.	147,69 €	117,24 €
Bei 175 Betriebsstunden p.a.	135,51 €	110,84 €
Bei 200 Betriebsstunden p.a.	126,38 €	106,04 €
Bei 225 Betriebsstunden p.a.	119,27 €	102,30 €
Bei 250 Betriebsstunden p.a.	113,59 €	99,32 €
Bei 275 Betriebsstunden p.a.	108,94 €	96,87 €
Bei 300 Betriebsstunden p.a.	105,06 €	94,84 €
Bei 325 Betriebsstunden p.a.	101,79 €	93,11 €
Bei 350 Betriebsstunden p.a.	98,98 €	91,63 €
Bei 375 Betriebsstunden p.a.	96,54 €	90,35 €
Bei 400 Betriebsstunden p.a.	94,41 €	89,23 €
Bei 425 Betriebsstunden p.a.	92,53 €	88,25 €
Bei 450 Betriebsstunden p.a.	90,86 €	87,37 €
Bei 475 Betriebsstunden p.a.	89,36 €	86,58 €
Bei 500 Betriebsstunden p.a.	88,02 €	85,87 €
Flugkilometer bei 300 Stunden p.a.	0,57 €	0,51 €
Sitzplatzkilometer bei 300 Stunden p.a.	0,28 €	0,26 €

€ Kaufmännisch (Tab. 1-4): Kaufmännische Kalkulation (ohne MWSt). Tabelle 4 enthält die Gesamtkosten je Betriebsstunde (Variable Kosten + umgelegte Fixe Kosten).
€ Privat (Tab. 1-4): Private Kalkulation (mit MWSt). Tabelle 4 enthält die Gesamtkosten je Betriebsstunde (Variable Kosten + umgelegte Fixe Kosten; Fixe Kosten jedoch ohne Abschreibung und ohne Zinsen).

Aeropro Euro Fox Space — UL

1. Sitze, Fahrwerk, Zelle		4. Belastungsdaten	
Sitzplätze	2	Leistungsbelastung	5,6 kg/PS
Fahrwerk	Fest	Flächenbelastung	39,1 kg/qm
Länge / Höhe	5,75 m / 1,78 m		
Spannweite	9,20 m	**5. Leistungsdaten**	
Flügelfläche	11,50 qm	Höchstgeschwindigkeit	185 km/h
		Reisegeschwindigkeit[1]	155 km/h
2. Propeller, Triebwerk, Verbrauch		Abreißgeschwindigkeit[4]	65 km/h
Propeller	Starr	Steigleistung	300 m/min
Triebwerk	Rotax 912 UL	Dienstgipfelhöhe	k.A. m
Triebwerkleistung	80 PS (59 kW)	Start-[5] / Landerollstrecke[6]	150 m / 150 m
Treibstoffverbrauch[1]	14,4 l/h Mogas		
		6. Transport-Kennzahlen	
3. Gewichte		Gesamtzuladung[7]	180 kg = 40 %
Leergewicht	270 kg	davon Nutzladung[2]	138 kg = 31 %
+ Nutzladung[2]	138 kg	davon Treibstoff	42 kg = 09 %
+ Treibstoff[3]	58 l = 42 kg	Reichweite[8]	547 km
= Gesamtgewicht	450 kg	Treibstoffverbrauchsindex	2,40

Kurz-Info: Klassischer Hochdecker mit klappbaren Flächen. Auch in Spornrad-Version erhältlich.

1 Bei 65% Leistung 2 Pilot, Passagiere, Gepäck 3 kg-Berechnung nach spezifischem Gewicht 4 Klappen 0° 5 Start- bis Abhebepunkt 6 Aufsetz- bis Stillstandpunkt 7 Anteil am Gesamtgewicht 8 Inkl. 30 Min. Reserve

Aeropro Euro Fox Space — Preise & Kosten

1. Kaufpreis, Abschreibung, Restwert	€ Kaufmännisch	€ Privat
Kaufpreis (neu, Baujahr 2002)	49.093 €	56.947 €
Abschreibung in 21 Jahren	34.365 €	entfällt
Restwert nach 21 Jahren	14.728 €	entfällt
2. Fixe Kosten p.a.	**€ Kaufmännisch**	**€ Privat**
Abschreibung	1.636 €	entfällt
+ 2,5% Zins auf 50% Eigenkapital	614 €	entfällt
+ 3,75% Zins auf 50% Fremdkapital	920 €	entfällt
+ Versicherung (inkl. Vers.-Steuer)	2.609 €	2.609 €
+ Hangarierung	1.500 €	1.740 €
Summen Fixe Kosten	**7.279 €**	**4.349 €**
3. Variable Kosten je Betriebsstunde	**€ Kaufmännisch**	**€ Privat**
Treibstoff	16,33 €	18,94 €
+ Wartung/Reparaturen/Rücklagen	9,82 €	11,39 €
+ Betriebserschwernisse	1,05 €	1,21 €
Summen Variable Kosten	**27,19 €**	**31,55 €**
4. Gesamtkosten je Betriebsstunde	**€ Kaufmännisch**	**€ Privat**
Bei 025 Betriebsstunden p.a.	318,38 €	205,51 €
Bei 050 Betriebsstunden p.a.	172,79 €	118,53 €
Bei 075 Betriebsstunden p.a.	124,26 €	89,53 €
Bei 100 Betriebsstunden p.a.	99,99 €	75,04 €
Bei 125 Betriebsstunden p.a.	85,43 €	66,34 €
Bei 150 Betriebsstunden p.a.	75,72 €	60,54 €
Bei 175 Betriebsstunden p.a.	68,79 €	56,40 €
Bei 200 Betriebsstunden p.a.	63,59 €	53,29 €
Bei 225 Betriebsstunden p.a.	59,55 €	50,87 €
Bei 250 Betriebsstunden p.a.	56,31 €	48,94 €
Bei 275 Betriebsstunden p.a.	53,67 €	47,36 €
Bei 300 Betriebsstunden p.a.	51,46 €	46,04 €
Bei 325 Betriebsstunden p.a.	49,59 €	44,93 €
Bei 350 Betriebsstunden p.a.	47,99 €	43,97 €
Bei 375 Betriebsstunden p.a.	46,61 €	43,14 €
Bei 400 Betriebsstunden p.a.	45,39 €	42,42 €
Bei 425 Betriebsstunden p.a.	44,32 €	41,78 €
Bei 450 Betriebsstunden p.a.	43,37 €	41,21 €
Bei 475 Betriebsstunden p.a.	42,52 €	40,70 €
Bei 500 Betriebsstunden p.a.	41,75 €	40,24 €
Flugkilometer bei 300 Stunden p.a.	0,33 €	0,30 €
Sitzplatzkilometer bei 300 Stunden p.a.	0,17 €	0,15 €

€ Kaufmännisch (Tab. 1-4): Kaufmännische Kalkulation (ohne MWSt). Tabelle 4 enthält die Gesamtkosten je Betriebsstunde (Variable Kosten + umgelegte Fixe Kosten).
€ Privat (Tab. 1-4): Private Kalkulation (mit MWSt). Tabelle 4 enthält die Gesamtkosten je Betriebsstunde (Variable Kosten + umgelegte Fixe Kosten; Fixe Kosten jedoch ohne Abschreibung und ohne Zinsen).

Comco Ikarus C 22 C — UL

1. Sitze, Fahrwerk, Zelle		4. Belastungsdaten	
Sitzplätze	2	Leistungsbelastung	5,6 kg/PS
Fahrwerk	Fest	Flächenbelastung	29,6 kg/qm
Länge / Höhe	6,25 m / 2,20 m	**5. Leistungsdaten**	
Spannweite	10,40 m	Höchstgeschwindigkeit	145 km/h
Flügelfläche	15,20 qm	Reisegeschwindigkeit[1]	125 km/h
2. Propeller, Triebwerk, Verbrauch		Abreißgeschwindigkeit[4]	63 km/h
Propeller	Starr	Steigleistung	240 m/min
Triebwerk	Rotax 912 UL	Dienstgipfelhöhe	k.A. m
Triebwerkleistung	80 PS (59 kW)	Start-[5] / Landerollstrecke[6]	80 m / 80 m
Treibstoffverbrauch[1]	14,4 l/h Mogas	**6. Transport-Kennzahlen**	
3. Gewichte		Gesamtzuladung[7]	205 kg = 46 %
Leergewicht	245 kg	davon Nutzladung[2]	169 kg = 38 %
+ Nutzladung[2]	169 kg	davon Treibstoff	36 kg = 08 %
+ Treibstoff[3]	50 l = 36 kg	Reichweite[8]	372 km
= Gesamtgewicht	450 kg	Treibstoffverbrauchsindex	3,69

Kurz-Info: Meistverkauftes UL der 2. Generation. Die hier vorgestellte geschlossene Version mit Motor Rotax 912 ist relativ teuer und macht eine Entscheidung für die C 42 leicht.

1 Bei 65% Leistung 2 Pilot, Passagiere, Gepäck 3 kg-Berechnung nach spezifischem Gewicht 4 Klappen 0° 5 Start- bis Abhebepunkt 6 Aufsetz- bis Stillstandpunkt 7 Anteil am Gesamtgewicht 8 Inkl. 30 Min. Reserve

Comco Ikarus C 22 C		Preise & Kosten
1. Kaufpreis, Abschreibung, Restwert	**€ Kaufmännisch**	**€ Privat**
Kaufpreis (neu, Baujahr 2002)	45.183 €	52.413 €
Abschreibung in 21 Jahren	31.628 €	entfällt
Restwert nach 21 Jahren	13.555 €	entfällt
2. Fixe Kosten p.a.	**€ Kaufmännisch**	**€ Privat**
Abschreibung	1.506 €	entfällt
+ 2,5% Zins auf 50% Eigenkapital	565 €	entfällt
+ 3,75% Zins auf 50% Fremdkapital	847 €	entfällt
+ Versicherung (inkl. Vers.-Steuer)	2.438 €	2.438 €
+ Hangarierung	1.500 €	1.740 €
Summen Fixe Kosten	**6.856 €**	**4.177 €**
3. Variable Kosten je Betriebsstunde	**€ Kaufmännisch**	**€ Privat**
Treibstoff	16,33 €	18,94 €
+ Wartung/Reparaturen/Rücklagen	9,04 €	10,48 €
+ Betriebserschwernisse	1,01 €	1,18 €
Summen Variable Kosten	**26,38 €**	**30,60 €**
4. Gesamtkosten je Betriebsstunde	**€ Kaufmännisch**	**€ Privat**
Bei 025 Betriebsstunden p.a.	300,61 €	197,70 €
Bei 050 Betriebsstunden p.a.	163,49 €	114,15 €
Bei 075 Betriebsstunden p.a.	117,79 €	86,30 €
Bei 100 Betriebsstunden p.a.	94,94 €	72,38 €
Bei 125 Betriebsstunden p.a.	81,23 €	64,02 €
Bei 150 Betriebsstunden p.a.	72,09 €	58,45 €
Bei 175 Betriebsstunden p.a.	65,56 €	54,47 €
Bei 200 Betriebsstunden p.a.	60,66 €	51,49 €
Bei 225 Betriebsstunden p.a.	56,85 €	49,17 €
Bei 250 Betriebsstunden p.a.	53,80 €	47,31 €
Bei 275 Betriebsstunden p.a.	51,31 €	45,79 €
Bei 300 Betriebsstunden p.a.	49,23 €	44,53 €
Bei 325 Betriebsstunden p.a.	47,48 €	43,46 €
Bei 350 Betriebsstunden p.a.	45,97 €	42,54 €
Bei 375 Betriebsstunden p.a.	44,66 €	41,74 €
Bei 400 Betriebsstunden p.a.	43,52 €	41,05 €
Bei 425 Betriebsstunden p.a.	42,51 €	40,43 €
Bei 450 Betriebsstunden p.a.	41,62 €	39,89 €
Bei 475 Betriebsstunden p.a.	40,81 €	39,40 €
Bei 500 Betriebsstunden p.a.	40,09 €	38,96 €
Flugkilometer bei 300 Stunden p.a.	0,39 €	0,36 €
Sitzplatzkilometer bei 300 Stunden p.a.	0,20 €	0,18 €

€ Kaufmännisch (Tab. 1-4): Kaufmännische Kalkulation (ohne MWSt). Tabelle 4 enthält die Gesamtkosten je Betriebsstunde (Variable Kosten + umgelegte Fixe Kosten).
€ Privat (Tab. 1-4): Private Kalkulation (mit MWSt). Tabelle 4 enthält die Gesamtkosten je Betriebsstunde (Variable Kosten + umgelegte Fixe Kosten; Fixe Kosten jedoch ohne Abschreibung und ohne Zinsen).

Comco Ikarus C 42B (80 PS)   UL

1. Sitze, Fahrwerk, Zelle		4. Belastungsdaten	
Sitzplätze	2	Leistungsbelastung	5,6 kg/PS
Fahrwerk	Fest	Flächenbelastung	36,0 kg/qm
Länge / Höhe	6,25 m / 2,20 m		
Spannweite	9,45 m	**5. Leistungsdaten**	
Flügelfläche	12,50 qm	Höchstgeschwindigkeit	185 km/h
		Reisegeschwindigkeit[1]	165 km/h
2. Propeller, Triebwerk, Verbrauch		Abreißgeschwindigkeit[4]	63 km/h
Propeller	Starr	Steigleistung	300 m/min
Triebwerk	Rotax 912 UL	Dienstgipfelhöhe	k.A. m
Triebwerkleistung	80 PS (59 kW)	Start-[5] / Landerollstrecke[6]	100 m / 100 m
Treibstoffverbrauch[1]	14,4 l/h Mogas		
		6. Transport-Kennzahlen	
3. Gewichte		Gesamtzuladung[7]	185 kg = 41 %
Leergewicht	265 kg	davon Nutzladung[2]	113 kg = 25 %
+ Nutzladung[2]	113 kg	davon Treibstoff	72 kg = 16 %
+ Treibstoff[3]	100 l = 72 kg	Reichweite[8]	1.063 km
= Gesamtgewicht	450 kg	Treibstoffverbrauchsindex	2,12

Kurz-Info: Komfortabler UL-Hochdecker in klassischer Zellen- und Flächenbauweise mit Rotax 912 80 PS. Problemloses Handling und leichter Transport durch einklappbare Flächen.

1 Bei 65% Leistung **2** Pilot, Passagiere, Gepäck **3** kg-Berechnung nach spezifischem Gewicht **4** Klappen 0° **5** Start- bis Abhebepunkt **6** Aufsetz- bis Stillstandpunkt **7** Anteil am Gesamtgewicht **8** Inkl. 30 Min. Reserve

Comco Ikarus EV-97 Eurostar (80 PS) — Preise & Kosten

1. Kaufpreis, Abschreibung, Restwert	€ Kaufmännisch	€ Privat
Kaufpreis (neu, Baujahr 2002)	73.428 €	85.176 €
Abschreibung in 21 Jahren	51.399 €	entfällt
Restwert nach 21 Jahren	22.028 €	entfällt
2. Fixe Kosten p.a.	**€ Kaufmännisch**	**€ Privat**
Abschreibung	2.448 €	entfällt
+ 2,5% Zins auf 50% Eigenkapital	918 €	entfällt
+ 3,75% Zins auf 50% Fremdkapital	1.377 €	entfällt
+ Versicherung (inkl. Vers.-Steuer)	3.677 €	3.677 €
+ Hangarierung	1.500 €	1.740 €
Summen Fixe Kosten	**9.919 €**	**5.417 €**
3. Variable Kosten je Betriebsstunde	**€ Kaufmännisch**	**€ Privat**
Treibstoff	16,33 €	18,94 €
+ Wartung/Reparaturen/Rücklagen	14,69 €	17,04 €
+ Betriebserschwernisse	1,24 €	1,44 €
Summen Variable Kosten	**32,26 €**	**37,42 €**
4. Gesamtkosten je Betriebsstunde	**€ Kaufmännisch**	**€ Privat**
Bei 025 Betriebsstunden p.a.	429,02 €	254,09 €
Bei 050 Betriebsstunden p.a.	230,64 €	145,75 €
Bei 075 Betriebsstunden p.a.	164,51 €	109,64 €
Bei 100 Betriebsstunden p.a.	131,45 €	91,58 €
Bei 125 Betriebsstunden p.a.	111,61 €	80,75 €
Bei 150 Betriebsstunden p.a.	98,38 €	73,53 €
Bei 175 Betriebsstunden p.a.	88,94 €	68,37 €
Bei 200 Betriebsstunden p.a.	81,85 €	64,50 €
Bei 225 Betriebsstunden p.a.	76,34 €	61,49 €
Bei 250 Betriebsstunden p.a.	71,93 €	59,08 €
Bei 275 Betriebsstunden p.a.	68,32 €	57,11 €
Bei 300 Betriebsstunden p.a.	65,32 €	55,47 €
Bei 325 Betriebsstunden p.a.	62,78 €	54,08 €
Bei 350 Betriebsstunden p.a.	60,60 €	52,89 €
Bei 375 Betriebsstunden p.a.	58,71 €	51,86 €
Bei 400 Betriebsstunden p.a.	57,05 €	50,96 €
Bei 425 Betriebsstunden p.a.	55,59 €	50,16 €
Bei 450 Betriebsstunden p.a.	54,30 €	49,45 €
Bei 475 Betriebsstunden p.a.	53,14 €	48,82 €
Bei 500 Betriebsstunden p.a.	52,09 €	48,25 €
Flugkilometer bei 300 Stunden p.a.	0,38 €	0,33 €
Sitzplatzkilometer bei 300 Stunden p.a.	0,19 €	0,16 €

€ Kaufmännisch (Tab. 1-4): Kaufmännische Kalkulation (ohne MWSt). Tabelle 4 enthält die Gesamtkosten je Betriebsstunde (Variable Kosten + umgelegte Fixe Kosten).
€ Privat (Tab. 1-4): Private Kalkulation (mit MWSt). Tabelle 4 enthält die Gesamtkosten je Betriebsstunde (Variable Kosten + umgelegte Fixe Kosten; Fixe Kosten jedoch ohne Abschreibung und ohne Zinsen).

Comco Ikarus EV-97 Eurostar (100 PS)   UL

1. Sitze, Fahrwerk, Zelle	
Sitzplätze	2
Fahrwerk	Fest
Länge / Höhe	5,98 m / 2,34 m
Spannweite	8,10 m
Flügelfläche	9,84 qm
2. Propeller, Triebwerk, Verbrauch	
Propeller	Starr
Triebwerk	Rotax 912 UL S
Triebwerkleistung	100 PS (74 kW)
Treibstoffverbrauch[1]	18,0 l/h Mogas
3. Gewichte	
Leergewicht	287 kg
+ Nutzladung[2]	116 kg
+ Treibstoff[3]	65 l = 47 kg
= Gesamtgewicht	450 kg

4. Belastungsdaten	
Leistungsbelastung	4,5 kg/PS
Flächenbelastung	45,7 kg/qm
5. Leistungsdaten	
Höchstgeschwindigkeit	245 km/h
Reisegeschwindigkeit[1]	185 km/h
Abreißgeschwindigkeit[4]	65 km/h
Steigleistung	480 m/min
Dienstgipfelhöhe	k.A. m
Start-[5] / Landerollstrecke[6]	100 m / 200 m
6. Transport-Kennzahlen	
Gesamtzuladung[7]	163 kg = 36 %
davon Nutzladung[2]	116 kg = 26 %
davon Treibstoff	47 kg = 10 %
Reichweite[8]	576 km
Treibstoffverbrauchsindex	2,10

Kurz-Info: *Ganzmetall-Tiefdecker mit verklebten und vernieteten Alu-Blechen sowie zusätzlicher Außennahtabdichtung. Optional: Anklappbares Tragflächensystem.*

1 Bei 65% Leistung   **2** Pilot, Passagiere, Gepäck   **3** kg-Berechnung nach spezifischem Gewicht   **4** Klappen 0°   **5** Start- bis Abhebepunkt   **6** Aufsetz- bis Stillstandpunkt   **7** Anteil am Gesamtgewicht   **8** Inkl. 30 Min. Reserve

Comco Ikarus EV-97 Eurostar (100 PS) — Preise & Kosten

1. Kaufpreis, Abschreibung, Restwert	€ Kaufmännisch	€ Privat
Kaufpreis (neu, Baujahr 2002)	77.082 €	89.415 €
Abschreibung in 21 Jahren	53.957 €	entfällt
Restwert nach 21 Jahren	23.124 €	entfällt
2. Fixe Kosten p.a.	**€ Kaufmännisch**	**€ Privat**
Abschreibung	2.569 €	entfällt
+ 2,5% Zins auf 50% Eigenkapital	964 €	entfällt
+ 3,75% Zins auf 50% Fremdkapital	1.445 €	entfällt
+ Versicherung (inkl. Vers.-Steuer)	3.837 €	3.837 €
+ Hangarierung	1.500 €	1.740 €
Summen Fixe Kosten	**10.315 €**	**5.577 €**
3. Variable Kosten je Betriebsstunde	**€ Kaufmännisch**	**€ Privat**
Treibstoff	20,41 €	23,68 €
+ Wartung/Reparaturen/Rücklagen	15,42 €	17,88 €
+ Betriebserschwernisse	1,43 €	1,66 €
Summen Variable Kosten	**37,26 €**	**43,22 €**
4. Gesamtkosten je Betriebsstunde	**€ Kaufmännisch**	**€ Privat**
Bei 025 Betriebsstunden p.a.	449,87 €	266,31 €
Bei 050 Betriebsstunden p.a.	243,57 €	154,77 €
Bei 075 Betriebsstunden p.a.	174,80 €	117,59 €
Bei 100 Betriebsstunden p.a.	140,41 €	98,99 €
Bei 125 Betriebsstunden p.a.	119,78 €	87,84 €
Bei 150 Betriebsstunden p.a.	106,03 €	80,40 €
Bei 175 Betriebsstunden p.a.	96,21 €	75,09 €
Bei 200 Betriebsstunden p.a.	88,84 €	71,11 €
Bei 225 Betriebsstunden p.a.	83,11 €	68,01 €
Bei 250 Betriebsstunden p.a.	78,52 €	65,53 €
Bei 275 Betriebsstunden p.a.	74,77 €	63,50 €
Bei 300 Betriebsstunden p.a.	71,65 €	61,81 €
Bei 325 Betriebsstunden p.a.	69,00 €	60,38 €
Bei 350 Betriebsstunden p.a.	66,73 €	59,16 €
Bei 375 Betriebsstunden p.a.	64,77 €	58,10 €
Bei 400 Betriebsstunden p.a.	63,05 €	57,17 €
Bei 425 Betriebsstunden p.a.	61,53 €	56,35 €
Bei 450 Betriebsstunden p.a.	60,18 €	55,62 €
Bei 475 Betriebsstunden p.a.	58,98 €	54,96 €
Bei 500 Betriebsstunden p.a.	57,89 €	54,38 €
Flugkilometer bei 300 Stunden p.a.	0,39 €	0,33 €
Sitzplatzkilometer bei 300 Stunden p.a.	0,19 €	0,17 €

€ Kaufmännicch (Tab. 1-4): Kaufmännische Kalkulation (ohne MWSt). Tabelle 4 enthält die Gesamtkosten je Betriebsstunde (Variable Kosten + umgelegte Fixe Kosten).
€ Privat (Tab. 1-4): Private Kalkulation (mit MWSt). Tabelle 4 enthält die Gesamtkosten je Betriebsstunde (Variable Kosten + umgelegte Fixe Kosten; Fixe Kosten jedoch ohne Abschreibung und ohne Zinsen).

Dyn Aero MCR 01 ULC UL

1. Sitze, Fahrwerk, Zelle		4. Belastungsdaten	
Sitzplätze	2	Leistungsbelastung	5,6 kg/PS
Fahrwerk	Fest	Flächenbelastung	56,6 kg/qm
Länge / Höhe	5,66 m / 1,53 m		
Spannweite	8,28 m	5. Leistungsdaten	
Flügelfläche	7,95 qm	Höchstgeschwindigkeit	278 km/h
		Reisegeschwindigkeit[1]	238 km/h
2. Propeller, Triebwerk, Verbrauch		Abreißgeschwindigkeit[4]	65 km/h
Propeller	Starr	Steigleistung	480 m/min
Triebwerk	Rotax 912 UL	Dienstgipfelhöhe	k.A. m
Triebwerkleistung	80 PS (59 kW)	Start-[5] / Landerollstrecke[6]	210 m / 120 m
Treibstoffverbrauch[1]	14,4 l/h Mogas		
		6. Transport-Kennzahlen	
3. Gewichte		Gesamtzuladung[7]	185 kg = 41 %
Leergewicht	265 kg	davon Nutzladung[2]	127 kg = 28 %
+ Nutzladung[2]	127 kg	davon Treibstoff	58 kg = 13 %
+ Treibstoff[3]	80 l = 58 kg	Reichweite[8]	1.203 km
= Gesamtgewicht	450 kg	Treibstoffverbrauchsindex	1,02

Kurz-Info: MCR 01 Variante mit UL-Zulassung.

1 Bei 65% Leistung **2** Pilot, Passagiere, Gepäck **3** kg-Berechnung nach spezifischem Gewicht **4** Klappen 0° **5** Start- bis Abhebepunkt **6** Aufsetz- bis Stillstandpunkt **7** Anteil am Gesamtgewicht **8** Inkl. 30 Min. Reserve

Dyn Aero MCR 01 ULC — Preise & Kosten

1. Kaufpreis, Abschreibung, Restwert	€ Kaufmännisch	€ Privat
Kaufpreis (neu, Baujahr 2002)	93.039 €	107.925 €
Abschreibung in 21 Jahren	65.127 €	entfällt
Restwert nach 21 Jahren	27.912 €	entfällt
2. Fixe Kosten p.a.	**€ Kaufmännisch**	**€ Privat**
Abschreibung	3.101 €	entfällt
+ 2,5% Zins auf 50% Eigenkapital	1.163 €	entfällt
+ 3,75% Zins auf 50% Fremdkapital	1.744 €	entfällt
+ Versicherung (inkl. Vers.-Steuer)	4.537 €	4.537 €
+ Hangarierung	1.500 €	1.740 €
Summen Fixe Kosten	**12.046 €**	**6.277 €**
3. Variable Kosten je Betriebsstunde	**€ Kaufmännisch**	**€ Privat**
Treibstoff	16,33 €	18,94 €
+ Wartung/Reparaturen/Rücklagen	18,61 €	21,59 €
+ Betriebserschwernisse	1,40 €	1,62 €
Summen Variable Kosten	**36,33 €**	**42,15 €**
4. Gesamtkosten je Betriebsstunde	**€ Kaufmännisch**	**€ Privat**
Bei 025 Betriebsstunden p.a.	518,18 €	293,24 €
Bei 050 Betriebsstunden p.a.	277,26 €	167,69 €
Bei 075 Betriebsstunden p.a.	196,95 €	125,85 €
Bei 100 Betriebsstunden p.a.	156,80 €	104,92 €
Bei 125 Betriebsstunden p.a.	132,70 €	92,37 €
Bei 150 Betriebsstunden p.a.	116,64 €	84,00 €
Bei 175 Betriebsstunden p.a.	105,17 €	78,02 €
Bei 200 Betriebsstunden p.a.	96,57 €	73,53 €
Bei 225 Betriebsstunden p.a.	89,87 €	70,05 €
Bei 250 Betriebsstunden p.a.	84,52 €	67,26 €
Bei 275 Betriebsstunden p.a.	80,14 €	64,97 €
Bei 300 Betriebsstunden p.a.	76,49 €	63,07 €
Bei 325 Betriebsstunden p.a.	73,40 €	61,46 €
Bei 350 Betriebsstunden p.a.	70,75 €	60,08 €
Bei 375 Betriebsstunden p.a.	68,46 €	58,89 €
Bei 400 Betriebsstunden p.a.	66,45 €	57,84 €
Bei 425 Betriebsstunden p.a.	64,68 €	56,92 €
Bei 450 Betriebsstunden p.a.	63,10 €	56,10 €
Bei 475 Betriebsstunden p.a.	61,69 €	55,36 €
Bei 500 Betriebsstunden p.a.	60,43 €	54,70 €
Flugkilometer bei 300 Stunden p.a.	0,32 €	0,27 €
Sitzplatzkilometer bei 300 Stunden p.a.	0,16 €	0,13 €

€ Kaufmännisch (Tab. 1-4): Kaufmännische Kalkulation (ohne MWSt). Tabelle 4 enthält die Gesamtkosten je Betriebsstunde (Variable Kosten + umgelegte Fixe Kosten).
€ Privat (Tab. 1-4): Private Kalkulation (mit MWSt). Tabelle 4 enthält die Gesamtkosten je Betriebsstunde (Variable Kosten + umgelegte Fixe Kosten; Fixe Kosten jedoch ohne Abschreibung und ohne Zinsen).

Dyn Aero MCR 01 VLA   EXP

1. Sitze, Fahrwerk, Zelle	
Sitzplätze	2
Fahrwerk	Fest
Länge / Höhe	5,66 m / 1,53 m
Spannweite	6,63 m
Flügelfläche	5,20 qm

2. Propeller, Triebwerk, Verbrauch	
Propeller	Starr
Triebwerk	Rotax 912 UL
Triebwerkleistung	80 PS (59 kW)
Treibstoffverbrauch[1]	14,4 l/h Mogas

3. Gewichte	
Leergewicht	220 kg
+ Nutzladung[2]	172 kg
+ Treibstoff[3]	80 l = 58 kg
= Gesamtgewicht	450 kg

4. Belastungsdaten	
Leistungsbelastung	5,6 kg/PS
Flächenbelastung	86,5 kg/qm

5. Leistungsdaten	
Höchstgeschwindigkeit	302 km/h
Reisegeschwindigkeit[1]	257 km/h
Abreißgeschwindigkeit[4]	91 km/h
Steigleistung	390 m/min
Dienstgipfelhöhe	k.A. m
Start-[5] / Landerollstrecke[6]	285 m / 150 m

6. Transport-Kennzahlen	
Gesamtzuladung[7]	230 kg = 51 %
davon Nutzladung[2]	172 kg = 38 %
davon Treibstoff	58 kg = 13 %
Reichweite[8]	1.299 km
Treibstoffverbrauchsindex	0,87

Kurz-Info: *MCR 01 Variante mit Experimental-Serien-Kit-Zulassung (s. Hinweise in Kapitel 1 unter Experimental).*

[1] Bei 65% Leistung [2] Pilot, Passagiere, Gepäck [3] kg-Berechnung nach spezifischem Gewicht [4] Klappen 0° [5] Start- bis Abhebepunkt [6] Aufsetz- bis Stillstandpunkt [7] Anteil am Gesamtgewicht [8] Inkl. 30 Min. Reserve

Dyn Aero MCR 01 VLA — Preise & Kosten

1. Kaufpreis, Abschreibung, Restwert	€ Kaufmännisch	€ Privat
Kaufpreis (neu, Baujahr 2002)	93.388 €	108.330 €
Abschreibung in 21 Jahren	65.372 €	entfällt
Restwert nach 21 Jahren	28.016 €	entfällt
2. Fixe Kosten p.a.	**€ Kaufmännisch**	**€ Privat**
Abschreibung	3.113 €	entfällt
+ 2,5% Zins auf 50% Eigenkapital	1.167 €	entfällt
+ 3,75% Zins auf 50% Fremdkapital	1.751 €	entfällt
+ Versicherung (inkl. Vers.-Steuer)	4.794 €	4.794 €
+ Hangarierung	1.500 €	1.740 €
Summen Fixe Kosten	**12.325 €**	**6.534 €**
3. Variable Kosten je Betriebsstunde	**€ Kaufmännisch**	**€ Privat**
Treibstoff	16,33 €	18,94 €
+ Wartung/Reparaturen/Rücklagen	37,36 €	43,33 €
+ Betriebserschwernisse	2,68 €	3,11 €
Summen Variable Kosten	**56,37 €**	**65,39 €**
4. Gesamtkosten je Betriebsstunde	**€ Kaufmännisch**	**€ Privat**
Bei 025 Betriebsstunden p.a.	549,36 €	326,73 €
Bei 050 Betriebsstunden p.a.	302,87 €	196,06 €
Bei 075 Betriebsstunden p.a.	220,70 €	152,50 €
Bei 100 Betriebsstunden p.a.	179,62 €	130,72 €
Bei 125 Betriebsstunden p.a.	154,97 €	117,66 €
Bei 150 Betriebsstunden p.a.	138,53 €	108,95 €
Bei 175 Betriebsstunden p.a.	126,80 €	102,72 €
Bei 200 Betriebsstunden p.a.	117,99 €	98,06 €
Bei 225 Betriebsstunden p.a.	111,15 €	94,43 €
Bei 250 Betriebsstunden p.a.	105,67 €	91,52 €
Bei 275 Betriebsstunden p.a.	101,19 €	89,15 €
Bei 300 Betriebsstunden p.a.	97,45 €	87,17 €
Bei 325 Betriebsstunden p.a.	94,29 €	85,49 €
Bei 350 Betriebsstunden p.a.	91,58 €	84,06 €
Bei 375 Betriebsstunden p.a.	89,24 €	82,81 €
Bei 400 Betriebsstunden p.a.	87,18 €	81,72 €
Bei 425 Betriebsstunden p.a.	85,37 €	80,76 €
Bei 450 Betriebsstunden p.a.	83,76 €	79,91 €
Bei 475 Betriebsstunden p.a.	82,32 €	79,14 €
Bei 500 Betriebsstunden p.a.	81,02 €	78,46 €
Flugkilometer bei 300 Stunden p.a.	0,38 €	0,34 €
Sitzplatzkilometer bei 300 Stunden p.a.	0,19 €	0,17 €

€ Kaufmännisch (Tab. 1-4): Kaufmännische Kalkulation (ohne MWSt). Tabelle 4 enthält die Gesamtkosten je Betriebsstunde (Variable Kosten + umgelegte Fixe Kosten).
€ Privat (Tab. 1-4): Private Kalkulation (mit MWSt). Tabelle 4 enthält die Gesamtkosten je Betriebsstunde (Variable Kosten + umgelegte Fixe Kosten; Fixe Kosten jedoch ohne Abschreibung und ohne Zinsen).

Dyn Aero MCR 01 VLA Club EXP

1. Sitze, Fahrwerk, Zelle		4. Belastungsdaten	
Sitzplätze	2	Leistungsbelastung	6,1 kg/PS
Fahrwerk	Fest	Flächenbelastung	76,0 kg/qm
Länge / Höhe	5,66 m / 1,53 m		
Spannweite	6,92 m	**5. Leistungsdaten**	
Flügelfläche	6,45 qm	Höchstgeschwindigkeit	281 km/h
		Reisegeschwindigkeit[1]	239 km/h
2. Propeller, Triebwerk, Verbrauch		Abreißgeschwindigkeit[4]	79 km/h
Propeller	Starr	Steigleistung	408 m/min
Triebwerk	Rotax 912 UL	Dienstgipfelhöhe	k.A. m
Triebwerkleistung	80 PS (59 kW)	Start-[5] / Landerollstrecke[6]	300 m / 195 m
Treibstoffverbrauch[1]	14,4 l/h Mogas		
		6. Transport-Kennzahlen	
3. Gewichte		Gesamtzuladung[7]	255 kg = 52 %
Leergewicht	235 kg	davon Nutzladung[2]	197 kg = 40 %
+ Nutzladung[2]	197 kg	davon Treibstoff	58 kg = 12 %
+ Treibstoff[3]	80 l = 58 kg	Reichweite[8]	1.208 km
= Gesamtgewicht	490 kg	Treibstoffverbrauchsindex	1,01

Kurz-Info: MCR 01 Variante mit Experimental-Serien-Kit-Zulassung (s. Hinweise in Kapitel 1 unter Experimental). Gegenüber MCR 01 VLA größere Spannweite und höheres Abfluggewicht.

1 Bei 65% Leistung **2** Pilot, Passagiere, Gepäck **3** kg-Berechnung nach spezifischem Gewicht **4** Klappen 0° **5** Start- bis Abhebepunkt **6** Aufsetz- bis Stillstandpunkt **7** Anteil am Gesamtgewicht **8** Inkl. 30 Min. Reserve

Dyn Aero MCR 01 VLA Club — Preise & Kosten

1. Kaufpreis, Abschreibung, Restwert	€ Kaufmännisch	€ Privat
Kaufpreis (neu, Baujahr 2002)	98.185 €	113.895 €
Abschreibung in 21 Jahren	68.730 €	entfällt
Restwert nach 21 Jahren	29.456 €	entfällt

2. Fixe Kosten p.a.	€ Kaufmännisch	€ Privat
Abschreibung	3.273 €	entfällt
+ 2,5% Zins auf 50% Eigenkapital	1.227 €	entfällt
+ 3,75% Zins auf 50% Fremdkapital	1.841 €	entfällt
+ Versicherung (inkl. Vers.-Steuer)	5.004 €	5.004 €
+ Hangarierung	1.500 €	1.740 €
Summen Fixe Kosten	**12.845 €**	**6.744 €**

3. Variable Kosten je Betriebsstunde	€ Kaufmännisch	€ Privat
Treibstoff	16,33 €	18,94 €
+ Wartung/Reparaturen/Rücklagen	39,27 €	45,56 €
+ Betriebserschwernisse	2,78 €	3,23 €
Summen Variable Kosten	**58,38 €**	**67,73 €**

4. Gesamtkosten je Betriebsstunde	€ Kaufmännisch	€ Privat
Bei 025 Betriebsstunden p.a.	572,19 €	337,49 €
Bei 050 Betriebsstunden p.a.	315,29 €	202,61 €
Bei 075 Betriebsstunden p.a.	229,65 €	157,65 €
Bei 100 Betriebsstunden p.a.	186,84 €	135,17 €
Bei 125 Betriebsstunden p.a.	161,15 €	121,68 €
Bei 150 Betriebsstunden p.a.	144,02 €	112,69 €
Bei 175 Betriebsstunden p.a.	131,79 €	106,26 €
Bei 200 Betriebsstunden p.a.	122,61 €	101,45 €
Bei 225 Betriebsstunden p.a.	115,47 €	97,70 €
Bei 250 Betriebsstunden p.a.	109,76 €	94,70 €
Bei 275 Betriebsstunden p.a.	105,09 €	92,25 €
Bei 300 Betriebsstunden p.a.	101,20 €	90,21 €
Bei 325 Betriebsstunden p.a.	97,91 €	88,48 €
Bei 350 Betriebsstunden p.a.	95,08 €	86,99 €
Bei 375 Betriebsstunden p.a.	92,64 €	85,71 €
Bei 400 Betriebsstunden p.a.	90,50 €	84,59 €
Bei 425 Betriebsstunden p.a.	88,61 €	83,59 €
Bei 450 Betriebsstunden p.a.	86,93 €	82,71 €
Bei 475 Betriebsstunden p.a.	85,43 €	81,92 €
Bei 500 Betriebsstunden p.a.	84,07 €	81,21 €
Flugkilometer bei 300 Stunden p.a.	0,42 €	0,38 €
Sitzplatzkilometer bei 300 Stunden p.a.	0,21 €	0,19 €

€ Kaufmännisch (Tab. 1-4): Kaufmännische Kalkulation (ohne MWSt). Tabelle 4 enthält die Gesamtkosten je Betriebsstunde (Variable Kosten + umgelegte Fixe Kosten).
€ Privat (Tab. 1-4): Private Kalkulation (mit MWSt). Tabelle 4 enthält die Gesamtkosten je Betriebsstunde (Variable Kosten + umgelegte Fixe Kosten; Fixe Kosten jedoch ohne Abschreibung und ohne Zinsen).

Dyn Aero MCR 4S — EXP

1. Sitze, Fahrwerk, Zelle	
Sitzplätze	4
Fahrwerk	Fest
Länge / Höhe	6,72 m / 1,95 m
Spannweite	8,66 m
Flügelfläche	8,15 qm

2. Propeller, Triebwerk, Verbrauch	
Propeller	Verstellbar
Triebwerk	Rotax 912 S
Triebwerkleistung	100 PS (74 kW)
Treibstoffverbrauch[1]	18,0 l/h Mogas

3. Gewichte	
Leergewicht	327 kg
+ Nutzladung[2]	337 kg
+ Treibstoff[3]	120 l = 86 kg
= Gesamtgewicht	750 kg

4. Belastungsdaten	
Leistungsbelastung	7,5 kg/PS
Flächenbelastung	92,0 kg/qm

5. Leistungsdaten	
Höchstgeschwindigkeit	288 km/h
Reisegeschwindigkeit[1]	244 km/h
Abreißgeschwindigkeit[4]	83 km/h
Steigleistung	300 m/min
Dienstgipfelhöhe	k.A. m
Start-[5] / Landerollstrecke[6]	203 m / 165 m

6. Transport-Kennzahlen	
Gesamtzuladung[7]	423 kg = 56 %
davon Nutzladung[2]	337 kg = 45 %
davon Treibstoff	86 kg = 12 %
Reichweite[8]	1.505 km
Treibstoffverbrauchsindex	0,60

Kurz-Info: Zulassung als Experimental-Serien-Kit (s. Hinweise in Kapitel 1 unter Experimental). Außergewöhnliche Flugleistungen durch ausgefeilte Aerodynamik und niedriges Leergewicht.

1 Bei 65% Leistung **2** Pilot, Passagiere, Gepäck **3** kg-Berechnung nach spezifischem Gewicht **4** Klappen 0° **5** Start- bis Abhebepunkt **6** Aufsetz- bis Stillstandpunkt **7** Anteil am Gesamtgewicht **8** Inkl. 30 Min. Reserve

Dyn Aero MCR 4S — Preise & Kosten

1. Kaufpreis, Abschreibung, Restwert	€ Kaufmännisch	€ Privat
Kaufpreis (neu, Baujahr 2002)	134.211 €	155.685 €
Abschreibung in 21 Jahren	93.948 €	entfällt
Restwert nach 21 Jahren	40.263 €	entfällt

2. Fixe Kosten p.a.	€ Kaufmännisch	€ Privat
Abschreibung	4.474 €	entfällt
+ 2,5% Zins auf 50% Eigenkapital	1.678 €	entfällt
+ 3,75% Zins auf 50% Fremdkapital	2.516 €	entfällt
+ Versicherung (inkl. Vers.-Steuer)	7.089 €	7.089 €
+ Hangarierung	1.500 €	1.740 €
Summen Fixe Kosten	**17.257 €**	**8.829 €**

3. Variable Kosten je Betriebsstunde	€ Kaufmännisch	€ Privat
Treibstoff	20,41 €	23,68 €
+ Wartung/Reparaturen/Rücklagen	53,68 €	62,27 €
+ Betriebserschwernisse	4,45 €	5,16 €
Summen Variable Kosten	**78,54 €**	**91,11 €**

4. Gesamtkosten je Betriebsstunde	€ Kaufmännisch	€ Privat
Bei 025 Betriebsstunden p.a.	768,83 €	444,28 €
Bei 050 Betriebsstunden p.a.	423,69 €	267,70 €
Bei 075 Betriebsstunden p.a.	308,64 €	208,83 €
Bei 100 Betriebsstunden p.a.	251,11 €	179,40 €
Bei 125 Betriebsstunden p.a.	216,60 €	161,74 €
Bei 150 Betriebsstunden p.a.	193,59 €	149,97 €
Bei 175 Betriebsstunden p.a.	177,15 €	141,56 €
Bei 200 Betriebsstunden p.a.	164,83 €	135,26 €
Bei 225 Betriebsstunden p.a.	155,24 €	130,35 €
Bei 250 Betriebsstunden p.a.	147,57 €	126,43 €
Bei 275 Betriebsstunden p.a.	141,30 €	123,22 €
Bei 300 Betriebsstunden p.a.	136,07 €	120,54 €
Bei 325 Betriebsstunden p.a.	131,64 €	118,28 €
Bei 350 Betriebsstunden p.a.	127,85 €	116,34 €
Bei 375 Betriebsstunden p.a.	124,56 €	114,65 €
Bei 400 Betriebsstunden p.a.	121,69 €	113,18 €
Bei 425 Betriebsstunden p.a.	119,15 €	111,88 €
Bei 450 Betriebsstunden p.a.	116,89 €	110,73 €
Bei 475 Betriebsstunden p.a.	114,87 €	109,70 €
Bei 500 Betriebsstunden p.a.	113,06 €	108,77 €
Flugkilometer bei 300 Stunden p.a.	0,56 €	0,49 €
Sitzplatzkilometer bei 300 Stunden p.a.	0,14 €	0,12 €

€ Kaufmännisch (Tab. 1-4): Kaufmännische Kalkulation (ohne MWSt). Tabelle 4 enthält die Gesamtkosten je Betriebsstunde (Variable Kosten + umgelegte Fixe Kosten).
€ Privat (Tab. 1-4): Private Kalkulation (mit MWSt). Tabelle 4 enthält die Gesamtkosten je Betriebsstunde (Variable Kosten + umgelegte Fixe Kosten; Fixe Kosten jedoch ohne Abschreibung und ohne Zinsen).

Dynamic WT9 Club — UL

1. Sitze, Fahrwerk, Zelle
Sitzplätze	2
Fahrwerk	Fest
Länge / Höhe	6,40 m / 2,00 m
Spannweite	9,00 m
Flügelfläche	10,30 qm

2. Propeller, Triebwerk, Verbrauch
Propeller	Verstellbar
Triebwerk	Rotax 912 UL
Triebwerkleistung	80 PS (59 kW)
Treibstoffverbrauch[1]	14,4 l/h Mogas

3. Gewichte
Leergewicht	279 kg
+ Nutzladung[2]	121 kg
+ Treibstoff[3]	70 l = 50 kg
= Gesamtgewicht	450 kg

4. Belastungsdaten
Leistungsbelastung	5,6 kg/PS
Flächenbelastung	43,7 kg/qm

5. Leistungsdaten
Höchstgeschwindigkeit	270 km/h
Reisegeschwindigkeit[1]	225 km/h
Abreißgeschwindigkeit[4]	65 km/h
Steigleistung	312 m/min
Dienstgipfelhöhe	k.A. m
Start-[5] / Landerollstrecke[6]	200 m / 180 m

6. Transport-Kennzahlen
Gesamtzuladung[7]	171 kg = 38 %
davon Nutzladung[2]	121 kg = 27 %
davon Treibstoff	50 kg = 11 %
Reichweite[8]	981 km
Treibstoffverbrauchsindex	1,14

Kurz-Info: Hersteller gibt für WT9 Club, WT9 Club S, WT9 Speed und WT9 TOW bis auf Steigrate und Leergewicht gleiche Flugleistungsdaten an.

[1] Bei 65% Leistung [2] Pilot, Passagiere, Gepäck [3] kg-Berechnung nach spezifischem Gewicht [4] Klappen 0° [5] Start- bis Abhebepunkt [6] Aufsetz- bis Stillstandpunkt [7] Anteil am Gesamtgewicht [8] Inkl. 30 Min. Reserve

Dynamic WT9 Club — Preise & Kosten

1. Kaufpreis, Abschreibung, Restwert	€ Kaufmännisch	€ Privat
Kaufpreis (neu, Baujahr 2002)	75.297 €	87.345 €
Abschreibung in 21 Jahren	52.708 €	entfällt
Restwert nach 21 Jahren	22.589 €	entfällt
2. Fixe Kosten p.a.	**€ Kaufmännisch**	**€ Privat**
Abschreibung	2.510 €	entfällt
+ 2,5% Zins auf 50% Eigenkapital	941 €	entfällt
+ 3,75% Zins auf 50% Fremdkapital	1.412 €	entfällt
+ Versicherung (inkl. Vers.-Steuer)	3.759 €	3.759 €
+ Hangarierung	1.500 €	1.740 €
Summen Fixe Kosten	**10.122 €**	**5.499 €**
3. Variable Kosten je Betriebsstunde	**€ Kaufmännisch**	**€ Privat**
Treibstoff	16,33 €	18,94 €
+ Wartung/Reparaturen/Rücklagen	15,06 €	17,47 €
+ Betriebserschwernisse	1,57 €	1,82 €
Summen Variable Kosten	**32,96 €**	**38,23 €**
4. Gesamtkosten je Betriebsstunde	**€ Kaufmännisch**	**€ Privat**
Bei 025 Betriebsstunden p.a.	437,83 €	258,19 €
Bei 050 Betriebsstunden p.a.	235,40 €	148,21 €
Bei 075 Betriebsstunden p.a.	167,92 €	111,55 €
Bei 100 Betriebsstunden p.a.	134,18 €	93,22 €
Bei 125 Betriebsstunden p.a.	113,93 €	82,22 €
Bei 150 Betriebsstunden p.a.	100,44 €	74,89 €
Bei 175 Betriebsstunden p.a.	90,80 €	69,65 €
Bei 200 Betriebsstunden p.a.	83,57 €	65,73 €
Bei 225 Betriebsstunden p.a.	77,94 €	62,67 €
Bei 250 Betriebsstunden p.a.	73,45 €	60,23 €
Bei 275 Betriebsstunden p.a.	69,77 €	58,23 €
Bei 300 Betriebsstunden p.a.	66,70 €	56,56 €
Bei 325 Betriebsstunden p.a.	64,10 €	55,15 €
Bei 350 Betriebsstunden p.a.	61,88 €	53,94 €
Bei 375 Betriebsstunden p.a.	59,95 €	52,90 €
Bei 400 Betriebsstunden p.a.	58,26 €	51,98 €
Bei 425 Betriebsstunden p.a.	56,77 €	51,17 €
Bei 450 Betriebsstunden p.a.	55,45 €	50,45 €
Bei 475 Betriebsstunden p.a.	54,27 €	49,81 €
Bei 500 Betriebsstunden p.a.	53,20 €	49,23 €
Flugkilometer bei 300 Stunden p.a.	0,30 €	0,25 €
Sitzplatzkilometer bei 300 Stunden p.a.	0,15 €	0,13 €

€ Kaufmännisch (Tab. 1-4): Kaufmännische Kalkulation (ohne MWSt). Tabelle 4 enthält die Gesamtkosten je Betriebsstunde (Variable Kosten + umgelegte Fixe Kosten).
€ Privat (Tab. 1-4): Private Kalkulation (mit MWSt). Tabelle 4 enthält die Gesamtkosten je Betriebsstunde (Variable Kosten + umgelegte Fixe Kosten; Fixe Kosten jedoch ohne Abschreibung und ohne Zinsen).

Dynamic WT9 Club S — UL

1. Sitze, Fahrwerk, Zelle	
Sitzplätze	2
Fahrwerk	Fest
Länge / Höhe	6,40 m / 2,00 m
Spannweite	9,00 m
Flügelfläche	10,30 qm

2. Propeller, Triebwerk, Verbrauch	
Propeller	Verstellbar
Triebwerk	Rotax 912 UL S
Triebwerkleistung	100 PS (74 kW)
Treibstoffverbrauch[1]	18,0 l/h Mogas

3. Gewichte	
Leergewicht	279 kg
+ Nutzladung[2]	121 kg
+ Treibstoff[3]	70 l = 50 kg
= Gesamtgewicht	450 kg

4. Belastungsdaten	
Leistungsbelastung	4,5 kg/PS
Flächenbelastung	43,7 kg/qm

5. Leistungsdaten	
Höchstgeschwindigkeit	270 km/h
Reisegeschwindigkeit[1]	225 km/h
Abreißgeschwindigkeit[4]	65 km/h
Steigleistung	384 m/min
Dienstgipfelhöhe	k.A. m
Start-[5] / Landerollstrecke[6]	200 m / 180 m

6. Transport-Kennzahlen	
Gesamtzuladung[7]	171 kg = 38 %
davon Nutzladung[2]	121 kg = 27 %
davon Treibstoff	50 kg = 11 %
Reichweite[8]	763 km
Treibstoffverbrauchsindex	1,42

Kurz-Info: *Hersteller gibt für WT9 Club, WT9 Club S, WT9 Speed und WT9 TOW bis auf Steigrate und Leergewicht gleiche Flugleistungsdaten an.*

1 Bei 65% Leistung 2 Pilot, Passagiere, Gepäck 3 kg-Berechnung nach spezifischem Gewicht 4 Klappen 0° 5 Start- bis Abhebepunkt 6 Aufsetz- bis Stillstandpunkt 7 Anteil am Gesamtgewicht 8 Inkl. 30 Min. Reserve

Dynamic WT9 Club S — Preise & Kosten

1. Kaufpreis, Abschreibung, Restwert	€ Kaufmännisch	€ Privat
Kaufpreis (neu, Baujahr 2002)	77.922 €	90.390 €
Abschreibung in 21 Jahren	54.546 €	entfällt
Restwert nach 21 Jahren	23.377 €	entfällt
2. Fixe Kosten p.a.	**€ Kaufmännisch**	**€ Privat**
Abschreibung	2.597 €	entfällt
+ 2,5% Zins auf 50% Eigenkapital	974 €	entfällt
+ 3,75% Zins auf 50% Fremdkapital	1.461 €	entfällt
+ Versicherung (inkl. Vers.-Steuer)	3.874 €	3.874 €
+ Hangarierung	1.500 €	1.740 €
Summen Fixe Kosten	**10.407 €**	**5.614 €**
3. Variable Kosten je Betriebsstunde	**€ Kaufmännisch**	**€ Privat**
Treibstoff	20,41 €	23,68 €
+ Wartung/Reparaturen/Rücklagen	15,58 €	18,08 €
+ Betriebserschwernisse	1,80 €	2,09 €
Summen Variable Kosten	**37,80 €**	**43,84 €**
4. Gesamtkosten je Betriebsstunde	**€ Kaufmännisch**	**€ Privat**
Bei 025 Betriebsstunden p.a.	454,06 €	268,41 €
Bei 050 Betriebsstunden p.a.	245,93 €	156,12 €
Bei 075 Betriebsstunden p.a.	176,55 €	118,70 €
Bei 100 Betriebsstunden p.a.	141,86 €	99,98 €
Bei 125 Betriebsstunden p.a.	121,05 €	88,76 €
Bei 150 Betriebsstunden p.a.	107,17 €	81,27 €
Bei 175 Betriebsstunden p.a.	97,26 €	75,92 €
Bei 200 Betriebsstunden p.a.	89,83 €	71,91 €
Bei 225 Betriebsstunden p.a.	84,05 €	68,80 €
Bei 250 Betriebsstunden p.a.	79,42 €	66,30 €
Bei 275 Betriebsstunden p.a.	75,64 €	64,26 €
Bei 300 Betriebsstunden p.a.	72,48 €	62,56 €
Bei 325 Betriebsstunden p.a.	69,82 €	61,12 €
Bei 350 Betriebsstunden p.a.	67,53 €	59,88 €
Bei 375 Betriebsstunden p.a.	65,55 €	58,81 €
Bei 400 Betriebsstunden p.a.	63,81 €	57,88 €
Bei 425 Betriebsstunden p.a.	62,28 €	57,05 €
Bei 450 Betriebsstunden p.a.	60,92 €	56,32 €
Bei 475 Betriebsstunden p.a.	59,70 €	55,66 €
Bei 500 Betriebsstunden p.a.	58,61 €	55,07 €
Flugkilometer bei 300 Stunden p.a.	0,32 €	0,28 €
Sitzplatzkilometer bei 300 Stunden p.a.	0,16 €	0,14 €

€ Kaufmännisch (Tab. 1-4): Kaufmännische Kalkulation (ohne MWSt). Tabelle 4 enthält die Gesamtkosten je Betriebsstunde (Variable Kosten + umgelegte Fixe Kosten).
€ Privat (Tab. 1-4): Private Kalkulation (mit MWSt). Tabelle 4 enthält die Gesamtkosten je Betriebsstunde (Variable Kosten + umgelegte Fixe Kosten; Fixe Kosten jedoch ohne Abschreibung und ohne Zinsen).

Dynamic WT9 SPEED UL

1. Sitze, Fahrwerk, Zelle	
Sitzplätze	2
Fahrwerk	Einziehbar
Länge / Höhe	6,40 m / 2,00 m
Spannweite	9,00 m
Flügelfläche	10,30 qm
2. Propeller, Triebwerk, Verbrauch	
Propeller	Verstellbar
Triebwerk	Rotax 912 UL S
Triebwerkleistung	100 PS (74 kW)
Treibstoffverbrauch[1]	18,0 l/h Mogas
3. Gewichte	
Leergewicht	299 kg
+ Nutzladung[2]	101 kg
+ Treibstoff[3]	70 l = 50 kg
= Gesamtgewicht	450 kg

4. Belastungsdaten	
Leistungsbelastung	4,5 kg/PS
Flächenbelastung	43,7 kg/qm
5. Leistungsdaten	
Höchstgeschwindigkeit	270 km/h
Reisegeschwindigkeit[1]	225 km/h
Abreißgeschwindigkeit[4]	65 km/h
Steigleistung	384 m/min
Dienstgipfelhöhe	k.A. m
Start-[5] / Landerollstrecke[6]	200 m / 180 m
6. Transport-Kennzahlen	
Gesamtzuladung[7]	151 kg = 34 %
davon Nutzladung[2]	101 kg = 22 %
davon Treibstoff	50 kg = 11 %
Reichweite[8]	763 km
Treibstoffverbrauchsindex	1,42

Kurz-Info: Hersteller gibt für WT9 Club, WT9 Club S, WT9 Speed und WT9 TOW bis auf Steigrate und Leergewicht gleiche Flugleistungsdaten an.

1 Bei 65% Leistung **2** Pilot, Passagiere, Gepäck **3** kg-Berechnung nach spezifischem Gewicht **4** Klappen 0° **5** Start- bis Abhebepunkt **6** Aufsetz- bis Stillstandpunkt **7** Anteil am Gesamtgewicht **8** Inkl. 30 Min. Reserve

Dynamic WT9 SPEED — Preise & Kosten

1. Kaufpreis, Abschreibung, Restwert	€ Kaufmännisch	€ Privat
Kaufpreis (neu, Baujahr 2002)	86.793 €	100.680 €
Abschreibung in 21 Jahren	60.755 €	entfällt
Restwert nach 21 Jahren	26.038 €	entfällt
2. Fixe Kosten p.a.	**€ Kaufmännisch**	**€ Privat**
Abschreibung	2.893 €	entfällt
+ 2,5% Zins auf 50% Eigenkapital	1.085 €	entfällt
+ 3,75% Zins auf 50% Fremdkapital	1.627 €	entfällt
+ Versicherung (inkl. Vers.-Steuer)	4.263 €	4.263 €
+ Hangarierung	1.500 €	1.740 €
Summen Fixe Kosten	**11.369 €**	**6.003 €**
3. Variable Kosten je Betriebsstunde	**€ Kaufmännisch**	**€ Privat**
Treibstoff	20,41 €	23,68 €
+ Wartung/Reparaturen/Rücklagen	17,36 €	20,14 €
+ Betriebserschwernisse	2,27 €	2,63 €
Summen Variable Kosten	**40,04 €**	**46,44 €**
4. Gesamtkosten je Betriebsstunde	**€ Kaufmännisch**	**€ Privat**
Bei 025 Betriebsstunden p.a.	494,78 €	286,57 €
Bei 050 Betriebsstunden p.a.	267,41 €	166,51 €
Bei 075 Betriebsstunden p.a.	191,62 €	126,49 €
Bei 100 Betriebsstunden p.a.	153,72 €	106,48 €
Bei 125 Betriebsstunden p.a.	130,99 €	94,47 €
Bei 150 Betriebsstunden p.a.	115,83 €	86,46 €
Bei 175 Betriebsstunden p.a.	105,00 €	80,75 €
Bei 200 Betriebsstunden p.a.	96,88 €	76,46 €
Bei 225 Betriebsstunden p.a.	90,56 €	73,12 €
Bei 250 Betriebsstunden p.a.	85,51 €	70,46 €
Bei 275 Betriebsstunden p.a.	81,38 €	68,27 €
Bei 300 Betriebsstunden p.a.	77,93 €	66,45 €
Bei 325 Betriebsstunden p.a.	75,02 €	64,91 €
Bei 350 Betriebsstunden p.a.	72,52 €	63,59 €
Bei 375 Betriebsstunden p.a.	70,35 €	62,45 €
Bei 400 Betriebsstunden p.a.	68,46 €	61,45 €
Bei 425 Betriebsstunden p.a.	66,79 €	60,57 €
Bei 450 Betriebsstunden p.a.	65,30 €	59,78 €
Bei 475 Betriebsstunden p.a.	63,97 €	59,08 €
Bei 500 Betriebsstunden p.a.	62,77 €	58,45 €
Flugkilometer bei 300 Stunden p.a.	0,35 €	0,30 €
Sitzplatzkilometer bei 300 Stunden p.a.	0,17 €	0,15 €

€ Kaufmännisch (Tab. 1-4): Kaufmännische Kalkulation (ohne MWSt). Tabelle 4 enthält die Gesamtkosten je Betriebsstunde (Variable Kosten + umgelegte Fixe Kosten).
€ Privat (Tab. 1-4): Private Kalkulation (mit MWSt). Tabelle 4 enthält die Gesamtkosten je Betriebsstunde (Variable Kosten + umgelegte Fixe Kosten; Fixe Kosten jedoch ohne Abschreibung und ohne Zinsen).

Dynamic WT9 TOW — UL

1. Sitze, Fahrwerk, Zelle		4. Belastungsdaten	
Sitzplätze	2	Leistungsbelastung	4,5 kg/PS
Fahrwerk	Fest	Flächenbelastung	43,7 kg/qm
Länge / Höhe	6,40 m / 2,00 m	**5. Leistungsdaten**	
Spannweite	9,00 m	Höchstgeschwindigkeit	270 km/h
Flügelfläche	10,30 qm	Reisegeschwindigkeit[1]	225 km/h
2. Propeller, Triebwerk, Verbrauch		Abreißgeschwindigkeit[4]	65 km/h
Propeller	Verstellbar	Steigleistung	384 m/min
Triebwerk	Rotax 912 UL S	Dienstgipfelhöhe	k.A. m
Triebwerkleistung	100 PS (74 kW)	Start-[5] / Landerollstrecke[6]	200 m / 180 m
Treibstoffverbrauch[1]	18,0 l/h Mogas	**6. Transport-Kennzahlen**	
3. Gewichte		Gesamtzuladung[7]	171 kg = 38 %
Leergewicht	279 kg	davon Nutzladung[2]	121 kg = 27 %
+ Nutzladung[2]	121 kg	davon Treibstoff	50 kg = 11 %
+ Treibstoff[3]	70 l = 50 kg	Reichweite[8]	763 km
= Gesamtgewicht	450 kg	Treibstoffverbrauchsindex	1,42

Kurz-Info: Hersteller gibt für WT9 Club, WT9 Club S, WT9 Speed und WT9 TOW bis auf Steigrate und Leergewicht gleiche Flugleistungsdaten an.

1 Bei 65% Leistung 2 Pilot, Passagiere, Gepäck 3 kg-Berechnung nach spezifischem Gewicht 4 Klappen 0° 5 Start- bis Abhebepunkt 6 Aufsetz- bis Stillstandpunkt 7 Anteil am Gesamtgewicht 8 Inkl. 30 Min. Reserve

Dynamic WT9 TOW — Preise & Kosten

1. Kaufpreis, Abschreibung, Restwert	€ Kaufmännisch	€ Privat
Kaufpreis (neu, Baujahr 2002)	79.461 €	92.174 €
Abschreibung in 21 Jahren	55.622 €	entfällt
Restwert nach 21 Jahren	23.838 €	entfällt
2. Fixe Kosten p.a.	**€ Kaufmännisch**	**€ Privat**
Abschreibung	2.649 €	entfällt
+ 2,5% Zins auf 50% Eigenkapital	993 €	entfällt
+ 3,75% Zins auf 50% Fremdkapital	1.490 €	entfällt
+ Versicherung (inkl. Vers.-Steuer)	3.942 €	3.942 €
+ Hangarierung	1.500 €	1.740 €
Summen Fixe Kosten	**10.573 €**	**5.682 €**
3. Variable Kosten je Betriebsstunde	**€ Kaufmännisch**	**€ Privat**
Treibstoff	20,41 €	23,68 €
+ Wartung/Reparaturen/Rücklagen	15,89 €	18,43 €
+ Betriebserschwernisse	2,18 €	2,53 €
Summen Variable Kosten	**38,48 €**	**44,64 €**
4. Gesamtkosten je Betriebsstunde	**€ Kaufmännisch**	**€ Privat**
Bei 025 Betriebsstunden p.a.	461,42 €	271,90 €
Bei 050 Betriebsstunden p.a.	249,95 €	158,27 €
Bei 075 Betriebsstunden p.a.	179,46 €	120,39 €
Bei 100 Betriebsstunden p.a.	144,22 €	101,45 €
Bei 125 Betriebsstunden p.a.	123,07 €	90,09 €
Bei 150 Betriebsstunden p.a.	108,97 €	82,52 €
Bei 175 Betriebsstunden p.a.	98,90 €	77,11 €
Bei 200 Betriebsstunden p.a.	91,35 €	73,05 €
Bei 225 Betriebsstunden p.a.	85,48 €	69,89 €
Bei 250 Betriebsstunden p.a.	80,78 €	67,37 €
Bei 275 Betriebsstunden p.a.	76,93 €	65,30 €
Bei 300 Betriebsstunden p.a.	73,73 €	63,58 €
Bei 325 Betriebsstunden p.a.	71,02 €	62,12 €
Bei 350 Betriebsstunden p.a.	68,69 €	60,87 €
Bei 375 Betriebsstunden p.a.	66,68 €	59,79 €
Bei 400 Betriebsstunden p.a.	64,92 €	58,84 €
Bei 425 Betriebsstunden p.a.	63,36 €	58,01 €
Bei 450 Betriebsstunden p.a.	61,98 €	57,27 €
Bei 475 Betriebsstunden p.a.	60,74 €	56,60 €
Bei 500 Betriebsstunden p.a.	59,63 €	56,00 €
Flugkilometer bei 300 Stunden p.a.	0,33 €	0,28 €
Sitzplatzkilometer bei 300 Stunden p.a.	0,16 €	0,14 €

€ Kaufmännisch (Tab. 1-4): Kaufmännische Kalkulation (ohne MWSt). Tabelle 4 enthält die Gesamtkosten je Betriebsstunde (Variable Kosten + umgelegte Fixe Kosten).
€ Privat (Tab. 1-4): Private Kalkulation (mit MWSt). Tabelle 4 enthält die Gesamtkosten je Betriebsstunde (Variable Kosten + umgelegte Fixe Kosten; Fixe Kosten jedoch ohne Abschreibung und ohne Zinsen).

Euroala Jet Fox 97 (80 PS)　　　　　　　　　　　　　　　　　UL

1. Sitze, Fahrwerk, Zelle		4. Belastungsdaten	
Sitzplätze	2	Leistungsbelastung	5,6 kg/PS
Fahrwerk	Fest	Flächenbelastung	30,8 kg/qm
Länge / Höhe	5,78 m / 2,80 m		
Spannweite	9,78 m	**5. Leistungsdaten**	
Flügelfläche	14,62 qm	Höchstgeschwindigkeit	175 km/h
		Reisegeschwindigkeit[1]	135 km/h
2. Propeller, Triebwerk, Verbrauch		Abreißgeschwindigkeit[4]	60 km/h
Propeller	Starr	Steigleistung	360 m/min
Triebwerk	Rotax 912 UL	Dienstgipfelhöhe	k.A. m
Triebwerkleistung	80 PS (59 kW)	Start-[5] / Landerollstrecke[6]	100 m / 120 m
Treibstoffverbrauch[1]	14,4 l/h Mogas		
		6. Transport-Kennzahlen	
3. Gewichte		Gesamtzuladung[7]	160 kg = 36 %
Leergewicht	290 kg	davon Nutzladung[2]	118 kg = 26 %
+ Nutzladung[2]	118 kg	davon Treibstoff	42 kg = 09 %
+ Treibstoff[3]	59 l = 42 kg	Reichweite[8]	486 km
= Gesamtgewicht	450 kg	Treibstoffverbrauchsindex	3,16

Kurz-Info: *Eine Weiterentwicklung aus der 2. UL-Generation mit klappbaren Flächen und zerlegbarem Leitwerk.*

1 Bei 65% Leistung **2** Pilot, Passagiere, Gepäck **3** kg-Berechnung nach spezifischem Gewicht **4** Klappen 0° **5** Start- bis Abhebepunkt **6** Aufsetz- bis Stillstandpunkt **7** Anteil am Gesamtgewicht **8** Inkl. 30 Min. Reserve

Euroala Jet Fox 97 (80 PS) — Preise & Kosten

1. Kaufpreis, Abschreibung, Restwert	€ Kaufmännisch	€ Privat
Kaufpreis (neu, Baujahr 2002)	50.834 €	58.967 €
Abschreibung in 21 Jahren	35.584 €	entfällt
Restwert nach 21 Jahren	15.250 €	entfällt
2. Fixe Kosten p.a.	**€ Kaufmännisch**	**€ Privat**
Abschreibung	1.694 €	entfällt
+ 2,5% Zins auf 50% Eigenkapital	635 €	entfällt
+ 3,75% Zins auf 50% Fremdkapital	953 €	entfällt
+ Versicherung (inkl. Vers.-Steuer)	2.685 €	2.685 €
+ Hangarierung	1.500 €	1.740 €
Summen Fixe Kosten	**7.468 €**	**4.425 €**
3. Variable Kosten je Betriebsstunde	**€ Kaufmännisch**	**€ Privat**
Treibstoff	16,33 €	18,94 €
+ Wartung/Reparaturen/Rücklagen	10,17 €	11,79 €
+ Betriebserschwernisse	1,06 €	1,23 €
Summen Variable Kosten	**27,56 €**	**31,97 €**
4. Gesamtkosten je Betriebsstunde	**€ Kaufmännisch**	**€ Privat**
Bei 025 Betriebsstunden p.a.	326,30 €	208,98 €
Bei 050 Betriebsstunden p.a.	176,93 €	120,47 €
Bei 075 Betriebsstunden p.a.	127,14 €	90,97 €
Bei 100 Betriebsstunden p.a.	102,24 €	76,22 €
Bei 125 Betriebsstunden p.a.	87,30 €	67,37 €
Bei 150 Betriebsstunden p.a.	77,35 €	61,47 €
Bei 175 Betriebsstunden p.a.	70,23 €	57,25 €
Bei 200 Betriebsstunden p.a.	64,90 €	54,09 €
Bei 225 Betriebsstunden p.a.	60,75 €	51,63 €
Bei 250 Betriebsstunden p.a.	57,43 €	49,67 €
Bei 275 Betriebsstunden p.a.	54,71 €	48,06 €
Bei 300 Betriebsstunden p.a.	52,45 €	46,72 €
Bei 325 Betriebsstunden p.a.	50,54 €	45,58 €
Bei 350 Betriebsstunden p.a.	48,89 €	44,61 €
Bei 375 Betriebsstunden p.a.	47,47 €	43,77 €
Bei 400 Betriebsstunden p.a.	46,23 €	43,03 €
Bei 425 Betriebsstunden p.a.	45,13 €	42,38 €
Bei 450 Betriebsstunden p.a.	44,15 €	41,80 €
Bei 475 Betriebsstunden p.a.	43,28 €	41,28 €
Bei 500 Betriebsstunden p.a.	42,49 €	40,82 €
Flugkilometer bei 300 Stunden p.a.	0,39 €	0,35 €
Sitzplatzkilometer bei 300 Stunden p.a.	0,19 €	0,17 €

€ Kaufmännisch (Tab. 1-4): Kaufmännische Kalkulation (ohne MWSt). Tabelle 4 enthält die Gesamtkosten je Betriebsstunde (Variable Kosten + umgelegte Fixe Kosten).
€ Privat (Tab. 1-4): Private Kalkulation (mit MWSt). Tabelle 4 enthält die Gesamtkosten je Betriebsstunde (Variable Kosten + umgelegte Fixe Kosten; Fixe Kosten jedoch ohne Abschreibung und ohne Zinsen).

Euroala Jet Fox 97 (100 PS)   UL

1. Sitze, Fahrwerk, Zelle	
Sitzplätze	2
Fahrwerk	Fest
Länge / Höhe	5,78 m / 2,80 m
Spannweite	9,78 m
Flügelfläche	14,62 qm
2. Propeller, Triebwerk, Verbrauch	
Propeller	Starr
Triebwerk	Rotax 912 UL S
Triebwerkleistung	100 PS (74 kW)
Treibstoffverbrauch[1]	18,0 l/h Mogas
3. Gewichte	
Leergewicht	292 kg
+ Nutzladung[2]	116 kg
+ Treibstoff[3]	59 l = 42 kg
= Gesamtgewicht	450 kg

4. Belastungsdaten	
Leistungsbelastung	4,5 kg/PS
Flächenbelastung	30,8 kg/qm
5. Leistungsdaten	
Höchstgeschwindigkeit	180 km/h
Reisegeschwindigkeit[1]	145 km/h
Abreißgeschwindigkeit[4]	60 km/h
Steigleistung	420 m/min
Dienstgipfelhöhe	k.A. m
Start-[5] / Landerollstrecke[6]	100 m / 120 m
6. Transport-Kennzahlen	
Gesamtzuladung[7]	158 kg = 35 %
davon Nutzladung[2]	116 kg = 26 %
davon Treibstoff	42 kg = 09 %
Reichweite[8]	403 km
Treibstoffverbrauchsindex	3,42

Kurz-Info: Ausführung wie Jet Fox 97 (80 PS), nur mit Rotax 912 100 PS Motor.

1 Bei 65% Leistung 2 Pilot, Passagiere, Gepäck 3 kg-Berechnung nach spezifischem Gewicht 4 Klappen 0° 5 Start- bis Abhebepunkt 6 Aufsetz- bis Stillstandpunkt 7 Anteil am Gesamtgewicht 8 Inkl. 30 Min. Reserve

Euroala Jet Fox 97 (100 PS)		Preise & Kosten
1. Kaufpreis, Abschreibung, Restwert	**€ Kaufmännisch**	**€ Privat**
Kaufpreis (neu, Baujahr 2002)	52.263 €	60.625 €
Abschreibung in 21 Jahren	36.584 €	entfällt
Restwert nach 21 Jahren	15.679 €	entfällt
2. Fixe Kosten p.a.	**€ Kaufmännisch**	**€ Privat**
Abschreibung	1.742 €	entfällt
+ 2,5% Zins auf 50% Eigenkapital	653 €	entfällt
+ 3,75% Zins auf 50% Fremdkapital	980 €	entfällt
+ Versicherung (inkl. Vers.-Steuer)	2.748 €	2.748 €
+ Hangarierung	1.500 €	1.740 €
Summen Fixe Kosten	**7.623 €**	**4.488 €**
3. Variable Kosten je Betriebsstunde	**€ Kaufmännisch**	**€ Privat**
Treibstoff	20,41 €	23,68 €
+ Wartung/Reparaturen/Rücklagen	10,45 €	12,12 €
+ Betriebserschwernisse	1,23 €	1,43 €
Summen Variable Kosten	**32,10 €**	**37,23 €**
4. Gesamtkosten je Betriebsstunde	**€ Kaufmännisch**	**€ Privat**
Bei 025 Betriebsstunden p.a.	337,04 €	216,76 €
Bei 050 Betriebsstunden p.a.	184,57 €	127,00 €
Bei 075 Betriebsstunden p.a.	133,75 €	97,08 €
Bei 100 Betriebsstunden p.a.	108,33 €	82,12 €
Bei 125 Betriebsstunden p.a.	93,09 €	73,14 €
Bei 150 Betriebsstunden p.a.	82,92 €	67,16 €
Bei 175 Betriebsstunden p.a.	75,66 €	62,88 €
Bei 200 Betriebsstunden p.a.	70,22 €	59,68 €
Bei 225 Betriebsstunden p.a.	65,98 €	57,18 €
Bei 250 Betriebsstunden p.a.	62,59 €	55,19 €
Bei 275 Betriebsstunden p.a.	59,82 €	53,56 €
Bei 300 Betriebsstunden p.a.	57,51 €	52,20 €
Bei 325 Betriebsstunden p.a.	55,56 €	51,04 €
Bei 350 Betriebsstunden p.a.	53,88 €	50,06 €
Bei 375 Betriebsstunden p.a.	52,43 €	49,20 €
Bei 400 Betriebsstunden p.a.	51,16 €	48,46 €
Bei 425 Betriebsstunden p.a.	50,04 €	47,80 €
Bei 450 Betriebsstunden p.a.	49,04 €	47,21 €
Bei 475 Betriebsstunden p.a.	48,15 €	46,68 €
Bei 500 Betriebsstunden p.a.	47,35 €	46,21 €
Flugkilometer bei 300 Stunden p.a.	0,40 €	0,36 €
Sitzplatzkilometer bei 300 Stunden p.a.	0,20 €	0,18 €

€ Kaufmännisch (Tab. 1-4): Kaufmännische Kalkulation (ohne MWSt). Tabelle 4 enthält die Gesamtkosten je Betriebsstunde (Variable Kosten + umgelegte Fixe Kosten).
€ Privat (Tab. 1-4): Private Kalkulation (mit MWSt). Tabelle 4 enthält die Gesamtkosten je Betriebsstunde (Variable Kosten + umgelegte Fixe Kosten; Fixe Kosten jedoch ohne Abschreibung und ohne Zinsen).

Fantasy Air Allegro 2000 UL

1. Sitze, Fahrwerk, Zelle		4. Belastungsdaten	
Sitzplätze	2	Leistungsbelastung	5,6 kg/PS
Fahrwerk	Fest	Flächenbelastung	39,5 kg/qm
Länge / Höhe	6,36 m / 2,05 m		
Spannweite	10,81 m	5. Leistungsdaten	
Flügelfläche	11,38 qm	Höchstgeschwindigkeit	220 km/h
		Reisegeschwindigkeit[1]	145 km/h
2. Propeller, Triebwerk, Verbrauch		Abreißgeschwindigkeit[4]	64 km/h
Propeller	Starr	Steigleistung	240 m/min
Triebwerk	Rotax 912 UL	Dienstgipfelhöhe	k.A. m
Triebwerkleistung	80 PS (59 kW)	Start-[5] / Landerollstrecke[6]	150 m / 100 m
Treibstoffverbrauch[1]	14,4 l/h Mogas		
		6. Transport-Kennzahlen	
3. Gewichte		Gesamtzuladung[7]	162 kg = 36 %
Leergewicht	288 kg	davon Nutzladung[2]	122 kg = 27 %
+ Nutzladung[2]	122 kg	davon Treibstoff	40 kg = 09 %
+ Treibstoff[3]	55 l = 40 kg	Reichweite[8]	481 km
= Gesamtgewicht	450 kg	Treibstoffverbrauchsindex	2,74

Kurz-Info: Moderner Schulterdecker mit T-Leitwerk, der sich für den universellen Einsatz besonders eignet.

1 Bei 65% Leistung 2 Pilot, Passagiere, Gepäck 3 kg-Berechnung nach spezifischem Gewicht 4 Klappen 0° 5 Start- bis Abhebepunkt 6 Aufsetz- bis Stillstandpunkt 7 Anteil am Gesamtgewicht 8 Inkl. 30 Min. Reserve

Fantasy Air Allegro 2000 — Preise & Kosten

1. Kaufpreis, Abschreibung, Restwert	€ Kaufmännisch	€ Privat
Kaufpreis (neu, Baujahr 2002)	53.087 €	61.581 €
Abschreibung in 21 Jahren	37.161 €	entfällt
Restwert nach 21 Jahren	15.926 €	entfällt
2. Fixe Kosten p.a.	**€ Kaufmännisch**	**€ Privat**
Abschreibung	1.770 €	entfällt
+ 2,5% Zins auf 50% Eigenkapital	664 €	entfällt
+ 3,75% Zins auf 50% Fremdkapital	995 €	entfällt
+ Versicherung (inkl. Vers.-Steuer)	2.784 €	2.784 €
+ Hangarierung	1.500 €	1.740 €
Summen Fixe Kosten	**7.713 €**	**4.524 €**
3. Variable Kosten je Betriebsstunde	**€ Kaufmännisch**	**€ Privat**
Treibstoff	16,33 €	18,94 €
+ Wartung/Reparaturen/Rücklagen	10,62 €	12,32 €
+ Betriebserschwernisse	1,08 €	1,25 €
Summen Variable Kosten	**28,02 €**	**32,51 €**
4. Gesamtkosten je Betriebsstunde	**€ Kaufmännisch**	**€ Privat**
Bei 025 Betriebsstunden p.a.	336,54 €	213,48 €
Bei 050 Betriebsstunden p.a.	182,28 €	123,00 €
Bei 075 Betriebsstunden p.a.	130,86 €	92,83 €
Bei 100 Betriebsstunden p.a.	105,15 €	77,75 €
Bei 125 Betriebsstunden p.a.	89,73 €	68,70 €
Bei 150 Betriebsstunden p.a.	79,44 €	62,67 €
Bei 175 Betriebsstunden p.a.	72,10 €	58,36 €
Bei 200 Betriebsstunden p.a.	66,59 €	55,13 €
Bei 225 Betriebsstunden p.a.	62,30 €	52,62 €
Bei 250 Betriebsstunden p.a.	58,88 €	50,61 €
Bei 275 Betriebsstunden p.a.	56,07 €	48,96 €
Bei 300 Betriebsstunden p.a.	53,73 €	47,59 €
Bei 325 Betriebsstunden p.a.	51,76 €	46,43 €
Bei 350 Betriebsstunden p.a.	50,06 €	45,44 €
Bei 375 Betriebsstunden p.a.	48,59 €	44,57 €
Bei 400 Betriebsstunden p.a.	47,31 €	43,82 €
Bei 425 Betriebsstunden p.a.	46,17 €	43,15 €
Bei 450 Betriebsstunden p.a.	45,16 €	42,56 €
Bei 475 Betriebsstunden p.a.	44,26 €	42,03 €
Bei 500 Betriebsstunden p.a.	43,45 €	41,56 €
Flugkilometer bei 300 Stunden p.a.	0,37 €	0,33 €
Sitzplatzkilometer bei 300 Stunden p.a.	0,19 €	0,16 €

€ Kaufmännisch (Tab. 1-4): Kaufmännische Kalkulation (ohne MWSt). Tabelle 4 enthält die Gesamtkosten je Betriebsstunde (Variable Kosten + umgelegte Fixe Kosten).
€ Privat (Tab. 1-4): Private Kalkulation (mit MWSt). Tabelle 4 enthält die Gesamtkosten je Betriebsstunde (Variable Kosten + umgelegte Fixe Kosten; Fixe Kosten jedoch ohne Abschreibung und ohne Zinsen).

Fantasy Air Allegro 2000 S — UL

1. Sitze, Fahrwerk, Zelle	
Sitzplätze	2
Fahrwerk	Fest
Länge / Höhe	6,36 m / 2,05 m
Spannweite	10,81 m
Flügelfläche	11,38 qm

2. Propeller, Triebwerk, Verbrauch	
Propeller	Verstellbar
Triebwerk	Rotax 912 UL S
Triebwerkleistung	100 PS (74 kW)
Treibstoffverbrauch[1]	18,0 l/h Mogas

3. Gewichte	
Leergewicht	293 kg
+ Nutzladung[2]	117 kg
+ Treibstoff[3]	55 l = 40 kg
= Gesamtgewicht	450 kg

4. Belastungsdaten	
Leistungsbelastung	4,5 kg/PS
Flächenbelastung	39,5 kg/qm

5. Leistungsdaten	
Höchstgeschwindigkeit	220 km/h
Reisegeschwindigkeit[1]	165 km/h
Abreißgeschwindigkeit[4]	65 km/h
Steigleistung	360 m/min
Dienstgipfelhöhe	k.A. m
Start-[5] / Landerollstrecke[6]	150 m / 100 m

6. Transport-Kennzahlen	
Gesamtzuladung[7]	157 kg = 35 %
davon Nutzladung[2]	117 kg = 26 %
davon Treibstoff	40 kg = 09 %
Reichweite[8]	422 km
Treibstoffverbrauchsindex	2,64

Kurz-Info: Ausführung wie Allegro, jedoch mit Rotax 912 100 PS Triebwerk, besonders für Segelflugschlepp geeignet.

[1] Bei 65% Leistung [2] Pilot, Passagiere, Gepäck [3] kg-Berechnung nach spezifischem Gewicht [4] Klappen 0° [5] Start- bis Abhebepunkt [6] Aufsetz- bis Stillstandpunkt [7] Anteil am Gesamtgewicht [8] Inkl. 30 Min. Reserve

Fantasy Air Allegro 2000 S — Preise & Kosten

1. Kaufpreis, Abschreibung, Restwert	€ Kaufmännisch	€ Privat
Kaufpreis (neu, Baujahr 2002)	54.724 €	63.480 €
Abschreibung in 21 Jahren	38.307 €	entfällt
Restwert nach 21 Jahren	16.417 €	entfällt
2. Fixe Kosten p.a.	**€ Kaufmännisch**	**€ Privat**
Abschreibung	1.824 €	entfällt
+ 2,5% Zins auf 50% Eigenkapital	684 €	entfällt
+ 3,75% Zins auf 50% Fremdkapital	1.026 €	entfällt
+ Versicherung (inkl. Vers.-Steuer)	2.856 €	2.856 €
+ Hangarierung	1.500 €	1.740 €
Summen Fixe Kosten	**7.890 €**	**4.596 €**
3. Variable Kosten je Betriebsstunde	**€ Kaufmännisch**	**€ Privat**
Treibstoff	20,41 €	23,68 €
+ Wartung/Reparaturen/Rücklagen	10,94 €	12,70 €
+ Betriebserschwernisse	1,57 €	1,82 €
Summen Variable Kosten	**32,92 €**	**38,19 €**
4. Gesamtkosten je Betriebsstunde	**€ Kaufmännisch**	**€ Privat**
Bei 025 Betriebsstunden p.a.	348,54 €	222,04 €
Bei 050 Betriebsstunden p.a.	190,73 €	130,12 €
Bei 075 Betriebsstunden p.a.	138,13 €	99,47 €
Bei 100 Betriebsstunden p.a.	111,83 €	84,15 €
Bei 125 Betriebsstunden p.a.	96,05 €	74,96 €
Bei 150 Betriebsstunden p.a.	85,53 €	68,83 €
Bei 175 Betriebsstunden p.a.	78,01 €	64,46 €
Bei 200 Betriebsstunden p.a.	72,38 €	61,17 €
Bei 225 Betriebsstunden p.a.	67,99 €	58,62 €
Bei 250 Betriebsstunden p.a.	64,49 €	56,58 €
Bei 275 Betriebsstunden p.a.	61,62 €	54,91 €
Bei 300 Betriebsstunden p.a.	59,23 €	53,51 €
Bei 325 Betriebsstunden p.a.	57,20 €	52,33 €
Bei 350 Betriebsstunden p.a.	55,47 €	51,32 €
Bei 375 Betriebsstunden p.a.	53,97 €	50,45 €
Bei 400 Betriebsstunden p.a.	52,65 €	49,68 €
Bei 425 Betriebsstunden p.a.	51,49 €	49,01 €
Bei 450 Betriebsstunden p.a.	50,46 €	48,41 €
Bei 475 Betriebsstunden p.a.	49,54 €	47,87 €
Bei 500 Betriebsstunden p.a.	48,71 €	47,38 €
Flugkilometer bei 300 Stunden p.a.	0,36 €	0,32 €
Sitzplatzkilometer bei 300 Stunden p.a.	0,18 €	0,16 €

€ Kaufmännisch (Tab. 1-4): Kaufmännische Kalkulation (ohne MWSt). Tabelle 4 enthält die Gesamtkosten je Betriebsstunde (Variable Kosten + umgelegte Fixe Kosten).
€ Privat (Tab. 1-4): Private Kalkulation (mit MWSt). Tabelle 4 enthält die Gesamtkosten je Betriebsstunde (Variable Kosten + umgelegte Fixe Kosten; Fixe Kosten jedoch ohne Abschreibung und ohne Zinsen).

FK Leichtflugzeuge FK 09 Mark 3 Utility — UL

1. Sitze, Fahrwerk, Zelle	
Sitzplätze	2
Fahrwerk	Fest
Länge / Höhe	5,85 m / 2,00 m
Spannweite	9,85 m
Flügelfläche	11,42 qm

2. Propeller, Triebwerk, Verbrauch	
Propeller	Starr
Triebwerk	Rotax 912 UL
Triebwerkleistung	80 PS (59 kW)
Treibstoffverbrauch[1]	14,4 l/h Mogas

3. Gewichte	
Leergewicht	273 kg
+ Nutzladung[2]	147 kg
+ Treibstoff[3]	42 l = 30 kg
= Gesamtgewicht	450 kg

4. Belastungsdaten	
Leistungsbelastung	5,6 kg/PS
Flächenbelastung	39,4 kg/qm

5. Leistungsdaten	
Höchstgeschwindigkeit	215 km/h
Reisegeschwindigkeit[1]	155 km/h
Abreißgeschwindigkeit[4]	63 km/h
Steigleistung	240 m/min
Dienstgipfelhöhe	k.A. m
Start-[5] / Landerollstrecke[6]	120 m / 100 m

6. Transport-Kennzahlen	
Gesamtzuladung[7]	177 kg = 39 %
davon Nutzladung[2]	147 kg = 33 %
davon Treibstoff	30 kg = 07 %
Reichweite[8]	375 km
Treibstoffverbrauchsindex	2,40

Kurz-Info: *Universal-Schulterdecker für Clubs und Schulung. Flügelfaltmechanik. Auch als Spornrad-Version erhältlich.*

[1] Bei 65% Leistung [2] Pilot, Passagiere, Gepäck [3] kg-Berechnung nach spezifischem Gewicht [4] Klappen 0° [5] Start- bis Abhebepunkt [6] Aufsetz- bis Stillstandpunkt [7] Anteil am Gesamtgewicht [8] Inkl. 30 Min. Reserve

FK Leichtflugzeuge FK 09 Mark 3 Utility — Preise & Kosten

1. Kaufpreis, Abschreibung, Restwert	€ Kaufmännisch	€ Privat
Kaufpreis (neu, Baujahr 2002)	51.388 €	59.610 €
Abschreibung in 21 Jahren	35.972 €	entfällt
Restwert nach 21 Jahren	15.416 €	entfällt
2. Fixe Kosten p.a.	**€ Kaufmännisch**	**€ Privat**
Abschreibung	1.713 €	entfällt
+ 2,5% Zins auf 50% Eigenkapital	642 €	entfällt
+ 3,75% Zins auf 50% Fremdkapital	964 €	entfällt
+ Versicherung (inkl. Vers.-Steuer)	2.710 €	2.710 €
+ Hangarierung	1.500 €	1.740 €
Summen Fixe Kosten	**7.529 €**	**4.450 €**
3. Variable Kosten je Betriebsstunde	**€ Kaufmännisch**	**€ Privat**
Treibstoff	16,33 €	18,94 €
+ Wartung/Reparaturen/Rücklagen	10,28 €	11,92 €
+ Betriebserschwernisse	1,06 €	1,23 €
Summen Variable Kosten	**27,67 €**	**32,10 €**
4. Gesamtkosten je Betriebsstunde	**€ Kaufmännisch**	**€ Privat**
Bei 025 Betriebsstunden p.a.	328,82 €	210,09 €
Bei 050 Betriebsstunden p.a.	178,24 €	121,09 €
Bei 075 Betriebsstunden p.a.	128,05 €	91,43 €
Bei 100 Betriebsstunden p.a.	102,96 €	76,60 €
Bei 125 Betriebsstunden p.a.	87,90 €	67,70 €
Bei 150 Betriebsstunden p.a.	77,86 €	61,76 €
Bei 175 Betriebsstunden p.a.	70,69 €	57,53 €
Bei 200 Betriebsstunden p.a.	65,31 €	54,35 €
Bei 225 Betriebsstunden p.a.	61,13 €	51,88 €
Bei 250 Betriebsstunden p.a.	57,79 €	49,90 €
Bei 275 Betriebsstunden p.a.	55,05 €	48,28 €
Bei 300 Betriebsstunden p.a.	52,77 €	46,93 €
Bei 325 Betriebsstunden p.a.	50,84 €	45,79 €
Bei 350 Betriebsstunden p.a.	49,18 €	44,81 €
Bei 375 Betriebsstunden p.a.	47,75 €	43,97 €
Bei 400 Betriebsstunden p.a.	46,49 €	43,22 €
Bei 425 Betriebsstunden p.a.	45,39 €	42,57 €
Bei 450 Betriebsstunden p.a.	44,40 €	41,99 €
Bei 475 Betriebsstunden p.a.	43,52 €	41,47 €
Bei 500 Betriebsstunden p.a.	42,73 €	41,00 €
Flugkilometer bei 300 Stunden p.a.	0,34 €	0,30 €
Sitzplatzkilometer bei 300 Stunden p.a.	0,17 €	0,15 €

€ Kaufmännisch (Tab. 1-4): Kaufmännische Kalkulation (ohne MWSt). Tabelle 4 enthält die Gesamtkosten je Betriebsstunde (Variable Kosten + umgelegte Fixe Kosten).
€ Privat (Tab. 1-4): Private Kalkulation (mit MWSt). Tabelle 4 enthält die Gesamtkosten je Betriebsstunde (Variable Kosten + umgelegte Fixe Kosten; Fixe Kosten jedoch ohne Abschreibung und ohne Zinsen).

FK Leichtflugzeuge FK 09 Smart UL

1. Sitze, Fahrwerk, Zelle	
Sitzplätze	2
Fahrwerk	Fest
Länge / Höhe	5,85 m / 2,00 m
Spannweite	9,85 m
Flügelfläche	11,42 qm
2. Propeller, Triebwerk, Verbrauch	
Propeller	Starr
Triebwerk	Suprex Turbo M 160
Triebwerkleistung	70 PS (52 kW)
Treibstoffverbrauch[1]	12,6 l/h Mogas
3. Gewichte	
Leergewicht	273 kg
+ Nutzladung[2]	147 kg
+ Treibstoff[3]	42 l = 30 kg
= Gesamtgewicht	450 kg

4. Belastungsdaten	
Leistungsbelastung	6,4 kg/PS
Flächenbelastung	39,4 kg/qm
5. Leistungsdaten	
Höchstgeschwindigkeit	230 km/h
Reisegeschwindigkeit[1]	160 km/h
Abreißgeschwindigkeit[4]	63 km/h
Steigleistung	258 m/min
Dienstgipfelhöhe	k.A. m
Start-[5] / Landerollstrecke[6]	120 m / 100 m
6. Transport-Kennzahlen	
Gesamtzuladung[7]	177 kg = 39 %
davon Nutzladung[2]	147 kg = 33 %
davon Treibstoff	30 kg = 07 %
Reichweite[8]	453 km
Treibstoffverbrauchsindex	1,97

Kurz-Info: *Ausführung wie FK 9 Mark 3 Utility. Motorisierung jedoch mit Mercedes Smart M 160 Motor.*

1 Bei 65% Leistung 2 Pilot, Passagiere, Gepäck 3 kg-Berechnung nach spezifischem Gewicht 4 Klappen 0° 5 Start- bis Abhebepunkt 6 Aufsetz- bis Stillstandpunkt 7 Anteil am Gesamtgewicht 8 Inkl. 30 Min. Reserve

FK Leichtflugzeuge FK 09 Smart — Preise & Kosten

1. Kaufpreis, Abschreibung, Restwert	€ Kaufmännisch	€ Privat
Kaufpreis (neu, Baujahr 2002)	53.780 €	62.385 €
Abschreibung in 21 Jahren	37.646 €	entfällt
Restwert nach 21 Jahren	16.134 €	entfällt
2. Fixe Kosten p.a.	**€ Kaufmännisch**	**€ Privat**
Abschreibung	1.793 €	entfällt
+ 2,5% Zins auf 50% Eigenkapital	672 €	entfällt
+ 3,75% Zins auf 50% Fremdkapital	1.008 €	entfällt
+ Versicherung (inkl. Vers.-Steuer)	2.815 €	2.815 €
+ Hangarierung	1.500 €	1.740 €
Summen Fixe Kosten	**7.788 €**	**4.555 €**
3. Variable Kosten je Betriebsstunde	**€ Kaufmännisch**	**€ Privat**
Treibstoff	14,29 €	16,57 €
+ Wartung/Reparaturen/Rücklagen	10,76 €	12,48 €
+ Betriebserschwernisse	1,25 €	1,45 €
Summen Variable Kosten	**26,30 €**	**30,50 €**
4. Gesamtkosten je Betriebsstunde	**€ Kaufmännisch**	**€ Privat**
Bei 025 Betriebsstunden p.a.	337,82 €	212,69 €
Bei 050 Betriebsstunden p.a.	182,06 €	121,60 €
Bei 075 Betriebsstunden p.a.	130,14 €	91,23 €
Bei 100 Betriebsstunden p.a.	104,18 €	76,05 €
Bei 125 Betriebsstunden p.a.	88,60 €	66,94 €
Bei 150 Betriebsstunden p.a.	78,22 €	60,87 €
Bei 175 Betriebsstunden p.a.	70,80 €	56,53 €
Bei 200 Betriebsstunden p.a.	65,24 €	53,28 €
Bei 225 Betriebsstunden p.a.	60,91 €	50,75 €
Bei 250 Betriebsstunden p.a.	57,45 €	48,72 €
Bei 275 Betriebsstunden p.a.	54,62 €	47,07 €
Bei 300 Betriebsstunden p.a.	52,26 €	45,69 €
Bei 325 Betriebsstunden p.a.	50,26 €	44,52 €
Bei 350 Betriebsstunden p.a.	48,55 €	43,52 €
Bei 375 Betriebsstunden p.a.	47,06 €	42,65 €
Bei 400 Betriebsstunden p.a.	45,77 €	41,89 €
Bei 425 Betriebsstunden p.a.	44,62 €	41,22 €
Bei 450 Betriebsstunden p.a.	43,60 €	40,63 €
Bei 475 Betriebsstunden p.a.	42,69 €	40,09 €
Bei 500 Betriebsstunden p.a.	41,87 €	39,61 €
Flugkilometer bei 300 Stunden p.a.	0,33 €	0,29 €
Sitzplatzkilometer bei 300 Stunden p.a.	0,16 €	0,14 €

€ Kaufmännisch (Tab. 1-4): Kaufmännische Kalkulation (ohne MWSt). Tabelle 4 enthält die Gesamtkosten je Betriebsstunde (Variable Kosten + umgelegte Fixe Kosten).
€ Privat (Tab. 1-4): Private Kalkulation (mit MWSt). Tabelle 4 enthält die Gesamtkosten je Betriebsstunde (Variable Kosten + umgelegte Fixe Kosten; Fixe Kosten jedoch ohne Abschreibung und ohne Zinsen).

FK Leichtflugzeuge FK 12 Comet — UL

1. Sitze, Fahrwerk, Zelle	
Sitzplätze	2
Fahrwerk	Fest
Länge / Höhe	5,54 m / 2,00 m
Spannweite	6,74 m
Flügelfläche	13,48 qm

2. Propeller, Triebwerk, Verbrauch	
Propeller	Starr
Triebwerk	Rotax 912 UL
Triebwerkleistung	80 PS (59 kW)
Treibstoffverbrauch[1]	14,4 l/h Mogas

3. Gewichte	
Leergewicht	265 kg
+ Nutzladung[2]	155 kg
+ Treibstoff[3]	42 l = 30 kg
= Gesamtgewicht	450 kg

4. Belastungsdaten	
Leistungsbelastung	5,6 kg/PS
Flächenbelastung	33,4 kg/qm

5. Leistungsdaten	
Höchstgeschwindigkeit	220 km/h
Reisegeschwindigkeit[1]	155 km/h
Abreißgeschwindigkeit[4]	65 km/h
Steigleistung	360 m/min
Dienstgipfelhöhe	k.A. m
Start-[5] / Landerollstrecke[6]	100 m / 80 m

6. Transport-Kennzahlen	
Gesamtzuladung[7]	185 kg = 41 %
davon Nutzladung[2]	155 kg = 34 %
davon Treibstoff	30 kg = 07 %
Reichweite[8]	375 km
Treibstoffverbrauchsindex	2,40

Kurz-Info: Klassischer Doppeldecker mit doppelsitzig geschlossenem Cockpit, auch offen fliegbar.

1 Bei 65% Leistung **2** Pilot, Passagiere, Gepäck **3** kg-Berechnung nach spezifischem Gewicht **4** Klappen 0° **5** Start- bis Abhebepunkt **6** Aufsetz- bis Stillstandpunkt **7** Anteil am Gesamtgewicht **8** Inkl. 30 Min. Reserve

FK Leichtflugzeuge FK 12 Comet		Preise & Kosten
1. Kaufpreis, Abschreibung, Restwert	**€ Kaufmännisch**	**€ Privat**
Kaufpreis (neu, Baujahr 2002)	59.468 €	68.983 €
Abschreibung in 21 Jahren	41.627 €	entfällt
Restwert nach 21 Jahren	17.840 €	entfällt
2. Fixe Kosten p.a.	**€ Kaufmännisch**	**€ Privat**
Abschreibung	1.982 €	entfällt
+ 2,5% Zins auf 50% Eigenkapital	743 €	entfällt
+ 3,75% Zins auf 50% Fremdkapital	1.115 €	entfällt
+ Versicherung (inkl. Vers.-Steuer)	3.064 €	3.064 €
+ Hangarierung	1.500 €	1.740 €
Summen Fixe Kosten	**8.405 €**	**4.804 €**
3. Variable Kosten je Betriebsstunde	**€ Kaufmännisch**	**€ Privat**
Treibstoff	16,33 €	18,94 €
+ Wartung/Reparaturen/Rücklagen	11,89 €	13,80 €
+ Betriebserschwernisse	1,13 €	1,31 €
Summen Variable Kosten	**29,35 €**	**34,05 €**
4. Gesamtkosten je Betriebsstunde	**€ Kaufmännisch**	**€ Privat**
Bei 025 Betriebsstunden p.a.	365,55 €	226,22 €
Bei 050 Betriebsstunden p.a.	197,45 €	130,13 €
Bei 075 Betriebsstunden p.a.	141,42 €	98,11 €
Bei 100 Betriebsstunden p.a.	113,40 €	82,09 €
Bei 125 Betriebsstunden p.a.	96,59 €	72,48 €
Bei 150 Betriebsstunden p.a.	85,38 €	66,08 €
Bei 175 Betriebsstunden p.a.	77,38 €	61,50 €
Bei 200 Betriebsstunden p.a.	71,38 €	58,07 €
Bei 225 Betriebsstunden p.a.	66,71 €	55,40 €
Bei 250 Betriebsstunden p.a.	62,97 €	53,27 €
Bei 275 Betriebsstunden p.a.	59,92 €	51,52 €
Bei 300 Betriebsstunden p.a.	57,37 €	50,06 €
Bei 325 Betriebsstunden p.a.	55,21 €	48,83 €
Bei 350 Betriebsstunden p.a.	53,37 €	47,77 €
Bei 375 Betriebsstunden p.a.	51,77 €	46,86 €
Bei 400 Betriebsstunden p.a.	50,36 €	46,06 €
Bei 425 Betriebsstunden p.a.	49,13 €	45,35 €
Bei 450 Betriebsstunden p.a.	48,03 €	44,72 €
Bei 475 Betriebsstunden p.a.	47,05 €	44,16 €
Bei 500 Betriebsstunden p.a.	46,16 €	43,66 €
Flugkilometer bei 300 Stunden p.a.	0,37 €	0,32 €
Sitzplatzkilometer bei 300 Stunden p.a.	0,19 €	0,16 €

€ Kaufmännisch (Tab. 1-4): Kaufmännische Kalkulation (ohne MWSt). Tabelle 4 enthält die Gesamtkosten je Betriebsstunde (Variable Kosten + umgelegte Fixe Kosten).
€ Privat (Tab. 1-4): Private Kalkulation (mit MWSt). Tabelle 4 enthält die Gesamtkosten je Betriebsstunde (Variable Kosten + umgelegte Fixe Kosten, Fixe Kosten jedoch ohne Abschreibung und ohne Zinsen).

FK Leichtflugzeuge FK 14 Polaris   UL

1. Sitze, Fahrwerk, Zelle		4. Belastungsdaten	
Sitzplätze	2	Leistungsbelastung	5,6 kg/PS
Fahrwerk	Fest	Flächenbelastung	47,9 kg/qm
Länge / Höhe	5,35 m / 2,00 m		
Spannweite	9,04 m	**5. Leistungsdaten**	
Flügelfläche	9,40 qm	Höchstgeschwindigkeit	250 km/h
		Reisegeschwindigkeit[1]	210 km/h
2. Propeller, Triebwerk, Verbrauch		Abreißgeschwindigkeit[4]	64 km/h
Propeller	Starr	Steigleistung	240 m/min
Triebwerk	Rotax 912 UL	Dienstgipfelhöhe	k.A. m
Triebwerkleistung	80 PS (59 kW)	Start-[5] / Landerollstrecke[6]	160 m / 120 m
Treibstoffverbrauch[1]	14,4 l/h Mogas		
		6. Transport-Kennzahlen	
3. Gewichte		Gesamtzuladung[7]	160 kg = 36 %
Leergewicht	290 kg	davon Nutzladung[2]	130 kg = 29 %
+ Nutzladung[2]	130 kg	davon Treibstoff	30 kg = 07 %
+ Treibstoff[3]	42 l = 30 kg	Reichweite[8]	508 km
= Gesamtgewicht	450 kg	Treibstoffverbrauchsindex	1,31
Kurz-Info: *Ein elektrisches Fowlerklappensystem ermöglicht eine bis zu 20% größere Flügelfläche.*			

1 Bei 65% Leistung   **2** Pilot, Passagiere, Gepäck   **3** kg-Berechnung nach spezifischem Gewicht   **4** Klappen 0°   **5** Start- bis Abhebepunkt   **6** Aufsetz- bis Stillstandpunkt   **7** Anteil am Gesamtgewicht   **8** Inkl. 30 Min. Reserve

FK Leichtflugzeuge FK 14 Polaris — Preise & Kosten

1. Kaufpreis, Abschreibung, Restwert	€ Kaufmännisch	€ Privat
Kaufpreis (neu, Baujahr 2002)	69.507 €	80.628 €
Abschreibung in 21 Jahren	48.655 €	entfällt
Restwert nach 21 Jahren	20.852 €	entfällt
2. Fixe Kosten p.a.	**€ Kaufmännisch**	**€ Privat**
Abschreibung	2.317 €	entfällt
+ 2,5% Zins auf 50% Eigenkapital	869 €	entfällt
+ 3,75% Zins auf 50% Fremdkapital	1.303 €	entfällt
+ Versicherung (inkl. Vers.-Steuer)	3.505 €	3.505 €
+ Hangarierung	1.500,00 €	1.740,00 €
Summen Fixe Kosten	**9.493,78 €**	**5.244,80 €**
3. Variable Kosten je Betriebsstunde	**€ Kaufmännisch**	**€ Privat**
Treibstoff	16,33 €	18,94 €
+ Wartung/Reparaturen/Rücklagen	13,90 €	16,13 €
+ Betriebserschwernisse	1,21 €	1,40 €
Summen Variable Kosten	**31,44 €**	**36,47 €**
4. Gesamtkosten je Betriebsstunde	**€ Kaufmännisch**	**€ Privat**
Bei 025 Betriebsstunden p.a.	411,19 €	246,26 €
Bei 050 Betriebsstunden p.a.	221,32 €	141,37 €
Bei 075 Betriebsstunden p.a.	158,02 €	106,40 €
Bei 100 Betriebsstunden p.a.	126,38 €	88,92 €
Bei 125 Betriebsstunden p.a.	107,39 €	78,43 €
Bei 150 Betriebsstunden p.a.	94,73 €	71,44 €
Bei 175 Betriebsstunden p.a.	85,69 €	66,44 €
Bei 200 Betriebsstunden p.a.	78,91 €	62,69 €
Bei 225 Betriebsstunden p.a.	73,63 €	59,78 €
Bei 250 Betriebsstunden p.a.	69,42 €	57,45 €
Bei 275 Betriebsstunden p.a.	65,96 €	55,54 €
Bei 300 Betriebsstunden p.a.	63,09 €	53,95 €
Bei 325 Betriebsstunden p.a.	60,65 €	52,61 €
Bei 350 Betriebsstunden p.a.	58,57 €	51,46 €
Bei 375 Betriebsstunden p.a.	56,76 €	50,46 €
Bei 400 Betriebsstunden p.a.	55,17 €	49,58 €
Bei 425 Betriebsstunden p.a.	53,78 €	48,81 €
Bei 450 Betriebsstunden p.a.	52,54 €	48,13 €
Bei 475 Betriebsstunden p.a.	51,43 €	47,51 €
Bei 500 Betriebsstunden p.a.	50,43 €	46,96 €
Flugkilometer bei 300 Stunden p.a.	0,30 €	0,26 €
Sitzplatzkilometer bei 300 Stunden p.a.	0,15 €	0,13 €

€ Kaufmännisch (Tab. 1-4): Kaufmännische Kalkulation (ohne MWSt). Tabelle 4 enthält die Gesamtkosten je Betriebsstunde (Variable Kosten + umgelegte Fixe Kosten).

€ Privat (Tab. 1-4): Private Kalkulation (mit MWSt). Tabelle 4 enthält die Gesamtkosten je Betriebsstunde (Variable Kosten + umgelegte Fixe Kosten; Fixe Kosten jedoch ohne Abschreibung und ohne Zinsen).

FUL A22   UL

1. Sitze, Fahrwerk, Zelle	
Sitzplätze	2
Fahrwerk	Fest
Länge / Höhe	6,13 m / 2,30 m
Spannweite	10,70 m
Flügelfläche	14,00 qm

2. Propeller, Triebwerk, Verbrauch	
Propeller	Starr
Triebwerk	Rotax 912 UL
Triebwerkleistung	80 PS (59 kW)
Treibstoffverbrauch[1]	14,4 l/h Mogas

3. Gewichte	
Leergewicht	285 kg
+ Nutzladung[2]	133 kg
+ Treibstoff[3]	45 l = 32 kg
= Gesamtgewicht	450 kg

4. Belastungsdaten	
Leistungsbelastung	5,6 kg/PS
Flächenbelastung	32,1 kg/qm

5. Leistungsdaten	
Höchstgeschwindigkeit	213 km/h
Reisegeschwindigkeit[1]	150 km/h
Abreißgeschwindigkeit[4]	65 km/h
Steigleistung	240 m/min
Dienstgipfelhöhe	k.A. m
Start-[5] / Landerollstrecke[6]	90 m / 60 m

6. Transport-Kennzahlen	
Gesamtzuladung[7]	165 kg = 37 %
davon Nutzladung[2]	133 kg = 29 %
davon Treibstoff	32 kg = 07 %
Reichweite[8]	394 km
Treibstoffverbrauchsindex	2,56

Kurz-Info: *Gutmütiger Ganzmetall-Schulterdecker für Schulung und Reiseflüge mit hervorragender Rundumsicht.*

[1] Bei 65% Leistung   [2] Pilot, Passagiere, Gepäck   [3] kg-Berechnung nach spezifischem Gewicht   [4] Klappen 0°   [5] Start- bis Abhebepunkt   [6] Aufsetz- bis Stillstandpunkt   [7] Anteil am Gesamtgewicht   [8] Inkl. 30 Min. Reserve

FUL A22 — Preise & Kosten

1. Kaufpreis, Abschreibung, Restwert	€ Kaufmännisch	€ Privat
Kaufpreis (neu, Baujahr 2002)	51.281 €	59.486 €
Abschreibung in 21 Jahren	35.896 €	entfällt
Restwert nach 21 Jahren	15.384 €	entfällt

2. Fixe Kosten p.a.	€ Kaufmännisch	€ Privat
Abschreibung	1.709 €	entfällt
+ 2,5% Zins auf 50% Eigenkapital	641 €	entfällt
+ 3,75% Zins auf 50% Fremdkapital	962 €	entfällt
+ Versicherung (inkl. Vers.-Steuer)	2.705 €	2.705 €
+ Hangarierung	1.500 €	1.740 €
Summen Fixe Kosten	**7.517 €**	**4.445 €**

3. Variable Kosten je Betriebsstunde	€ Kaufmännisch	€ Privat
Treibstoff	16,33 €	18,94 €
+ Wartung/Reparaturen/Rücklagen	10,26 €	11,90 €
+ Betriebserschwernisse	1,06 €	1,23 €
Summen Variable Kosten	**27,65 €**	**32,07 €**

4. Gesamtkosten je Betriebsstunde	€ Kaufmännisch	€ Privat
Bei 025 Betriebsstunden p.a.	328,33 €	209,88 €
Bei 050 Betriebsstunden p.a.	177,99 €	120,97 €
Bei 075 Betriebsstunden p.a.	127,88 €	91,34 €
Bei 100 Betriebsstunden p.a.	102,82 €	76,52 €
Bei 125 Betriebsstunden p.a.	87,78 €	67,63 €
Bei 150 Betriebsstunden p.a.	77,76 €	61,71 €
Bei 175 Betriebsstunden p.a.	70,60 €	57,47 €
Bei 200 Betriebsstunden p.a.	65,23 €	54,30 €
Bei 225 Betriebsstunden p.a.	61,06 €	51,83 €
Bei 250 Betriebsstunden p.a.	57,72 €	49,85 €
Bei 275 Betriebsstunden p.a.	54,98 €	48,24 €
Bei 300 Betriebsstunden p.a.	52,71 €	46,89 €
Bei 325 Betriebsstunden p.a.	50,78 €	45,75 €
Bei 350 Betriebsstunden p.a.	49,13 €	44,77 €
Bei 375 Betriebsstunden p.a.	47,69 €	43,93 €
Bei 400 Betriebsstunden p.a.	46,44 €	43,19 €
Bei 425 Betriebsstunden p.a.	45,34 €	42,53 €
Bei 450 Betriebsstunden p.a.	44,35 €	41,95 €
Bei 475 Betriebsstunden p.a.	43,47 €	41,43 €
Bei 500 Betriebsstunden p.a.	42,68 €	40,96 €
Flugkilometer bei 300 Stunden p.a.	0,35 €	0,31 €
Sitzplatzkilometer bei 300 Stunden p.a.	0,18 €	0,16 €

€ Kaufmännisch (Tab. 1-4): Kaufmännische Kalkulation (ohne MWSt). Tabelle 4 enthält die Gesamtkosten je Betriebsstunde (Variable Kosten + umgelegte Fixe Kosten).
€ Privat (Tab. 1-4): Private Kalkulation (mit MWSt). Tabelle 4 enthält die Gesamtkosten je Betriebsstunde (Variable Kosten + umgelegte Fixe Kosten; Fixe Kosten jedoch ohne Abschreibung und ohne Zinsen).

FUL Kappa KP 2U   UL

1. Sitze, Fahrwerk, Zelle	
Sitzplätze	2
Fahrwerk	Einziehbar
Länge / Höhe	7,20 m / 2,60 m
Spannweite	9,90 m
Flügelfläche	11,90 qm
2. Propeller, Triebwerk, Verbrauch	
Propeller	Verstellbar
Triebwerk	Rotax 912 UL
Triebwerkleistung	80 PS (59 kW)
Treibstoffverbrauch[1]	14,4 l/h Mogas
3. Gewichte	
Leergewicht	282 kg
+ Nutzladung[2]	121 kg
+ Treibstoff[3]	65 l = 47 kg
= Gesamtgewicht	450 kg

4. Belastungsdaten	
Leistungsbelastung	5,6 kg/PS
Flächenbelastung	37,8 kg/qm
5. Leistungsdaten	
Höchstgeschwindigkeit	270 km/h
Reisegeschwindigkeit[1]	200 km/h
Abreißgeschwindigkeit[4]	65 km/h
Steigleistung	390 m/min
Dienstgipfelhöhe	k.A. m
Start-[5] / Landerollstrecke[6]	100 m / 80 m
6. Transport-Kennzahlen	
Gesamtzuladung[7]	168 kg = 37 %
davon Nutzladung[2]	121 kg = 27 %
davon Treibstoff	47 kg = 10 %
Reichweite[8]	803 km
Treibstoffverbrauchsindex	1,44

Kurz-Info: *Hochleistungs-Tiefdecker mit Verstellpropeller, Einziehfahrwerk und Fowlerklappen für gute Langsamflug-Eigenschaften.*

1 Bei 65% Leistung   2 Pilot, Passagiere, Gepäck   3 kg-Berechnung nach spezifischem Gewicht   4 Klappen 0°   5 Start- bis Abhebepunkt   6 Aufsetz- bis Stillstandpunkt   7 Anteil am Gesamtgewicht   8 Inkl. 30 Min. Reserve

FUL Kappa KP 2U — Preise & Kosten

1. Kaufpreis, Abschreibung, Restwert	€ Kaufmännisch	€ Privat
Kaufpreis (neu, Baujahr 2002)	73.460 €	85.214 €
Abschreibung in 21 Jahren	51.422 €	entfällt
Restwert nach 21 Jahren	22.038 €	entfällt
2. Fixe Kosten p.a.	**€ Kaufmännisch**	**€ Privat**
Abschreibung	2.449 €	entfällt
+ 2,5% Zins auf 50% Eigenkapital	918 €	entfällt
+ 3,75% Zins auf 50% Fremdkapital	1.377 €	entfällt
+ Versicherung (inkl. Vers.-Steuer)	3.678 €	3.678 €
+ Hangarierung	1.500 €	1.740 €
Summen Fixe Kosten	**9.923 €**	**5.418 €**
3. Variable Kosten je Betriebsstunde	**€ Kaufmännisch**	**€ Privat**
Treibstoff	16,33 €	18,94 €
+ Wartung/Reparaturen/Rücklagen	14,69 €	17,04 €
+ Betriebserschwernisse	1,86 €	2,16 €
Summen Variable Kosten	**32,88 €**	**38,14 €**
4. Gesamtkosten je Betriebsstunde	**€ Kaufmännisch**	**€ Privat**
Bei 025 Betriebsstunden p.a.	429,78 €	254,87 €
Bei 050 Betriebsstunden p.a.	231,33 €	146,51 €
Bei 075 Betriebsstunden p.a.	165,18 €	110,39 €
Bei 100 Betriebsstunden p.a.	132,11 €	92,33 €
Bei 125 Betriebsstunden p.a.	112,26 €	81,49 €
Bei 150 Betriebsstunden p.a.	99,03 €	74,27 €
Bei 175 Betriebsstunden p.a.	89,58 €	69,11 €
Bei 200 Betriebsstunden p.a.	82,50 €	65,24 €
Bei 225 Betriebsstunden p.a.	76,98 €	62,23 €
Bei 250 Betriebsstunden p.a.	72,57 €	59,82 €
Bei 275 Betriebsstunden p.a.	68,96 €	57,85 €
Bei 300 Betriebsstunden p.a.	65,96 €	56,21 €
Bei 325 Betriebsstunden p.a.	63,41 €	54,82 €
Bei 350 Betriebsstunden p.a.	61,23 €	53,62 €
Bei 375 Betriebsstunden p.a.	59,34 €	52,59 €
Bei 400 Betriebsstunden p.a.	57,69 €	51,69 €
Bei 425 Betriebsstunden p.a.	56,23 €	50,89 €
Bei 450 Betriebsstunden p.a.	54,93 €	50,18 €
Bei 475 Betriebsstunden p.a.	53,77 €	49,55 €
Bei 500 Betriebsstunden p.a.	52,73 €	48,98 €
Flugkilometer bei 300 Stunden p.a.	0,33 €	0,28 €
Sitzplatzkilometer bei 300 Stunden p.a.	0,16 €	0,14 €

€ Kaufmännisch (Tab. 1-4): Kaufmännische Kalkulation (ohne MWSt). Tabelle 4 enthält die Gesamtkosten je Betriebsstunde (Variable Kosten + umgelegte Fixe Kosten).
€ Privat (Tab. 1-4): Private Kalkulation (mit MWSt). Tabelle 4 enthält die Gesamtkosten je Betriebsstunde (Variable Kosten + umgelegte Fixe Kosten; Fixe Kosten jedoch ohne Abschreibung und ohne Zinsen).

FUL Kappa KPD 2U — UL

1. Sitze, Fahrwerk, Zelle		4. Belastungsdaten	
Sitzplätze	2	Leistungsbelastung	4,5 kg/PS
Fahrwerk	Einziehbar	Flächenbelastung	37,8 kg/qm
Länge / Höhe	7,20 m / 2,60 m		
Spannweite	9,90 m	**5. Leistungsdaten**	
Flügelfläche	11,90 qm	Höchstgeschwindigkeit	270 km/h
		Reisegeschwindigkeit[1]	220 km/h
2. Propeller, Triebwerk, Verbrauch		Abreißgeschwindigkeit[4]	65 km/h
Propeller	Verstellbar	Steigleistung	450 m/min
Triebwerk	Rotax 912 UL S	Dienstgipfelhöhe	k.A. m
Triebwerkleistung	100 PS (74 kW)	Start-[5] / Landerollstrecke[6]	90 m / 80 m
Treibstoffverbrauch[1]	18,0 l/h Mogas		
		6. Transport-Kennzahlen	
3. Gewichte		Gesamtzuladung[7]	155 kg = 34 %
Leergewicht	295 kg	davon Nutzladung[2]	108 kg = 24 %
+ Nutzladung[2]	108 kg	davon Treibstoff	47 kg = 10 %
+ Treibstoff[3]	65 l = 47 kg	Reichweite[8]	684 km
= Gesamtgewicht	450 kg	Treibstoffverbrauchsindex	1,49

Kurz-Info: Ausführung wie Kappa KP 2U, jedoch mit Rotax 100 PS.

[1] Bei 65% Leistung [2] Pilot, Passagiere, Gepäck [3] kg-Berechnung nach spezifischem Gewicht [4] Klappen 0° [5] Start- bis Abhebepunkt [6] Aufsetz- bis Stillstandpunkt [7] Anteil am Gesamtgewicht [8] Inkl. 30 Min. Reserve

FUL Kappa KPD 2U — Preise & Kosten

1. Kaufpreis, Abschreibung, Restwert	€ Kaufmännisch	€ Privat
Kaufpreis (neu, Baujahr 2002)	76.275 €	88.479 €
Abschreibung in 21 Jahren	53.393 €	entfällt
Restwert nach 21 Jahren	22.883 €	entfällt

2. Fixe Kosten p.a.	€ Kaufmännisch	€ Privat
Abschreibung	2.543 €	entfällt
+ 2,5% Zins auf 50% Eigenkapital	953 €	entfällt
+ 3,75% Zins auf 50% Fremdkapital	1.430 €	entfällt
+ Versicherung (inkl. Vers.-Steuer)	3.802 €	3.802 €
+ Hangarierung	1.500 €	1.740 €
Summen Fixe Kosten	**10.228 €**	**5.542 €**

3. Variable Kosten je Betriebsstunde	€ Kaufmännisch	€ Privat
Treibstoff	20,41 €	23,68 €
+ Wartung/Reparaturen/Rücklagen	15,26 €	17,70 €
+ Betriebserschwernisse	2,14 €	2,48 €
Summen Variable Kosten	**37,81 €**	**43,86 €**

4. Gesamtkosten je Betriebsstunde	€ Kaufmännisch	€ Privat
Bei 025 Betriebsstunden p.a.	446,92 €	265,53 €
Bei 050 Betriebsstunden p.a.	242,36 €	154,69 €
Bei 075 Betriebsstunden p.a.	174,18 €	117,75 €
Bei 100 Betriebsstunden p.a.	140,09 €	99,27 €
Bei 125 Betriebsstunden p.a.	119,63 €	88,19 €
Bei 150 Betriebsstunden p.a.	105,99 €	80,80 €
Bei 175 Betriebsstunden p.a.	96,25 €	75,52 €
Bei 200 Betriebsstunden p.a.	88,95 €	71,57 €
Bei 225 Betriebsstunden p.a.	83,26 €	68,49 €
Bei 250 Betriebsstunden p.a.	78,72 €	66,02 €
Bei 275 Betriebsstunden p.a.	75,00 €	64,01 €
Bei 300 Betriebsstunden p.a.	71,90 €	62,33 €
Bei 325 Betriebsstunden p.a.	69,28 €	60,91 €
Bei 350 Betriebsstunden p.a.	67,03 €	59,69 €
Bei 375 Betriebsstunden p.a.	65,08 €	58,63 €
Bei 400 Betriebsstunden p.a.	63,38 €	57,71 €
Bei 425 Betriebsstunden p.a.	61,87 €	56,90 €
Bei 450 Betriebsstunden p.a.	60,54 €	56,17 €
Bei 475 Betriebsstunden p.a.	59,34 €	55,52 €
Bei 500 Betriebsstunden p.a.	58,26 €	54,94 €
Flugkilometer bei 300 Stunden p.a.	0,33 €	0,28 €
Sitzplatzkilometer bei 300 Stunden p.a.	0,16 €	0,14 €

€ Kaufmännisch (Tab. 1-4): Kaufmännische Kalkulation (ohne MWSt). Tabelle 4 enthält die Gesamtkosten je Betriebsstunde (Variable Kosten + umgelegte Fixe Kosten).
€ Privat (Tab. 1-4): Private Kalkulation (mit MWSt). Tabelle 4 enthält die Gesamtkosten je Betriebsstunde (Variable Kosten + umgelegte Fixe Kosten; Fixe Kosten jedoch ohne Abschreibung und ohne Zinsen).

Impulse Aircraft Impulse 100 UL — UL

1. Sitze, Fahrwerk, Zelle		4. Belastungsdaten	
Sitzplätze	2	Leistungsbelastung	4,5 kg/PS
Fahrwerk	Fest	Flächenbelastung	48,9 kg/qm
Länge / Höhe	6,30 m / 1,95 m		
Spannweite	8,70 m	**5. Leistungsdaten**	
Flügelfläche	9,20 qm	Höchstgeschwindigkeit	270 km/h
		Reisegeschwindigkeit[1]	225 km/h
2. Propeller, Triebwerk, Verbrauch		Abreißgeschwindigkeit[4]	63 km/h
Propeller	Starr	Steigleistung	360 m/min
Triebwerk	Rotax 912 UL S	Dienstgipfelhöhe	k.A. m
Triebwerkleistung	100 PS (74 kW)	Start-[5] / Landerollstrecke[6]	60 m / 70 m
Treibstoffverbrauch[1]	18,0 l/h Mogas		
		6. Transport-Kennzahlen	
3. Gewichte		Gesamtzuladung[7]	230 kg = 51 %
Leergewicht	220 kg	davon Nutzladung[2]	158 kg = 35 %
+ Nutzladung[2]	158 kg	davon Treibstoff	72 kg = 16 %
+ Treibstoff[3]	100 l = 72 kg	Reichweite[8]	1.138 km
= Gesamtgewicht	450 kg	Treibstoffverbrauchsindex	1,42

Kurz-Info: Schneller Tiefdecker mit neuartigem Laminarprofil und überdurchschnittlicher Reichweite.

[1] Bei 65% Leistung [2] Pilot, Passagiere, Gepäck [3] kg-Berechnung nach spezifischem Gewicht [4] Klappen 0° [5] Start- bis Abhebepunkt [6] Aufsetz- bis Stillstandpunkt [7] Anteil am Gesamtgewicht [8] Inkl. 30 Min. Reserve

Impulse Aircraft Impulse 100 UL — Preise & Kosten

1. Kaufpreis, Abschreibung, Restwert	€ Kaufmännisch	€ Privat
Kaufpreis (neu, Baujahr 2002)	80.620 €	93.519 €
Abschreibung in 21 Jahren	56.434 €	entfällt
Restwert nach 21 Jahren	24.186 €	entfällt

2. Fixe Kosten p.a.	€ Kaufmännisch	€ Privat
Abschreibung	2.687 €	entfällt
+ 2,5% Zins auf 50% Eigenkapital	1.008 €	entfällt
+ 3,75% Zins auf 50% Fremdkapital	1.512 €	entfällt
+ Versicherung (inkl. Vers.-Steuer)	3.992 €	3.992 €
+ Hangarierung	1.500 €	1.740 €
Summen Fixe Kosten	**10.699 €**	**5.732 €**

3. Variable Kosten je Betriebsstunde	€ Kaufmännisch	€ Privat
Treibstoff	20,41 €	23,68 €
+ Wartung/Reparaturen/Rücklagen	16,12 €	18,70 €
+ Betriebserschwernisse	1,46 €	1,70 €
Summen Variable Kosten	**38,00 €**	**44,08 €**

4. Gesamtkosten je Betriebsstunde	€ Kaufmännisch	€ Privat
Bei 025 Betriebsstunden p.a.	465,96 €	273,37 €
Bei 050 Betriebsstunden p.a.	251,98 €	158,72 €
Bei 075 Betriebsstunden p.a.	180,65 €	120,51 €
Bei 100 Betriebsstunden p.a.	144,99 €	101,40 €
Bei 125 Betriebsstunden p.a.	123,59 €	89,94 €
Bei 150 Betriebsstunden p.a.	109,32 €	82,29 €
Bei 175 Betriebsstunden p.a.	99,14 €	76,83 €
Bei 200 Betriebsstunden p.a.	91,49 €	72,74 €
Bei 225 Betriebsstunden p.a.	85,55 €	69,55 €
Bei 250 Betriebsstunden p.a.	80,79 €	67,01 €
Bei 275 Betriebsstunden p.a.	76,90 €	64,92 €
Bei 300 Betriebsstunden p.a.	73,66 €	63,19 €
Bei 325 Betriebsstunden p.a.	70,92 €	61,72 €
Bei 350 Betriebsstunden p.a.	68,57 €	60,46 €
Bei 375 Betriebsstunden p.a.	66,53 €	59,36 €
Bei 400 Betriebsstunden p.a.	64,75 €	58,41 €
Bei 425 Betriebsstunden p.a.	63,17 €	57,57 €
Bei 450 Betriebsstunden p.a.	61,77 €	56,82 €
Bei 475 Betriebsstunden p.a.	60,52 €	56,15 €
Bei 500 Betriebsstunden p.a.	59,40 €	55,54 €
Flugkilometer bei 300 Stunden p.a.	0,33 €	0,28 €
Sitzplatzkilometer bei 300 Stunden p.a.	0,16 €	0,14 €

€ Kaufmännisch (Tab. 1-4): Kaufmännische Kalkulation (ohne MWSt). Tabelle 4 enthält die Gesamtkosten je Betriebsstunde (Variable Kosten + umgelegte Fixe Kosten).
€ Privat (Tab. 1-4): Private Kalkulation (mit MWSt). Tabelle 4 enthält die Gesamtkosten je Betriebsstunde (Variable Kosten + umgelegte Fixe Kosten; Fixe Kosten jedoch ohne Abschreibung und ohne Zinsen).

Remos G-3 Mirage (80 PS) — UL

1. Sitze, Fahrwerk, Zelle		4. Belastungsdaten	
Sitzplätze	2	Leistungsbelastung	5,6 kg/PS
Fahrwerk	Fest	Flächenbelastung	37,4 kg/qm
Länge / Höhe	6,47 m / 1,70 m		
Spannweite	9,80 m	5. Leistungsdaten	
Flügelfläche	12,04 qm	Höchstgeschwindigkeit	225 km/h
		Reisegeschwindigkeit[1]	185 km/h
2. Propeller, Triebwerk, Verbrauch		Abreißgeschwindigkeit[4]	63 km/h
Propeller	Starr	Steigleistung	348 m/min
Triebwerk	Rotax 912 UL	Dienstgipfelhöhe	k.A. m
Triebwerkleistung	80 PS (59 kW)	Start-[5] / Landerollstrecke[6]	60 m / 200 m
Treibstoffverbrauch[1]	14,4 l/h Mogas		
		6. Transport-Kennzahlen	
3. Gewichte		Gesamtzuladung[7]	166 kg = 37 %
Leergewicht	284 kg	davon Nutzladung[2]	116 kg = 26 %
+ Nutzladung[2]	116 kg	davon Treibstoff	50 kg = 11 %
+ Treibstoff[3]	70 l = 50 kg	Reichweite[8]	807 km
= Gesamtgewicht	450 kg	Treibstoffverbrauchsindex	1,68

Kurz-Info: Moderne Faserverbundtechnologie ohne Metallverstrebungen im Innenraum. Auch als Schleppversion lieferbar.

[1] Bei 65% Leistung [2] Pilot, Passagiere, Gepäck [3] kg-Berechnung nach spezifischem Gewicht [4] Klappen 0° [5] Start- bis Abhebepunkt [6] Aufsetz- bis Stillstandpunkt [7] Anteil am Gesamtgewicht [8] Inkl. 30 Min. Reserve

Remos G-3 Mirage (80 PS) — Preise & Kosten

1. Kaufpreis, Abschreibung, Restwert	€ Kaufmännisch	€ Privat
Kaufpreis (neu, Baujahr 2002)	74.475 €	86.390 €
Abschreibung in 21 Jahren	52.132 €	entfällt
Restwert nach 21 Jahren	22.342 €	entfällt

2. Fixe Kosten p.a.	€ Kaufmännisch	€ Privat
Abschreibung	2.482 €	entfällt
+ 2,5% Zins auf 50% Eigenkapital	931 €	entfällt
+ 3,75% Zins auf 50% Fremdkapital	1.396 €	entfällt
+ Versicherung (inkl. Vers.-Steuer)	3.723 €	3.723 €
+ Hangarierung	1.500 €	1.740 €
Summen Fixe Kosten	**10.033 €**	**5.463 €**

3. Variable Kosten je Betriebsstunde	€ Kaufmännisch	€ Privat
Treibstoff	16,33 €	18,94 €
+ Wartung/Reparaturen/Rücklagen	14,89 €	17,28 €
+ Betriebserschwernisse	1,25 €	1,45 €
Summen Variable Kosten	**32,47 €**	**37,67 €**

4. Gesamtkosten je Betriebsstunde	€ Kaufmännisch	€ Privat
Bei 025 Betriebsstunden p.a.	433,78 €	256,18 €
Bei 050 Betriebsstunden p.a.	233,12 €	146,92 €
Bei 075 Betriebsstunden p.a.	166,24 €	110,51 €
Bei 100 Betriebsstunden p.a.	132,80 €	92,30 €
Bei 125 Betriebsstunden p.a.	112,73 €	81,37 €
Bei 150 Betriebsstunden p.a.	99,36 €	74,09 €
Bei 175 Betriebsstunden p.a.	89,80 €	68,88 €
Bei 200 Betriebsstunden p.a.	82,64 €	64,98 €
Bei 225 Betriebsstunden p.a.	77,06 €	61,95 €
Bei 250 Betriebsstunden p.a.	72,60 €	59,52 €
Bei 275 Betriebsstunden p.a.	68,96 €	57,53 €
Bei 300 Betriebsstunden p.a.	65,92 €	55,88 €
Bei 325 Betriebsstunden p.a.	63,34 €	54,48 €
Bei 350 Betriebsstunden p.a.	61,14 €	53,28 €
Bei 375 Betriebsstunden p.a.	59,23 €	52,24 €
Bei 400 Betriebsstunden p.a.	57,55 €	51,33 €
Bei 425 Betriebsstunden p.a.	56,08 €	50,52 €
Bei 450 Betriebsstunden p.a.	54,77 €	49,81 €
Bei 475 Betriebsstunden p.a.	53,59 €	49,17 €
Bei 500 Betriebsstunden p.a.	52,54 €	48,59 €
Flugkilometer bei 300 Stunden p.a.	0,36 €	0,30 €
Sitzplatzkilometer bei 300 Stunden p.a.	0,18 €	0,15 €

€ Kaufmännisch (Tab. 1-4): Kaufmännische Kalkulation (ohne MWSt). Tabelle 4 enthält die Gesamtkosten je Betriebsstunde (Variable Kosten + umgelegte Fixe Kosten).
€ Privat (Tab. 1-4): Private Kalkulation (mit MWSt). Tabelle 4 enthält die Gesamtkosten je Betriebsstunde (Variable Kosten + umgelegte Fixe Kosten; Fixe Kosten jedoch ohne Abschreibung und ohne Zinsen).

Remos G-3 Mirage (100 PS) — UL

1. Sitze, Fahrwerk, Zelle	
Sitzplätze	2
Fahrwerk	Fest
Länge / Höhe	6,47 m / 1,70 m
Spannweite	9,80 m
Flügelfläche	12,04 qm

2. Propeller, Triebwerk, Verbrauch	
Propeller	Starr
Triebwerk	Rotax 912 UL S
Triebwerkleistung	100 PS (74 kW)
Treibstoffverbrauch[1]	18,0 l/h Mogas

3. Gewichte	
Leergewicht	286 kg
+ Nutzladung[2]	114 kg
+ Treibstoff[3]	70 l = 50 kg
= Gesamtgewicht	450 kg

4. Belastungsdaten	
Leistungsbelastung	4,5 kg/PS
Flächenbelastung	37,4 kg/qm

5. Leistungsdaten	
Höchstgeschwindigkeit	225 km/h
Reisegeschwindigkeit[1]	195 km/h
Abreißgeschwindigkeit[4]	63 km/h
Steigleistung	390 m/min
Dienstgipfelhöhe	k.A. m
Start-[5] / Landerollstrecke[6]	50 m / 200 m

6. Transport-Kennzahlen	
Gesamtzuladung[7]	164 kg = 36 %
davon Nutzladung[2]	114 kg = 25 %
davon Treibstoff	50 kg = 11 %
Reichweite[8]	661 km
Treibstoffverbrauchsindex	1,89

Kurz-Info: Ausführung wie G-3 Mirage (80 PS), jedoch mit Rotax 912 100 PS.

[1] Bei 65% Leistung [2] Pilot, Passagiere, Gepäck [3] kg-Berechnung nach spezifischem Gewicht [4] Klappen 0° [5] Start- bis Abhebepunkt [6] Aufsetz- bis Stillstandpunkt [7] Anteil am Gesamtgewicht [8] Inkl. 30 Min. Reserve

Remos G-3 Mirage (100 PS)		Preise & Kosten
1. Kaufpreis, Abschreibung, Restwert	**€ Kaufmännisch**	**€ Privat**
Kaufpreis (neu, Baujahr 2002)	78.045 €	90.532 €
Abschreibung in 21 Jahren	54.631 €	entfällt
Restwert nach 21 Jahren	23.413 €	entfällt
2. Fixe Kosten p.a.	**€ Kaufmännisch**	**€ Privat**
Abschreibung	2.601 €	entfällt
+ 2,5% Zins auf 50% Eigenkapital	976 €	entfällt
+ 3,75% Zins auf 50% Fremdkapital	1.463 €	entfällt
+ Versicherung (inkl. Vers.-Steuer)	3.879 €	3.879 €
+ Hangarierung	1.500 €	1.740 €
Summen Fixe Kosten	**10.420 €**	**5.619 €**
3. Variable Kosten je Betriebsstunde	**€ Kaufmännisch**	**€ Privat**
Treibstoff	20,41 €	23,68 €
+ Wartung/Reparaturen/Rücklagen	15,61 €	18,11 €
+ Betriebserschwernisse	1,44 €	1,67 €
Summen Variable Kosten	**37,46 €**	**43,46 €**
4. Gesamtkosten je Betriebsstunde	**€ Kaufmännisch**	**€ Privat**
Bei 025 Betriebsstunden p.a.	454,25 €	268,23 €
Bei 050 Betriebsstunden p.a.	245,86 €	155,84 €
Bei 075 Betriebsstunden p.a.	176,39 €	118,38 €
Bei 100 Betriebsstunden p.a.	141,66 €	99,65 €
Bei 125 Betriebsstunden p.a.	120,82 €	88,41 €
Bei 150 Betriebsstunden p.a.	106,93 €	80,92 €
Bei 175 Betriebsstunden p.a.	97,00 €	75,57 €
Bei 200 Betriebsstunden p.a.	89,56 €	71,55 €
Bei 225 Betriebsstunden p.a.	83,77 €	68,43 €
Bei 250 Betriebsstunden p.a.	79,14 €	65,93 €
Bei 275 Betriebsstunden p.a.	75,35 €	63,89 €
Bei 300 Betriebsstunden p.a.	72,19 €	62,19 €
Bei 325 Betriebsstunden p.a.	69,52 €	60,75 €
Bei 350 Betriebsstunden p.a.	67,23 €	59,51 €
Bei 375 Betriebsstunden p.a.	65,25 €	58,44 €
Bei 400 Betriebsstunden p.a.	63,51 €	57,50 €
Bei 425 Betriebsstunden p.a.	61,98 €	56,68 €
Bei 450 Betriebsstunden p.a.	60,62 €	55,94 €
Bei 475 Betriebsstunden p.a.	59,40 €	55,29 €
Bei 500 Betriebsstunden p.a.	58,30 €	54,69 €
Flugkilometer bei 300 Stunden p.a.	0,37 €	0,32 €
Sitzplatzkilometer bei 300 Stunden p.a.	0,19 €	0,16 €

€ Kaufmännisch (Tab. 1-4): Kaufmännische Kalkulation (ohne MWSt). Tabelle 4 enthält die Gesamtkosten je Betriebsstunde (Variable Kosten + umgelegte Fixe Kosten).
€ Privat (Tab. 1-4): Private Kalkulation (mit MWSt). Tabelle 4 enthält die Gesamtkosten je Betriebsstunde (Variable Kosten + umgelegte Fixe Kosten; Fixe Kosten jedoch ohne Abschreibung und ohne Zinsen).

Tecnam P92 Echo (80 PS) — UL

1. Sitze, Fahrwerk, Zelle
Sitzplätze	2
Fahrwerk	Fest
Länge / Höhe	6,30 m / 2,50 m
Spannweite	9,30 m
Flügelfläche	13,20 qm

2. Propeller, Triebwerk, Verbrauch
Propeller	Starr
Triebwerk	Rotax 912 UL
Triebwerkleistung	80 PS (59 kW)
Treibstoffverbrauch[1]	14,4 l/h Mogas

3. Gewichte
Leergewicht	281 kg
+ Nutzladung[2]	119 kg
+ Treibstoff[3]	70 l = 50 kg
= Gesamtgewicht	450 kg

4. Belastungsdaten
Leistungsbelastung	5,6 kg/PS
Flächenbelastung	34,1 kg/qm

5. Leistungsdaten
Höchstgeschwindigkeit	210 km/h
Reisegeschwindigkeit[1]	175 km/h
Abreißgeschwindigkeit[4]	61 km/h
Steigleistung	330 m/min
Dienstgipfelhöhe	4.000 m
Start-[5] / Landerollstrecke[6]	110 m / 100 m

6. Transport-Kennzahlen
Gesamtzuladung[7]	169 kg = 38 %
davon Nutzladung[2]	119 kg = 26 %
davon Treibstoff	50 kg = 11 %
Reichweite[8]	763 km
Treibstoffverbrauchsindex	1,88

Kurz-Info: *Großzügige Panel-Auslegung gestattet vielfältige Avionic-Einbauten bis zur IFR-Instrumentierung.*

1 Bei 65% Leistung 2 Pilot, Passagiere, Gepäck 3 kg-Berechnung nach spezifischem Gewicht 4 Klappen 0° 5 Start- bis Abhebepunkt 6 Aufsetz- bis Stillstandpunkt 7 Anteil am Gesamtgewicht 8 Inkl. 30 Min. Reserve

Tecnam P92 Echo (80 PS) — Preise & Kosten

1. Kaufpreis, Abschreibung, Restwert	€ Kaufmännisch	€ Privat
Kaufpreis (neu, Baujahr 2002)	58.724 €	68.120 €
Abschreibung in 21 Jahren	41.107 €	entfällt
Restwert nach 21 Jahren	17.617 €	entfällt

2. Fixe Kosten p.a.	€ Kaufmännisch	€ Privat
Abschreibung	1.957 €	entfällt
+ 2,5% Zins auf 50% Eigenkapital	734 €	entfällt
+ 3,75% Zins auf 50% Fremdkapital	1.101 €	entfällt
+ Versicherung (inkl. Vers.-Steuer)	3.032 €	3.032 €
+ Hangarierung	1.500 €	1.740 €
Summen Fixe Kosten	**8.324 €**	**4.772 €**

3. Variable Kosten je Betriebsstunde	€ Kaufmännisch	€ Privat
Treibstoff	16,33 €	18,94 €
+ Wartung/Reparaturen/Rücklagen	11,74 €	13,62 €
+ Betriebserschwernisse	1,12 €	1,30 €
Summen Variable Kosten	**29,20 €**	**33,87 €**

4. Gesamtkosten je Betriebsstunde	€ Kaufmännisch	€ Privat
Bei 025 Betriebsstunden p.a.	362,17 €	224,74 €
Bei 050 Betriebsstunden p.a.	195,68 €	129,30 €
Bei 075 Betriebsstunden p.a.	140,19 €	97,49 €
Bei 100 Betriebsstunden p.a.	112,44 €	81,59 €
Bei 125 Betriebsstunden p.a.	95,79 €	72,04 €
Bei 150 Betriebsstunden p.a.	84,69 €	65,68 €
Bei 175 Betriebsstunden p.a.	76,76 €	61,14 €
Bei 200 Betriebsstunden p.a.	70,82 €	57,73 €
Bei 225 Betriebsstunden p.a.	66,19 €	55,08 €
Bei 250 Betriebsstunden p.a.	62,49 €	52,96 €
Bei 275 Betriebsstunden p.a.	59,47 €	51,22 €
Bei 300 Betriebsstunden p.a.	56,95 €	49,77 €
Bei 325 Betriebsstunden p.a.	54,81 €	48,55 €
Bei 350 Betriebsstunden p.a.	52,98 €	47,50 €
Bei 375 Betriebsstunden p.a.	51,40 €	46,59 €
Bei 400 Betriebsstunden p.a.	50,01 €	45,80 €
Bei 425 Betriebsstunden p.a.	48,78 €	45,10 €
Bei 450 Betriebsstunden p.a.	47,70 €	44,47 €
Bei 475 Betriebsstunden p.a.	46,72 €	43,91 €
Bei 500 Betriebsstunden p.a.	45,85 €	43,41 €
Flugkilometer bei 300 Stunden p.a.	0,33 €	0,28 €
Sitzplatzkilometer bei 300 Stunden p.a.	0,16 €	0,14 €

€ Kaufmännisch (Tab. 1-4): Kaufmännische Kalkulation (ohne MWSt). Tabelle 4 enthält die Gesamtkosten je Betriebsstunde (Variable Kosten + umgelegte Fixe Kosten).
€ Privat (Tab. 1-4): Private Kalkulation (mit MWSt). Tabelle 4 enthält die Gesamtkosten je Betriebsstunde (Variable Kosten + umgelegte Fixe Kosten; Fixe Kosten jedoch ohne Abschreibung und ohne Zinsen).

Tecnam P92 Echo (100 PS)   UL

1. Sitze, Fahrwerk, Zelle		4. Belastungsdaten	
Sitzplätze	2	Leistungsbelastung	4,5 kg/PS
Fahrwerk	Fest	Flächenbelastung	34,1 kg/qm
Länge / Höhe	6,30 m / 2,50 m		
Spannweite	9,30 m	**5. Leistungsdaten**	
Flügelfläche	13,20 qm	Höchstgeschwindigkeit	225 km/h
		Reisegeschwindigkeit[1]	185 km/h
2. Propeller, Triebwerk, Verbrauch		Abreißgeschwindigkeit[4]	61 km/h
Propeller	Starr	Steigleistung	384 m/min
Triebwerk	Rotax 912 UL S	Dienstgipfelhöhe	4.500 m
Triebwerkleistung	100 PS (74 kW)	Start-[5] / Landerollstrecke[6]	100 m / 100 m
Treibstoffverbrauch[1]	18,0 l/h Mogas		
		6. Transport-Kennzahlen	
3. Gewichte		Gesamtzuladung[7]	169 kg = 38 %
Leergewicht	281 kg	davon Nutzladung[2]	119 kg = 26 %
+ Nutzladung[2]	119 kg	davon Treibstoff	50 kg = 11 %
+ Treibstoff[3]	70 l = 50 kg	Reichweite[8]	627 km
= Gesamtgewicht	450 kg	Treibstoffverbrauchsindex	2,10

Kurz-Info: Ausführung wie P92 Echo 80, jedoch mit Rotax 912 100 PS.

1 Bei 65% Leistung   2 Pilot, Passagiere, Gepäck   3 kg-Berechnung nach spezifischem Gewicht   4 Klappen 0°   5 Start- bis Abhebepunkt   6 Aufsetz- bis Stillstandpunkt   7 Anteil am Gesamtgewicht   8 Inkl. 30 Min. Reserve

Tecnam P92 Echo (100 PS) — Preise & Kosten

1. Kaufpreis, Abschreibung, Restwert	€ Kaufmännisch	€ Privat
Kaufpreis (neu, Baujahr 2002)	60.177 €	69.805 €
Abschreibung in 21 Jahren	42.124 €	entfällt
Restwert nach 21 Jahren	18.053 €	entfällt

2. Fixe Kosten p.a.	€ Kaufmännisch	€ Privat
Abschreibung	2.006 €	entfällt
+ 2,5% Zins auf 50% Eigenkapital	752 €	entfällt
+ 3,75% Zins auf 50% Fremdkapital	1.128 €	entfällt
+ Versicherung (inkl. Vers.-Steuer)	3.095 €	3.095 €
+ Hangarierung	1.500 €	1.740 €
Summen Fixe Kosten	**8.482 €**	**4.835 €**

3. Variable Kosten je Betriebsstunde	€ Kaufmännisch	€ Privat
Treibstoff	20,41 €	23,68 €
+ Wartung/Reparaturen/Rücklagen	12,04 €	13,96 €
+ Betriebserschwernisse	1,30 €	1,51 €
Summen Variable Kosten	**33,75 €**	**39,14 €**

4. Gesamtkosten je Betriebsstunde	€ Kaufmännisch	€ Privat
Bei 025 Betriebsstunden p.a.	373,02 €	232,56 €
Bei 050 Betriebsstunden p.a.	203,38 €	135,85 €
Bei 075 Betriebsstunden p.a.	146,84 €	103,62 €
Bei 100 Betriebsstunden p.a.	118,56 €	87,50 €
Bei 125 Betriebsstunden p.a.	101,60 €	77,83 €
Bei 150 Betriebsstunden p.a.	90,29 €	71,38 €
Bei 175 Betriebsstunden p.a.	82,21 €	66,78 €
Bei 200 Betriebsstunden p.a.	76,15 €	63,32 €
Bei 225 Betriebsstunden p.a.	71,44 €	60,64 €
Bei 250 Betriebsstunden p.a.	67,67 €	58,49 €
Bei 275 Betriebsstunden p.a.	64,59 €	56,73 €
Bei 300 Betriebsstunden p.a.	62,02 €	55,26 €
Bei 325 Betriebsstunden p.a.	59,84 €	54,02 €
Bei 350 Betriebsstunden p.a.	57,98 €	52,96 €
Bei 375 Betriebsstunden p.a.	56,36 €	52,04 €
Bei 400 Betriebsstunden p.a.	54,95 €	51,23 €
Bei 425 Betriebsstunden p.a.	53,70 €	50,52 €
Bei 450 Betriebsstunden p.a.	52,59 €	49,89 €
Bei 475 Betriebsstunden p.a.	51,60 €	49,32 €
Bei 500 Betriebsstunden p.a.	50,71 €	48,82 €
Flugkilometer bei 300 Stunden p.a.	0,34 €	0,30 €
Sitzplatzkilometer bei 300 Stunden p.a.	0,17 €	0,15 €

€ Kaufmännisch (Tab. 1-4): Kaufmännische Kalkulation (ohne MWSt). Tabelle 4 enthält die Gesamtkosten je Betriebsstunde (Variable Kosten + umgelegte Fixe Kosten).
€ Privat (Tab. 1-4): Private Kalkulation (mit MWSt). Tabelle 4 enthält die Gesamtkosten je Betriebsstunde (Variable Kosten + umgelegte Fixe Kosten; Fixe Kosten jedoch ohne Abschreibung und ohne Zinsen).

Tecnam P92-2000 RG   UL

1. Sitze, Fahrwerk, Zelle		4. Belastungsdaten	
Sitzplätze	2	Leistungsbelastung	4,5 kg/PS
Fahrwerk	Einziehbar	Flächenbelastung	37,5 kg/qm
Länge / Höhe	6,40 m / 2,50 m	**5. Leistungsdaten**	
Spannweite	8,53 m	Höchstgeschwindigkeit	250 km/h
Flügelfläche	11,98 qm	Reisegeschwindigkeit[1]	220 km/h
2. Propeller, Triebwerk, Verbrauch		Abreißgeschwindigkeit[4]	61 km/h
Propeller	Starr	Steigleistung	384 m/min
Triebwerk	Rotax 912 UL S	Dienstgipfelhöhe	4.572 m
Triebwerkleistung	100 PS (74 kW)	Start-[5] / Landerollstrecke[6]	140 m / 110 m
Treibstoffverbrauch[1]	18,0 l/h Mogas		
		6. Transport-Kennzahlen	
3. Gewichte		Gesamtzuladung[7]	155 kg = 34 %
Leergewicht	295 kg	davon Nutzladung[2]	105 kg = 23 %
+ Nutzladung[2]	105 kg	davon Treibstoff	50 kg = 11 %
+ Treibstoff[3]	70 l = 50 kg	Reichweite[8]	746 km
= Gesamtgewicht	450 kg	Treibstoffverbrauchsindex	1,49

Kurz-Info: Klassischer Schulterdecker im Stile der Cessna 177 RG mit Einziehfahrwerk.

[1] Bei 65% Leistung [2] Pilot, Passagiere, Gepäck [3] kg-Berechnung nach spezifischem Gewicht [4] Klappen 0° [5] Start- bis Abhebepunkt [6] Aufsetz- bis Stillstandpunkt [7] Anteil am Gesamtgewicht [8] Inkl. 30 Min. Reserve

Tecnam P92-2000 RG — Preise & Kosten

1. Kaufpreis, Abschreibung, Restwert	€ Kaufmännisch	€ Privat
Kaufpreis (neu, Baujahr 2002)	77.009 €	89.330 €
Abschreibung in 21 Jahren	53.906 €	entfällt
Restwert nach 21 Jahren	23.103 €	entfällt

2. Fixe Kosten p.a.	€ Kaufmännisch	€ Privat
Abschreibung	2.567 €	entfällt
+ 2,5% Zins auf 50% Eigenkapital	963 €	entfällt
+ 3,75% Zins auf 50% Fremdkapital	1.444 €	entfällt
+ Versicherung (inkl. Vers.-Steuer)	3.834 €	3.834 €
+ Hangarierung	1.500 €	1.740 €
Summen Fixe Kosten	**10.307 €**	**5.574 €**

3. Variable Kosten je Betriebsstunde	€ Kaufmännisch	€ Privat
Treibstoff	20,41 €	23,68 €
+ Wartung/Reparaturen/Rücklagen	15,40 €	17,87 €
+ Betriebserschwernisse	1,79 €	2,08 €
Summen Variable Kosten	**37,60 €**	**43,62 €**

4. Gesamtkosten je Betriebsstunde	€ Kaufmännisch	€ Privat
Bei 025 Betriebsstunden p.a.	449,90 €	266,58 €
Bei 050 Betriebsstunden p.a.	243,75 €	155,10 €
Bei 075 Betriebsstunden p.a.	175,04 €	117,94 €
Bei 100 Betriebsstunden p.a.	140,68 €	99,36 €
Bei 125 Betriebsstunden p.a.	120,06 €	88,21 €
Bei 150 Betriebsstunden p.a.	106,32 €	80,78 €
Bei 175 Betriebsstunden p.a.	96,50 €	75,47 €
Bei 200 Betriebsstunden p.a.	89,14 €	71,49 €
Bei 225 Betriebsstunden p.a.	83,42 €	68,39 €
Bei 250 Betriebsstunden p.a.	78,83 €	65,92 €
Bei 275 Betriebsstunden p.a.	75,09 €	63,89 €
Bei 300 Betriebsstunden p.a.	71,96 €	62,20 €
Bei 325 Betriebsstunden p.a.	69,32 €	60,77 €
Bei 350 Betriebsstunden p.a.	67,05 €	59,55 €
Bei 375 Betriebsstunden p.a.	65,09 €	58,48 €
Bei 400 Betriebsstunden p.a.	63,37 €	57,56 €
Bei 425 Betriebsstunden p.a.	61,86 €	56,74 €
Bei 450 Betriebsstunden p.a.	60,51 €	56,01 €
Bei 475 Betriebsstunden p.a.	59,30 €	55,36 €
Bei 500 Betriebsstunden p.a.	58,22 €	54,77 €
Flugkilometer bei 300 Stunden p.a.	0,33 €	0,28 €
Sitzplatzkilometer bei 300 Stunden p.a.	0,16 €	0,14 €

€ Kaufmännisch (Tab. 1-4): Kaufmännische Kalkulation (ohne MWSt). Tabelle 4 enthält die Gesamtkosten je Betriebsstunde (Variable Kosten + umgelegte Fixe Kosten).

€ Privat (Tab. 1-4): Private Kalkulation (mit MWSt). Tabelle 4 enthält die Gesamtkosten je Betriebsstunde (Variable Kosten + umgelegte Fixe Kosten; Fixe Kosten jedoch ohne Abschreibung und ohne Zinsen).

Tecnam P92-S Echo (80 PS) — UL

1. Sitze, Fahrwerk, Zelle	
Sitzplätze	2
Fahrwerk	Fest
Länge / Höhe	6,30 m / 2,50 m
Spannweite	9,30 m
Flügelfläche	13,20 qm

2. Propeller, Triebwerk, Verbrauch	
Propeller	Starr
Triebwerk	Rotax 912 UL
Triebwerkleistung	80 PS (59 kW)
Treibstoffverbrauch[1]	14,4 l/h Mogas

3. Gewichte	
Leergewicht	281 kg
+ Nutzladung[2]	119 kg
+ Treibstoff[3]	70 l = 50 kg
= Gesamtgewicht	450 kg

4. Belastungsdaten	
Leistungsbelastung	5,6 kg/PS
Flächenbelastung	34,1 kg/qm

5. Leistungsdaten	
Höchstgeschwindigkeit	218 km/h
Reisegeschwindigkeit[1]	180 km/h
Abreißgeschwindigkeit[4]	61 km/h
Steigleistung	330 m/min
Dienstgipfelhöhe	4.000 m
Start-[5] / Landerollstrecke[6]	110 m / 100 m

6. Transport-Kennzahlen	
Gesamtzuladung[7]	169 kg = 38 %
davon Nutzladung[2]	119 kg = 26 %
davon Treibstoff	50 kg = 11 %
Reichweite[8]	785 km
Treibstoffverbrauchsindex	1,78

Kurz-Info: Großzügige Panel-Auslegung gestattet vielfältige Avionic-Einbauten bis zur IFR-Instrumentierung.

1 Bei 65% Leistung **2** Pilot, Passagiere, Gepäck **3** kg-Berechnung nach spezifischem Gewicht **4** Klappen 0° **5** Start- bis Abhebepunkt **6** Aufsetz- bis Stillstandpunkt **7** Anteil am Gesamtgewicht **8** Inkl. 30 Min. Reserve

Tecnam P92-S Echo (80 PS) — Preise & Kosten

1. Kaufpreis, Abschreibung, Restwert	€ Kaufmännisch	€ Privat
Kaufpreis (neu, Baujahr 2002)	61.440 €	71.270 €
Abschreibung in 21 Jahren	43.008 €	entfällt
Restwert nach 21 Jahren	18.432 €	entfällt

2. Fixe Kosten p.a.	€ Kaufmännisch	€ Privat
Abschreibung	2.048 €	entfällt
+ 2,5% Zins auf 50% Eigenkapital	768 €	entfällt
+ 3,75% Zins auf 50% Fremdkapital	1.152 €	entfällt
+ Versicherung (inkl. Vers.-Steuer)	3.151 €	3.151 €
+ Hangarierung	1.500 €	1.740 €
Summen Fixe Kosten	**8.619 €**	**4.891 €**

3. Variable Kosten je Betriebsstunde	€ Kaufmännisch	€ Privat
Treibstoff	16,33 €	18,94 €
+ Wartung/Reparaturen/Rücklagen	12,29 €	14,25 €
+ Betriebserschwernisse	1,14 €	1,33 €
Summen Variable Kosten	**29,76 €**	**34,52 €**

4. Gesamtkosten je Betriebsstunde	€ Kaufmännisch	€ Privat
Bei 025 Betriebsstunden p.a.	374,51 €	230,16 €
Bei 050 Betriebsstunden p.a.	202,14 €	132,34 €
Bei 075 Betriebsstunden p.a.	144,68 €	99,74 €
Bei 100 Betriebsstunden p.a.	115,95 €	83,43 €
Bei 125 Betriebsstunden p.a.	98,71 €	73,65 €
Bei 150 Betriebsstunden p.a.	87,22 €	67,13 €
Bei 175 Betriebsstunden p.a.	79,01 €	62,47 €
Bei 200 Betriebsstunden p.a.	72,86 €	58,98 €
Bei 225 Betriebsstunden p.a.	68,07 €	56,26 €
Bei 250 Betriebsstunden p.a.	64,24 €	54,09 €
Bei 275 Betriebsstunden p.a.	61,10 €	52,31 €
Bei 300 Betriebsstunden p.a.	58,49 €	50,83 €
Bei 325 Betriebsstunden p.a.	56,28 €	49,57 €
Bei 350 Betriebsstunden p.a.	54,39 €	48,50 €
Bei 375 Betriebsstunden p.a.	52,75 €	47,57 €
Bei 400 Betriebsstunden p.a.	51,31 €	46,75 €
Bei 425 Betriebsstunden p.a.	50,04 €	46,03 €
Bei 450 Betriebsstunden p.a.	48,92 €	45,39 €
Bei 475 Betriebsstunden p.a.	47,91 €	44,82 €
Bei 500 Betriebsstunden p.a.	47,00 €	44,31 €
Flugkilometer bei 300 Stunden p.a.	0,32 €	0,28 €
Sitzplatzkilometer bei 300 Stunden p.a.	0,16 €	0,14 €

€ Kaufmännisch (Tab. 1-4): Kaufmännische Kalkulation (ohne MWSt). Tabelle 4 enthält die Gesamtkosten je Betriebsstunde (Variable Kosten + umgelegte Fixe Kosten).
€ Privat (Tab. 1-4): Private Kalkulation (mit MWSt). Tabelle 4 enthält die Gesamtkosten je Betriebsstunde (Variable Kosten + umgelegte Fixe Kosten; Fixe Kosten jedoch ohne Abschreibung und ohne Zinsen).

Tecnam P92-S Echo (100 PS)　　　　　　　　　　　　　　　UL

1. Sitze, Fahrwerk, Zelle	
Sitzplätze	2
Fahrwerk	Fest
Länge / Höhe	6,30 m / 2,50 m
Spannweite	9,30 m
Flügelfläche	13,20 qm
2. Propeller, Triebwerk, Verbrauch	
Propeller	Starr
Triebwerk	Rotax 912 UL S
Triebwerkleistung	100 PS (74 kW)
Treibstoffverbrauch[1]	18,0 l/h Mogas
3. Gewichte	
Leergewicht	281 kg
+ Nutzladung[2]	119 kg
+ Treibstoff[3]	70 l = 50 kg
= Gesamtgewicht	450 kg

4. Belastungsdaten	
Leistungsbelastung	4,5 kg/PS
Flächenbelastung	34,1 kg/qm
5. Leistungsdaten	
Höchstgeschwindigkeit	230 km/h
Reisegeschwindigkeit[1]	195 km/h
Abreißgeschwindigkeit[4]	61 km/h
Steigleistung	384 m/min
Dienstgipfelhöhe	4.500 m
Start-[5] / Landerollstrecke[6]	100 m / 100 m
6. Transport-Kennzahlen	
Gesamtzuladung[7]	169 kg = 38 %
davon Nutzladung[2]	119 kg = 26 %
davon Treibstoff	50 kg = 11 %
Reichweite[8]	661 km
Treibstoffverbrauchsindex	1,89

Kurz-Info: *Ausführung wie P92-S Echo 80, jedoch mit Rotax 912 100 PS.*

[1] Bei 65% Leistung [2] Pilot, Passagiere, Gepäck [3] kg-Berechnung nach spezifischem Gewicht [4] Klappen 0° [5] Start- bis Abhebepunkt [6] Aufsetz- bis Stillstandpunkt [7] Anteil am Gesamtgewicht [8] Inkl. 30 Min. Reserve

Tecnam P92-S Echo (100 PS) — Preise & Kosten

1. Kaufpreis, Abschreibung, Restwert	€ Kaufmännisch	€ Privat
Kaufpreis (neu, Baujahr 2002)	62.892 €	72.955 €
Abschreibung in 21 Jahren	44.025 €	entfällt
Restwert nach 21 Jahren	18.868 €	entfällt
2. Fixe Kosten p.a.	**€ Kaufmännisch**	**€ Privat**
Abschreibung	2.096 €	entfällt
+ 2,5% Zins auf 50% Eigenkapital	786 €	entfällt
+ 3,75% Zins auf 50% Fremdkapital	1.179 €	entfällt
+ Versicherung (inkl. Vers.-Steuer)	3.215 €	3.215 €
+ Hangarierung	1.500 €	1.740 €
Summen Fixe Kosten	**8.776 €**	**4.955 €**
3. Variable Kosten je Betriebsstunde	**€ Kaufmännisch**	**€ Privat**
Treibstoff	20,41 €	23,68 €
+ Wartung/Reparaturen/Rücklagen	12,58 €	14,59 €
+ Betriebserschwernisse	1,32 €	1,53 €
Summen Variable Kosten	**34,31 €**	**39,80 €**
4. Gesamtkosten je Betriebsstunde	**€ Kaufmännisch**	**€ Privat**
Bei 025 Betriebsstunden p.a.	385,36 €	237,98 €
Bei 050 Betriebsstunden p.a.	209,84 €	138,89 €
Bei 075 Betriebsstunden p.a.	151,33 €	105,86 €
Bei 100 Betriebsstunden p.a.	122,07 €	89,35 €
Bei 125 Betriebsstunden p.a.	104,52 €	79,44 €
Bei 150 Betriebsstunden p.a.	92,82 €	72,83 €
Bei 175 Betriebsstunden p.a.	84,46 €	68,11 €
Bei 200 Betriebsstunden p.a.	78,19 €	64,57 €
Bei 225 Betriebsstunden p.a.	73,32 €	61,82 €
Bei 250 Betriebsstunden p.a.	69,42 €	59,62 €
Bei 275 Betriebsstunden p.a.	66,22 €	57,82 €
Bei 300 Betriebsstunden p.a.	63,56 €	56,31 €
Bei 325 Betriebsstunden p.a.	61,31 €	55,04 €
Bei 350 Betriebsstunden p.a.	59,39 €	53,96 €
Bei 375 Betriebsstunden p.a.	57,71 €	53,01 €
Bei 400 Betriebsstunden p.a.	56,25 €	52,19 €
Bei 425 Betriebsstunden p.a.	54,96 €	51,46 €
Bei 450 Betriebsstunden p.a.	53,81 €	50,81 €
Bei 475 Betriebsstunden p.a.	52,79 €	50,23 €
Bei 500 Betriebsstunden p.a.	51,86 €	49,71 €
Flugkilometer bei 300 Stunden p.a.	0,33 €	0,29 €
Sitzplatzkilometer bei 300 Stunden p.a.	0,16 €	0,14 €

€ Kaufmännisch (Tab. 1-4): Kaufmännische Kalkulation (ohne MWSt). Tabelle 4 enthält die Gesamtkosten je Betriebsstunde (Variable Kosten + umgelegte Fixe Kosten).
€ Privat (Tab. 1-4): Private Kalkulation (mit MWSt). Tabelle 4 enthält die Gesamtkosten je Betriebsstunde (Variable Kosten + umgelegte Fixe Kosten; Fixe Kosten jedoch ohne Abschreibung und ohne Zinsen).

Tecnam P96 Golf (80 PS) — UL

1. Sitze, Fahrwerk, Zelle		4. Belastungsdaten	
Sitzplätze	2	Leistungsbelastung	5,6 kg/PS
Fahrwerk	Fest	Flächenbelastung	36,9 kg/qm
Länge / Höhe	6,40 m / 2,30 m		
Spannweite	8,40 m	**5. Leistungsdaten**	
Flügelfläche	12,20 qm	Höchstgeschwindigkeit	225 km/h
		Reisegeschwindigkeit[1]	185 km/h
2. Propeller, Triebwerk, Verbrauch		Abreißgeschwindigkeit[4]	61 km/h
Propeller	Starr	Steigleistung	270 m/min
Triebwerk	Rotax 912 UL	Dienstgipfelhöhe	4.000 m
Triebwerkleistung	80 PS (59 kW)	Start-[5] / Landerollstrecke[6]	110 m / 100 m
Treibstoffverbrauch[1]	14,4 l/h Mogas		
		6. Transport-Kennzahlen	
3. Gewichte		Gesamtzuladung[7]	169 kg = 38 %
Leergewicht	281 kg	davon Nutzladung[2]	119 kg = 26 %
+ Nutzladung[2]	119 kg	davon Treibstoff	50 kg = 11 %
+ Treibstoff[3]	70 l = 50 kg	Reichweite[8]	807 km
= Gesamtgewicht	450 kg	Treibstoffverbrauchsindex	1,68

Kurz-Info: Ganzmetall-Tiefdecker mit guter Rundumsicht und großzügig dimensioniertem Panel für reichhaltige Instrumentierungen (bis zu IFR).

[1] Bei 65% Leistung [2] Pilot, Passagiere, Gepäck [3] kg-Berechnung nach spezifischem Gewicht [4] Klappen 0° [5] Start- bis Abhebepunkt [6] Aufsetz- bis Stillstandpunkt [7] Anteil am Gesamtgewicht [8] Inkl. 30 Min. Reserve

Tecnam P96 Golf (80 PS)		Preise & Kosten
1. Kaufpreis, Abschreibung, Restwert	**€ Kaufmännisch**	**€ Privat**
Kaufpreis (neu, Baujahr 2002)	67.776 €	78.620 €
Abschreibung in 21 Jahren	47.443 €	entfällt
Restwert nach 21 Jahren	20.333 €	entfällt
2. Fixe Kosten p.a.	**€ Kaufmännisch**	**€ Privat**
Abschreibung	2.259 €	entfällt
+ 2,5% Zins auf 50% Eigenkapital	847 €	entfällt
+ 3,75% Zins auf 50% Fremdkapital	1.271 €	entfällt
+ Versicherung (inkl. Vers.-Steuer)	3.429 €	3.429 €
+ Hangarierung	1.500 €	1.740 €
Summen Fixe Kosten	**9.306 €**	**5.169 €**
3. Variable Kosten je Betriebsstunde	**€ Kaufmännisch**	**€ Privat**
Treibstoff	16,33 €	18,94 €
+ Wartung/Reparaturen/Rücklagen	13,56 €	15,72 €
+ Betriebserschwernisse	1,20 €	1,39 €
Summen Variable Kosten	**31,08 €**	**36,05 €**
4. Gesamtkosten je Betriebsstunde	**€ Kaufmännisch**	**€ Privat**
Bei 025 Betriebsstunden p.a.	403,32 €	242,81 €
Bei 050 Betriebsstunden p.a.	217,20 €	139,43 €
Bei 075 Betriebsstunden p.a.	155,16 €	104,97 €
Bei 100 Betriebsstunden p.a.	124,14 €	87,74 €
Bei 125 Betriebsstunden p.a.	105,53 €	77,40 €
Bei 150 Betriebsstunden p.a.	93,12 €	70,51 €
Bei 175 Betriebsstunden p.a.	84,26 €	65,59 €
Bei 200 Betriebsstunden p.a.	77,61 €	61,90 €
Bei 225 Betriebsstunden p.a.	72,44 €	59,03 €
Bei 250 Betriebsstunden p.a.	68,30 €	56,73 €
Bei 275 Betriebsstunden p.a.	64,92 €	54,85 €
Bei 300 Betriebsstunden p.a.	62,10 €	53,28 €
Bei 325 Betriebsstunden p.a.	59,71 €	51,96 €
Bei 350 Betriebsstunden p.a.	57,67 €	50,82 €
Bei 375 Betriebsstunden p.a.	55,90 €	49,84 €
Bei 400 Betriebsstunden p.a.	54,35 €	48,98 €
Bei 425 Betriebsstunden p.a.	52,98 €	48,21 €
Bei 450 Betriebsstunden p.a.	51,76 €	47,54 €
Bei 475 Betriebsstunden p.a.	50,67 €	46,93 €
Bei 500 Betriebsstunden p.a.	49,69 €	46,39 €
Flugkilometer bei 300 Stunden p.a.	0,34 €	0,29 €
Sitzplatzkilometer bei 300 Stunden p.a.	0,17 €	0,14 €

€ Kaufmännisch (Tab. 1-4): Kaufmännische Kalkulation (ohne MWSt). Tabelle 4 enthält die Gesamtkosten je Betriebsstunde (Variable Kosten + umgelegte Fixe Kosten).
€ Privat (Tab. 1-4): Private Kalkulation (mit MWSt). Tabelle 4 enthält die Gesamtkosten je Betriebsstunde (Variable Kosten + umgelegte Fixe Kosten; Fixe Kosten jedoch ohne Abschreibung und ohne Zinsen).

Tecnam P96 Golf (100 PS) — UL

1. Sitze, Fahrwerk, Zelle		4. Belastungsdaten	
Sitzplätze	2	Leistungsbelastung	4,5 kg/PS
Fahrwerk	Fest	Flächenbelastung	36,9 kg/qm
Länge / Höhe	6,40 m / 2,30 m		
Spannweite	8,40 m	**5. Leistungsdaten**	
Flügelfläche	12,20 qm	Höchstgeschwindigkeit	240 km/h
		Reisegeschwindigkeit[1]	205 km/h
2. Propeller, Triebwerk, Verbrauch		Abreißgeschwindigkeit[4]	61 km/h
Propeller	Starr	Steigleistung	360 m/min
Triebwerk	Rotax 912 UL S	Dienstgipfelhöhe	4.500 m
Triebwerkleistung	100 PS (74 kW)	Start-[5] / Landerollstrecke[6]	100 m / 100 m
Treibstoffverbrauch[1]	18,0 l/h Mogas		
		6. Transport-Kennzahlen	
3. Gewichte		Gesamtzuladung[7]	169 kg = 38 %
Leergewicht	281 kg	davon Nutzladung[2]	119 kg = 26 %
+ Nutzladung[2]	119 kg	davon Treibstoff	50 kg = 11 %
+ Treibstoff[3]	70 l = 50 kg	Reichweite[8]	695 km
= Gesamtgewicht	450 kg	Treibstoffverbrauchsindex	1,71

Kurz-Info: Ausführung wie P96 Golf 80, jedoch mit Rotax 912 100 PS.

1 Bei 65% Leistung 2 Pilot, Passagiere, Gepäck 3 kg-Berechnung nach spezifischem Gewicht 4 Klappen 0° 5 Start- bis Abhebepunkt 6 Aufsetz- bis Stillstandpunkt 7 Anteil am Gesamtgewicht 8 Inkl. 30 Min. Reserve

Tecnam P96 Golf (100 PS) — Preise & Kosten

1. Kaufpreis, Abschreibung, Restwert	€ Kaufmännisch	€ Privat
Kaufpreis (neu, Baujahr 2002)	69.228 €	80.305 €
Abschreibung in 21 Jahren	48.460 €	entfällt
Restwert nach 21 Jahren	20.769 €	entfällt

2. Fixe Kosten p.a.	€ Kaufmännisch	€ Privat
Abschreibung	2.308 €	entfällt
+ 2,5% Zins auf 50% Eigenkapital	865 €	entfällt
+ 3,75% Zins auf 50% Fremdkapital	1.298 €	entfällt
+ Versicherung (inkl. Vers.-Steuer)	3.493 €	3.493 €
+ Hangarierung	1.500 €	1.740 €
Summen Fixe Kosten	**9.464 €**	**5.233 €**

3. Variable Kosten je Betriebsstunde	€ Kaufmännisch	€ Privat
Treibstoff	20,41 €	23,68 €
+ Wartung/Reparaturen/Rücklagen	13,85 €	16,06 €
+ Betriebserschwernisse	1,37 €	1,59 €
Summen Variable Kosten	**35,63 €**	**41,33 €**

4. Gesamtkosten je Betriebsstunde	€ Kaufmännisch	€ Privat
Bei 025 Betriebsstunden p.a.	414,17 €	250,63 €
Bei 050 Betriebsstunden p.a.	224,90 €	145,98 €
Bei 075 Betriebsstunden p.a.	161,81 €	111,10 €
Bei 100 Betriebsstunden p.a.	130,26 €	93,65 €
Bei 125 Betriebsstunden p.a.	111,34 €	83,19 €
Bei 150 Betriebsstunden p.a.	98,72 €	76,21 €
Bei 175 Betriebsstunden p.a.	89,71 €	71,23 €
Bei 200 Betriebsstunden p.a.	82,95 €	67,49 €
Bei 225 Betriebsstunden p.a.	77,69 €	64,58 €
Bei 250 Betriebsstunden p.a.	73,48 €	62,26 €
Bei 275 Betriebsstunden p.a.	70,04 €	60,36 €
Bei 300 Betriebsstunden p.a.	67,17 €	58,77 €
Bei 325 Betriebsstunden p.a.	64,75 €	57,43 €
Bei 350 Betriebsstunden p.a.	62,67 €	56,28 €
Bei 375 Betriebsstunden p.a.	60,86 €	55,28 €
Bei 400 Betriebsstunden p.a.	59,29 €	54,41 €
Bei 425 Betriebsstunden p.a.	57,90 €	53,64 €
Bei 450 Betriebsstunden p.a.	56,66 €	52,96 €
Bei 475 Betriebsstunden p.a.	55,55 €	52,34 €
Bei 500 Betriebsstunden p.a.	54,56 €	51,79 €
Flugkilometer bei 300 Stunden p.a.	0,33 €	0,29 €
Sitzplatzkilometer bei 300 Stunden p.a.	0,16 €	0,14 €

€ Kaufmännisch (Tab. 1-4): Kaufmännische Kalkulation (ohne MWSt). Tabelle 4 enthält die Gesamtkosten je Betriebsstunde (Variable Kosten + umgelegte Fixe Kosten).
€ Privat (Tab. 1-4): Private Kalkulation (mit MWSt). Tabelle 4 enthält die Gesamtkosten je Betriebsstunde (Variable Kosten + umgelegte Fixe Kosten; Fixe Kosten jedoch ohne Abschreibung und ohne Zinsen).

U.L.B.I. WT01 Wild Thing   UL

1. Sitze, Fahrwerk, Zelle		4. Belastungsdaten	
Sitzplätze	2	Leistungsbelastung	4,5 kg/PS
Fahrwerk	Fest	Flächenbelastung	40,2 kg/qm
Länge / Höhe	6,50 m / 1,92 m	**5. Leistungsdaten**	
Spannweite	9,20 m	Höchstgeschwindigkeit	200 km/h
Flügelfläche	11,20 qm	Reisegeschwindigkeit[1]	145 km/h
2. Propeller, Triebwerk, Verbrauch		Abreißgeschwindigkeit[4]	58 km/h
Propeller	Starr	Steigleistung	260 m/min
Triebwerk	Rotax 912 UL S	Dienstgipfelhöhe	k.A. m
Triebwerkleistung	100 PS (74 kW)	Start-[5] / Landerollstrecke[6]	90 m / 110 m
Treibstoffverbrauch[1]	18,0 l/h Mogas		
		6. Transport-Kennzahlen	
3. Gewichte		Gesamtzuladung[7]	152 kg = 34 %
Leergewicht	298 kg	davon Nutzladung[2]	94 kg = 21 %
+ Nutzladung[2]	94 kg	davon Treibstoff	58 kg = 13 %
+ Treibstoff[3]	80 l = 58 kg	Reichweite[8]	572 km
= Gesamtgewicht	450 kg	Treibstoffverbrauchsindex	3,42

Kurz-Info: *Spornrad-Schulterdecker in robuster Alu-Bauweise, Flächen und Höhenleitwerk anklappbar.*

1 Bei 65% Leistung **2** Pilot, Passagiere, Gepäck **3** kg-Berechnung nach spezifischem Gewicht **4** Klappen 0° **5** Start- bis Abhebepunkt **6** Aufsetz- bis Stillstandpunkt **7** Anteil am Gesamtgewicht **8** Inkl. 30 Min. Reserve

U.L.B.I. WT01 Wild Thing — Preise & Kosten

1. Kaufpreis, Abschreibung, Restwert	€ Kaufmännisch	€ Privat
Kaufpreis (neu, Baujahr 2002)	61.995 €	71.914 €
Abschreibung in 21 Jahren	43.397 €	entfällt
Restwert nach 21 Jahren	18.599 €	entfällt
2. Fixe Kosten p.a.	**€ Kaufmännisch**	**€ Privat**
Abschreibung	2.067 €	entfällt
+ 2,5% Zins auf 50% Eigenkapital	775 €	entfällt
+ 3,75% Zins auf 50% Fremdkapital	1.162 €	entfällt
+ Versicherung (inkl. Vers.-Steuer)	3.175 €	3.175 €
+ Hangarierung	1.500 €	1.740 €
Summen Fixe Kosten	**8.679 €**	**4.915 €**
3. Variable Kosten je Betriebsstunde	**€ Kaufmännisch**	**€ Privat**
Treibstoff	20,41 €	23,68 €
+ Wartung/Reparaturen/Rücklagen	12,40 €	14,38 €
+ Betriebserschwernisse	1,31 €	1,52 €
Summen Variable Kosten	**34,12 €**	**39,58 €**
4. Gesamtkosten je Betriebsstunde	**€ Kaufmännisch**	**€ Privat**
Bei 025 Betriebsstunden p.a.	381,28 €	236,19 €
Bei 050 Betriebsstunden p.a.	207,70 €	137,89 €
Bei 075 Betriebsstunden p.a.	149,84 €	105,12 €
Bei 100 Betriebsstunden p.a.	120,91 €	88,74 €
Bei 125 Betriebsstunden p.a.	103,56 €	78,90 €
Bei 150 Betriebsstunden p.a.	91,98 €	72,35 €
Bei 175 Betriebsstunden p.a.	83,72 €	67,67 €
Bei 200 Betriebsstunden p.a.	77,52 €	64,16 €
Bei 225 Betriebsstunden p.a.	72,70 €	61,43 €
Bei 250 Betriebsstunden p.a.	68,84 €	59,24 €
Bei 275 Betriebsstunden p.a.	65,68 €	57,46 €
Bei 300 Betriebsstunden p.a.	63,05 €	55,97 €
Bei 325 Betriebsstunden p.a.	60,83 €	54,71 €
Bei 350 Betriebsstunden p.a.	58,92 €	53,63 €
Bei 375 Betriebsstunden p.a.	57,27 €	52,69 €
Bei 400 Betriebsstunden p.a.	55,82 €	51,87 €
Bei 425 Betriebsstunden p.a.	54,54 €	51,15 €
Bei 450 Betriebsstunden p.a.	53,41 €	50,51 €
Bei 475 Betriebsstunden p.a.	52,40 €	49,93 €
Bei 500 Betriebsstunden p.a.	51,48 €	49,41 €
Flugkilometer bei 300 Stunden p.a.	0,43 €	0,39 €
Sitzplatzkilometer bei 300 Stunden p.a.	0,22 €	0,19 €

€ Kaufmännisch (Tab. 1-4): Kaufmännische Kalkulation (ohne MWSt). Tabelle 4 enthält die Gesamtkosten je Betriebsstunde (Variable Kosten + umgelegte Fixe Kosten).
€ Privat (Tab. 1-4): Private Kalkulation (mit MWSt). Tabelle 4 enthält die Gesamtkosten je Betriebsstunde (Variable Kosten + umgelegte Fixe Kosten; Fixe Kosten jedoch ohne Abschreibung und ohne Zinsen).

Ultravia Aero International Pelican 450 S — UL

1. Sitze, Fahrwerk, Zelle	
Sitzplätze	2
Fahrwerk	Fest
Länge / Höhe	6,07 m / 2,59 m
Spannweite	9,70 m
Flügelfläche	10,90 qm

2. Propeller, Triebwerk, Verbrauch	
Propeller	Verstellbar
Triebwerk	Rotax 912 UL S
Triebwerkleistung	100 PS (74 kW)
Treibstoffverbrauch[1]	18,0 l/h Mogas

3. Gewichte	
Leergewicht	290 kg
+ Nutzladung[2]	117 kg
+ Treibstoff[3]	60 l = 43 kg
= Gesamtgewicht	450 kg

4. Belastungsdaten	
Leistungsbelastung	4,5 kg/PS
Flächenbelastung	41,3 kg/qm

5. Leistungsdaten	
Höchstgeschwindigkeit	228 km/h
Reisegeschwindigkeit[1]	200 km/h
Abreißgeschwindigkeit[4]	63 km/h
Steigleistung	456 m/min
Dienstgipfelhöhe	k.A. m
Start-[5] / Landerollstrecke[6]	90 m / 110 m

6. Transport-Kennzahlen	
Gesamtzuladung[7]	160 kg = 36 %
davon Nutzladung[2]	117 kg = 26 %
davon Treibstoff	43 kg = 10 %
Reichweite[8]	567 km
Treibstoffverbrauchsindex	1,80

Kurz-Info: Robuste Konstruktion, auch als Spornradversion sowie mit Schwimmer- und Ski-Umrüstung lieferbar.

1 Bei 65% Leistung 2 Pilot, Passagiere, Gepäck 3 kg-Berechnung nach spezifischem Gewicht 4 Klappen 0° 5 Start- bis Abhebepunkt 6 Aufsetz- bis Stillstandpunkt 7 Anteil am Gesamtgewicht 8 Inkl. 30 Min. Reserve

Ultravia Aero International Pelican 450 S		Preise & Kosten
1. Kaufpreis, Abschreibung, Restwert	**€ Kaufmännisch**	**€ Privat**
Kaufpreis (neu, Baujahr 2002)	79.462 €	92.176 €
Abschreibung in 21 Jahren	55.624 €	entfällt
Restwert nach 21 Jahren	23.839 €	entfällt
2. Fixe Kosten p.a.	**€ Kaufmännisch**	**€ Privat**
Abschreibung	2.649 €	entfällt
+ 2,5% Zins auf 50% Eigenkapital	993 €	entfällt
+ 3,75% Zins auf 50% Fremdkapital	1.490 €	entfällt
+ Versicherung (inkl. Vers.-Steuer)	3.942 €	3.942 €
+ Hangarierung	1.500 €	1.740 €
Summen Fixe Kosten	**10.574 €**	**5.682 €**
3. Variable Kosten je Betriebsstunde	**€ Kaufmännisch**	**€ Privat**
Treibstoff	20,41 €	23,68 €
+ Wartung/Reparaturen/Rücklagen	15,89 €	18,44 €
+ Betriebserschwernisse	1,82 €	2,11 €
Summen Variable Kosten	**38,12 €**	**44,22 €**
4. Gesamtkosten je Betriebsstunde	**€ Kaufmännisch**	**€ Privat**
Bei 025 Betriebsstunden p.a.	461,06 €	271,48 €
Bei 050 Betriebsstunden p.a.	249,59 €	157,85 €
Bei 075 Betriebsstunden p.a.	179,10 €	119,97 €
Bei 100 Betriebsstunden p.a.	143,85 €	101,03 €
Bei 125 Betriebsstunden p.a.	122,71 €	89,67 €
Bei 150 Betriebsstunden p.a.	108,61 €	82,10 €
Bei 175 Betriebsstunden p.a.	98,54 €	76,69 €
Bei 200 Betriebsstunden p.a.	90,99 €	72,63 €
Bei 225 Betriebsstunden p.a.	85,11 €	69,47 €
Bei 250 Betriebsstunden p.a.	80,41 €	66,95 €
Bei 275 Betriebsstunden p.a.	76,57 €	64,88 €
Bei 300 Betriebsstunden p.a.	73,36 €	63,16 €
Bei 325 Betriebsstunden p.a.	70,65 €	61,70 €
Bei 350 Betriebsstunden p.a.	68,33 €	60,45 €
Bei 375 Betriebsstunden p.a.	66,32 €	59,37 €
Bei 400 Betriebsstunden p.a.	64,55 €	58,42 €
Bei 425 Betriebsstunden p.a.	63,00 €	57,59 €
Bei 450 Betriebsstunden p.a.	61,62 €	56,84 €
Bei 475 Betriebsstunden p.a.	60,38 €	56,18 €
Bei 500 Betriebsstunden p.a.	59,27 €	55,58 €
Flugkilometer bei 300 Stunden p.a.	0,37 €	0,32 €
Sitzplatzkilometer bei 300 Stunden p.a.	0,18 €	0,16 €

€ Kaufmännisch (Tab. 1-4): Kaufmännische Kalkulation (ohne MWSt). Tabelle 4 enthält die Gesamtkosten je Betriebsstunde (Variable Kosten + umgelegte Fixe Kosten).
€ Privat (Tab. 1-4): Private Kalkulation (mit MWSt). Tabelle 4 enthält die Gesamtkosten je Betriebsstunde (Variable Kosten + umgelegte Fixe Kosten; Fixe Kosten jedoch ohne Abschreibung und ohne Zinsen).

W.D. Flugzeugleichtbau Evolution (80 PS) — UL

1. Sitze, Fahrwerk, Zelle		4. Belastungsdaten	
Sitzplätze	2	Leistungsbelastung	5,6 kg/PS
Fahrwerk	Fest	Flächenbelastung	43,3 kg/qm
Länge / Höhe	6,62 m / 2,04 m		
Spannweite	9,10 m	**5. Leistungsdaten**	
Flügelfläche	10,40 qm	Höchstgeschwindigkeit	270 km/h
		Reisegeschwindigkeit[1]	240 km/h
2. Propeller, Triebwerk, Verbrauch		Abreißgeschwindigkeit[4]	64 km/h
Propeller	Starr	Steigleistung	310 m/min
Triebwerk	Rotax 912 UL	Dienstgipfelhöhe	k.A. m
Triebwerkleistung	80 PS (59 kW)	Start-[5] / Landerollstrecke[6]	120 m / 120 m
Treibstoffverbrauch[1]	14,4 l/h Mogas		
		6. Transport-Kennzahlen	
3. Gewichte		Gesamtzuladung[7]	185 kg = 41 %
Leergewicht	265 kg	davon Nutzladung[2]	99 kg = 22 %
+ Nutzladung[2]	99 kg	davon Treibstoff	86 kg = 19 %
+ Treibstoff[3]	120 l = 86 kg	Reichweite[8]	1.880 km
= Gesamtgewicht	450 kg	Treibstoffverbrauchsindex	1,00

Kurz-Info: Freitragender Hochleistungsschulterdecker in Kohlefaser-Sandwichbauweise. Optional: Elektrisches Einziehfahrwerk, Verstellpropeller.

1 Bei 65% Leistung **2** Pilot, Passagiere, Gepäck **3** kg-Berechnung nach spezifischem Gewicht **4** Klappen 0° **5** Start- bis Abhebepunkt **6** Aufsetz- bis Stillstandpunkt **7** Anteil am Gesamtgewicht **8** Inkl. 30 Min. Reserve

W.D. Flugzeugleichtbau Evolution (80 PS)		Preise & Kosten
1. Kaufpreis, Abschreibung, Restwert	**€ Kaufmännisch**	**€ Privat**
Kaufpreis (neu, Baujahr 2002)	90.394 €	104.857 €
Abschreibung in 21 Jahren	63.276 €	entfällt
Restwert nach 21 Jahren	27.118 €	entfällt
2. Fixe Kosten p.a.	**€ Kaufmännisch**	**€ Privat**
Abschreibung	3.013 €	entfällt
+ 2,5% Zins auf 50% Eigenkapital	1.130 €	entfällt
+ 3,75% Zins auf 50% Fremdkapital	1.695 €	entfällt
+ Versicherung (inkl. Vers.-Steuer)	4.421 €	4.421 €
+ Hangarierung	1.500 €	1.740 €
Summen Fixe Kosten	**11.759 €**	**6.161 €**
3. Variable Kosten je Betriebsstunde	**€ Kaufmännisch**	**€ Privat**
Treibstoff	16,33 €	18,94 €
+ Wartung/Reparaturen/Rücklagen	18,08 €	20,97 €
+ Betriebserschwernisse	1,38 €	1,60 €
Summen Variable Kosten	**35,78 €**	**41,51 €**
4. Gesamtkosten je Betriebsstunde	**€ Kaufmännisch**	**€ Privat**
Bei 025 Betriebsstunden p.a.	506,15 €	287,96 €
Bei 050 Betriebsstunden p.a.	270,97 €	164,74 €
Bei 075 Betriebsstunden p.a.	192,57 €	123,66 €
Bei 100 Betriebsstunden p.a.	153,38 €	103,12 €
Bei 125 Betriebsstunden p.a.	129,86 €	90,80 €
Bei 150 Betriebsstunden p.a.	114,18 €	82,59 €
Bei 175 Betriebsstunden p.a.	102,98 €	76,72 €
Bei 200 Betriebsstunden p.a.	94,58 €	72,32 €
Bei 225 Betriebsstunden p.a.	88,05 €	68,89 €
Bei 250 Betriebsstunden p.a.	82,82 €	66,16 €
Bei 275 Betriebsstunden p.a.	78,55 €	63,91 €
Bei 300 Betriebsstunden p.a.	74,98 €	62,05 €
Bei 325 Betriebsstunden p.a.	71,97 €	60,47 €
Bei 350 Betriebsstunden p.a.	69,38 €	59,11 €
Bei 375 Betriebsstunden p.a.	67,14 €	57,94 €
Bei 400 Betriebsstunden p.a.	65,18 €	56,91 €
Bei 425 Betriebsstunden p.a.	63,45 €	56,01 €
Bei 450 Betriebsstunden p.a.	61,92 €	55,20 €
Bei 475 Betriebsstunden p.a.	60,54 €	54,48 €
Bei 500 Betriebsstunden p.a.	59,30 €	53,83 €
Flugkilometer bei 300 Stunden p.a.	0,31 €	0,26 €
Sitzplatzkilometer bei 300 Stunden p.a.	0,16 €	0,13 €

€ Kaufmännisch (Tab. 1-4): Kaufmännische Kalkulation (ohne MWSt). Tabelle 4 enthält die Gesamtkosten je Betriebsstunde (Variable Kosten + umgelegte Fixe Kosten).
€ Privat (Tab. 1-4): Private Kalkulation (mit MWSt). Tabelle 4 enthält die Gesamtkosten je Betriebsstunde (Variable Kosten + umgelegte Fixe Kosten; Fixe Kosten jedoch ohne Abschreibung und ohne Zinsen).

W.D. Flugzeugleichtbau Evolution (100 PS) UL

1. Sitze, Fahrwerk, Zelle		4. Belastungsdaten	
Sitzplätze	2	Leistungsbelastung	4,5 kg/PS
Fahrwerk	Fest	Flächenbelastung	43,3 kg/qm
Länge / Höhe	6,62 m / 2,04 m		
Spannweite	9,10 m	**5. Leistungsdaten**	
Flügelfläche	10,40 qm	Höchstgeschwindigkeit	290 km/h
		Reisegeschwindigkeit[1]	255 km/h
2. Propeller, Triebwerk, Verbrauch		Abreißgeschwindigkeit[4]	64 km/h
Propeller	Starr	Steigleistung	390 m/min
Triebwerk	Rotax 912 UL S	Dienstgipfelhöhe	k.A. m
Triebwerkleistung	100 PS (74 kW)	Start-[5] / Landerollstrecke[6]	100 m / 100 m
Treibstoffverbrauch[1]	18,0 l/h Mogas		
		6. Transport-Kennzahlen	
3. Gewichte		Gesamtzuladung[7]	180 kg = 40 %
Leergewicht	270 kg	davon Nutzladung[2]	94 kg = 21 %
+ Nutzladung[2]	94 kg	davon Treibstoff	86 kg = 19 %
+ Treibstoff[3]	120 l = 86 kg	Reichweite[8]	1.573 km
= Gesamtgewicht	450 kg	Treibstoffverbrauchsindex	1,11

Kurz-Info: *Freitragender Hochleistungsschulterdecker in Kohlefaser-Sandwichbauweise. Optional: Elektrisches Einziehfahrwerk, Verstellpropeller.*

1 Bei 65% Leistung **2** Pilot, Passagiere, Gepäck **3** kg-Berechnung nach spezifischem Gewicht **4** Klappen 0° **5** Start- bis Abhebepunkt **6** Aufsetz- bis Stillstandpunkt **7** Anteil am Gesamtgewicht **8** Inkl. 30 Min. Reserve

W.D. Flugzeugleichtbau Evolution (100 PS)	Preise & Kosten	
1. Kaufpreis, Abschreibung, Restwert	**€ Kaufmännisch**	**€ Privat**
Kaufpreis (neu, Baujahr 2002)	91.736 €	106.413 €
Abschreibung in 21 Jahren	64.215 €	entfällt
Restwert nach 21 Jahren	27.521 €	entfällt
2. Fixe Kosten p.a.	**€ Kaufmännisch**	**€ Privat**
Abschreibung	3.058 €	entfällt
+ 2,5% Zins auf 50% Eigenkapital	1.147 €	entfällt
+ 3,75% Zins auf 50% Fremdkapital	1.720 €	entfällt
+ Versicherung (inkl. Vers.-Steuer)	4.480 €	4.480 €
+ Hangarierung	1.500 €	1.740 €
Summen Fixe Kosten	**11.905 €**	**6.220 €**
3. Variable Kosten je Betriebsstunde	**€ Kaufmännisch**	**€ Privat**
Treibstoff	20,41 €	23,68 €
+ Wartung/Reparaturen/Rücklagen	18,35 €	21,28 €
+ Betriebserschwernisse	1,55 €	1,80 €
Summen Variable Kosten	**40,31 €**	**46,76 €**
4. Gesamtkosten je Betriebsstunde	**€ Kaufmännisch**	**€ Privat**
Bei 025 Betriebsstunden p.a.	516,50 €	295,56 €
Bei 050 Betriebsstunden p.a.	278,40 €	171,16 €
Bei 075 Betriebsstunden p.a.	199,04 €	129,69 €
Bei 100 Betriebsstunden p.a.	159,36 €	108,96 €
Bei 125 Betriebsstunden p.a.	135,55 €	96,52 €
Bei 150 Betriebsstunden p.a.	119,67 €	88,23 €
Bei 175 Betriebsstunden p.a.	108,34 €	82,30 €
Bei 200 Betriebsstunden p.a.	99,83 €	77,86 €
Bei 225 Betriebsstunden p.a.	93,22 €	74,40 €
Bei 250 Betriebsstunden p.a.	87,93 €	71,64 €
Bei 275 Betriebsstunden p.a.	83,60 €	69,38 €
Bei 300 Betriebsstunden p.a.	79,99 €	67,49 €
Bei 325 Betriebsstunden p.a.	76,94 €	65,90 €
Bei 350 Betriebsstunden p.a.	74,32 €	64,53 €
Bei 375 Betriebsstunden p.a.	72,06 €	63,35 €
Bei 400 Betriebsstunden p.a.	70,07 €	62,31 €
Bei 425 Betriebsstunden p.a.	68,32 €	61,39 €
Bei 450 Betriebsstunden p.a.	66,76 €	60,58 €
Bei 475 Betriebsstunden p.a.	65,37 €	59,85 €
Bei 500 Betriebsstunden p.a.	64,12 €	59,20 €
Flugkilometer bei 300 Stunden p.a.	0,31 €	0,26 €
Sitzplatzkilometer bei 300 Stunden p.a.	0,16 €	0,13 €

€ Kaufmännisch (Tab. 1-4): Kaufmännische Kalkulation (ohne MWSt). Tabelle 4 enthält die Gesamtkosten je Betriebsstunde (Variable Kosten + umgelegte Fixe Kosten).
€ Privat (Tab. 1-4): Private Kalkulation (mit MWSt). Tabelle 4 enthält die Gesamtkosten je Betriebsstunde (Variable Kosten + umgelegte Fixe Kosten; Fixe Kosten jedoch ohne Abschreibung und ohne Zinsen).

W.D. Flugzeugleichtbau Fascination (80 PS)   UL

1. Sitze, Fahrwerk, Zelle		4. Belastungsdaten	
Sitzplätze	2	Leistungsbelastung	5,6 kg/PS
Fahrwerk	Fest	Flächenbelastung	43,3 kg/qm
Länge / Höhe	6,98 m / 1,85 m		
Spannweite	9,00 m	**5. Leistungsdaten**	
Flügelfläche	10,40 qm	Höchstgeschwindigkeit	270 km/h
		Reisegeschwindigkeit[1]	240 km/h
2. Propeller, Triebwerk, Verbrauch		Abreißgeschwindigkeit[4]	64 km/h
Propeller	Starr	Steigleistung	310 m/min
Triebwerk	Rotax 912 UL	Dienstgipfelhöhe	k.A. m
Triebwerkleistung	80 PS (59 kW)	Start-[5] / Landerollstrecke[6]	120 m / 120 m
Treibstoffverbrauch[1]	14,4 l/h Mogas		
		6. Transport-Kennzahlen	
3. Gewichte		Gesamtzuladung[7]	160 kg = 36 %
Leergewicht	290 kg	davon Nutzladung[2]	102 kg = 23 %
+ Nutzladung[2]	102 kg	davon Treibstoff	58 kg = 13 %
+ Treibstoff[3]	80 l = 58 kg	Reichweite[8]	1.213 km
= Gesamtgewicht	450 kg	Treibstoffverbrauchsindex	1,00

Kurz-Info: Freitragender Hochleistungstiefdecker in Voll-GFK-Optik. Optional: Elektrisches Einziehfahrwerk, Verstellpropeller.

1 Bei 65% Leistung **2** Pilot, Passagiere, Gepäck **3** kg-Berechnung nach spezifischem Gewicht **4** Klappen 0° **5** Start- bis Abhebepunkt **6** Aufsetz- bis Stillstandpunkt **7** Anteil am Gesamtgewicht **8** Inkl. 30 Min. Reserve

W.D. Flugzeugleichtbau Fascination (80 PS)	Preise & Kosten	
1. Kaufpreis, Abschreibung, Restwert	**€ Kaufmännisch**	**€ Privat**
Kaufpreis (neu, Baujahr 2002)	84.542 €	98.069 €
Abschreibung in 21 Jahren	59.180 €	entfällt
Restwert nach 21 Jahren	25.363 €	entfällt
2. Fixe Kosten p.a.	**€ Kaufmännisch**	**€ Privat**
Abschreibung	2.818 €	entfällt
+ 2,5% Zins auf 50% Eigenkapital	1.057 €	entfällt
+ 3,75% Zins auf 50% Fremdkapital	1.585 €	entfällt
+ Versicherung (inkl. Vers.-Steuer)	4.164 €	4.164 €
+ Hangarierung	1.500 €	1.740 €
Summen Fixe Kosten	**11.125 €**	**5.904 €**
3. Variable Kosten je Betriebsstunde	**€ Kaufmännisch**	**€ Privat**
Treibstoff	16,33 €	18,94 €
+ Wartung/Reparaturen/Rücklagen	16,91 €	19,61 €
+ Betriebserschwernisse	1,33 €	1,54 €
Summen Variable Kosten	**34,57 €**	**40,10 €**
4. Gesamtkosten je Betriebsstunde	**€ Kaufmännisch**	**€ Privat**
Bei 025 Betriebsstunden p.a.	479,55 €	276,28 €
Bei 050 Betriebsstunden p.a.	257,06 €	158,19 €
Bei 075 Betriebsstunden p.a.	182,89 €	118,82 €
Bei 100 Betriebsstunden p.a.	145,81 €	99,14 €
Bei 125 Betriebsstunden p.a.	123,56 €	87,33 €
Bei 150 Betriebsstunden p.a.	108,73 €	79,46 €
Bei 175 Betriebsstunden p.a.	98,14 €	73,84 €
Bei 200 Betriebsstunden p.a.	90,19 €	69,62 €
Bei 225 Betriebsstunden p.a.	84,01 €	66,34 €
Bei 250 Betriebsstunden p.a.	79,07 €	63,72 €
Bei 275 Betriebsstunden p.a.	75,02 €	61,57 €
Bei 300 Betriebsstunden p.a.	71,65 €	59,78 €
Bei 325 Betriebsstunden p.a.	68,80 €	58,27 €
Bei 350 Betriebsstunden p.a.	66,35 €	56,97 €
Bei 375 Betriebsstunden p.a.	64,23 €	55,84 €
Bei 400 Betriebsstunden p.a.	62,38 €	54,86 €
Bei 425 Betriebsstunden p.a.	60,74 €	53,99 €
Bei 450 Betriebsstunden p.a.	59,29 €	53,22 €
Bei 475 Betriebsstunden p.a.	57,99 €	52,53 €
Bei 500 Betriebsstunden p.a.	56,82 €	51,91 €
Flugkilometer bei 300 Stunden p.a.	0,30 €	0,25 €
Sitzplatzkilometer bei 300 Stunden p.a.	0,15 €	0,12 €

€ Kaufmännisch (Tab. 1-4): Kaufmännische Kalkulation (ohne MWSt). Tabelle 4 enthält die Gesamtkosten je Betriebsstunde (Variable Kosten + umgelegte Fixe Kosten).
€ Privat (Tab. 1-4): Private Kalkulation (mit MWSt). Tabelle 4 enthält die Gesamtkosten je Betriebsstunde (Variable Kosten + umgelegte Fixe Kosten; Fixe Kosten jedoch ohne Abschreibung und ohne Zinsen).

W.D. Flugzeugleichtbau Fascination (100 PS)   UL

1. Sitze, Fahrwerk, Zelle		4. Belastungsdaten	
Sitzplätze	2	Leistungsbelastung	4,5 kg/PS
Fahrwerk	Fest	Flächenbelastung	43,3 kg/qm
Länge / Höhe	6,98 m / 1,85 m		
Spannweite	9,00 m	**5. Leistungsdaten**	
Flügelfläche	10,40 qm	Höchstgeschwindigkeit	290 km/h
		Reisegeschwindigkeit[1]	255 km/h
2. Propeller, Triebwerk, Verbrauch		Abreißgeschwindigkeit[4]	64 km/h
Propeller	Starr	Steigleistung	390 m/min
Triebwerk	Rotax 912 UL S	Dienstgipfelhöhe	k.A. m
Triebwerkleistung	100 PS (74 kW)	Start-[5] / Landerollstrecke[6]	100 m / 100 m
Treibstoffverbrauch[1]	18,0 l/h Mogas		
		6. Transport-Kennzahlen	
3. Gewichte		Gesamtzuladung[7]	155 kg = 34 %
Leergewicht	295 kg	davon Nutzladung[2]	97 kg = 22 %
+ Nutzladung[2]	97 kg	davon Treibstoff	58 kg = 13 %
+ Treibstoff[3]	80 l = 58 kg	Reichweite[8]	1.006 km
= Gesamtgewicht	450 kg	Treibstoffverbrauchsindex	1,11

Kurz-Info: Freitragender Hochleistungstiefdecker in Voll-GFK-Optik. Optional: Elektrisches Einziehfahrwerk, Verstellpropeller.

1 Bei 65% Leistung **2** Pilot, Passagiere, Gepäck **3** kg-Berechnung nach spezifischem Gewicht **4** Klappen 0° **5** Start- bis Abhebepunkt **6** Aufsetz- bis Stillstandpunkt **7** Anteil am Gesamtgewicht **8** Inkl. 30 Min. Reserve

W.D. Flugzeugleichtbau Fascination (100 PS) — Preise & Kosten

1. Kaufpreis, Abschreibung, Restwert	€ Kaufmännisch	€ Privat
Kaufpreis (neu, Baujahr 2002)	85.885 €	99.626 €
Abschreibung in 21 Jahren	60.119 €	entfällt
Restwert nach 21 Jahren	25.765 €	entfällt
2. Fixe Kosten p.a.	**€ Kaufmännisch**	**€ Privat**
Abschreibung	2.863 €	entfällt
+ 2,5% Zins auf 50% Eigenkapital	1.074 €	entfällt
+ 3,75% Zins auf 50% Fremdkapital	1.610 €	entfällt
+ Versicherung (inkl. Vers.-Steuer)	4.223 €	4.223 €
+ Hangarierung	1.500 €	1.740 €
Summen Fixe Kosten	**11.270 €**	**5.963 €**
3. Variable Kosten je Betriebsstunde	**€ Kaufmännisch**	**€ Privat**
Treibstoff	20,41 €	23,68 €
+ Wartung/Reparaturen/Rücklagen	17,18 €	19,93 €
+ Betriebserschwernisse	1,50 €	1,74 €
Summen Variable Kosten	**39,09 €**	**45,35 €**
4. Gesamtkosten je Betriebsstunde	**€ Kaufmännisch**	**€ Privat**
Bei 025 Betriebsstunden p.a.	489,90 €	283,88 €
Bei 050 Betriebsstunden p.a.	264,49 €	164,62 €
Bei 075 Betriebsstunden p.a.	189,36 €	124,86 €
Bei 100 Betriebsstunden p.a.	151,79 €	104,98 €
Bei 125 Betriebsstunden p.a.	129,25 €	93,05 €
Bei 150 Betriebsstunden p.a.	114,23 €	85,10 €
Bei 175 Betriebsstunden p.a.	103,49 €	79,42 €
Bei 200 Betriebsstunden p.a.	95,44 €	75,16 €
Bei 225 Betriebsstunden p.a.	89,18 €	71,85 €
Bei 250 Betriebsstunden p.a.	84,17 €	69,20 €
Bei 275 Betriebsstunden p.a.	80,07 €	67,03 €
Bei 300 Betriebsstunden p.a.	76,66 €	65,23 €
Bei 325 Betriebsstunden p.a.	73,77 €	63,70 €
Bei 350 Betriebsstunden p.a.	71,29 €	62,39 €
Bei 375 Betriebsstunden p.a.	69,15 €	61,25 €
Bei 400 Betriebsstunden p.a.	67,27 €	60,26 €
Bei 425 Betriebsstunden p.a.	65,61 €	59,38 €
Bei 450 Betriebsstunden p.a.	64,14 €	58,60 €
Bei 475 Betriebsstunden p.a.	62,82 €	57,90 €
Bei 500 Betriebsstunden p.a.	61,63 €	57,27 €
Flugkilometer bei 300 Stunden p.a.	0,30 €	0,26 €
Sitzplatzkilometer bei 300 Stunden p.a.	0,15 €	0,13 €

€ Kaufmännisch (Tab. 1-4): Kaufmännische Kalkulation (ohne MWSt). Tabelle 4 enthält die Gesamtkosten je Betriebsstunde (Variable Kosten + umgelegte Fixe Kosten).
€ Privat (Tab. 1-4): Private Kalkulation (mit MWSt). Tabelle 4 enthält die Gesamtkosten je Betriebsstunde (Variable Kosten + umgelegte Fixe Kosten; Fixe Kosten jedoch ohne Abschreibung und ohne Zinsen).

W.D. Flugzeugleichtbau Sunwheel — UL

1. Sitze, Fahrwerk, Zelle		4. Belastungsdaten	
Sitzplätze	2	Leistungsbelastung	5,6 kg/PS
Fahrwerk	Fest	Flächenbelastung	28,1 kg/qm
Länge / Höhe	5,70 m / 2,20 m		
Spannweite	7,00 m	**5. Leistungsdaten**	
Flügelfläche	16,00 qm	Höchstgeschwindigkeit	145 km/h
		Reisegeschwindigkeit[1]	120 km/h
2. Propeller, Triebwerk, Verbrauch		Abreißgeschwindigkeit[4]	55 km/h
Propeller	Starr	Steigleistung	210 m/min
Triebwerk	Rotax 912 UL	Dienstgipfelhöhe	k.A. m
Triebwerkleistung	80 PS (59 kW)	Start-[5] / Landerollstrecke[6]	70 m / 70 m
Treibstoffverbrauch[1]	14,4 l/h Mogas		
		6. Transport-Kennzahlen	
3. Gewichte		Gesamtzuladung[7]	230 kg = 51 %
Leergewicht	220 kg	davon Nutzladung[2]	187 kg = 42 %
+ Nutzladung[2]	187 kg	davon Treibstoff	43 kg = 10 %
+ Treibstoff[3]	60 l = 43 kg	Reichweite[8]	440 km
= Gesamtgewicht	450 kg	Treibstoffverbrauchsindex	4,00

Kurz-Info: Offener, klassischer Doppeldecker mit hintereinander liegenden Sitzen und gutmütigen Flugeigenschaften.

1 Bei 65% Leistung **2** Pilot, Passagiere, Gepäck **3** kg-Berechnung nach spezifischem Gewicht **4** Klappen 0° **5** Start- bis Abhebepunkt **6** Aufsetz- bis Stillstandpunkt **7** Anteil am Gesamtgewicht **8** Inkl. 30 Min. Reserve

W.D. Flugzeugleichtbau Sunwheel	Preise & Kosten	
1. Kaufpreis, Abschreibung, Restwert	**€ Kaufmännisch**	**€ Privat**
Kaufpreis (neu, Baujahr 2002)	55.137 €	63.959 €
Abschreibung in 21 Jahren	38.596 €	entfällt
Restwert nach 21 Jahren	16.541 €	entfällt
2. Fixe Kosten p.a.	**€ Kaufmännisch**	**€ Privat**
Abschreibung	1.838 €	entfällt
+ 2,5% Zins auf 50% Eigenkapital	689 €	entfällt
+ 3,75% Zins auf 50% Fremdkapital	1.034 €	entfällt
+ Versicherung (inkl. Vers.-Steuer)	2.874 €	2.874 €
+ Hangarierung	1.500 €	1.740 €
Summen Fixe Kosten	**7.935 €**	**4.614 €**
3. Variable Kosten je Betriebsstunde	**€ Kaufmännisch**	**€ Privat**
Treibstoff	16,33 €	18,94 €
+ Wartung/Reparaturen/Rücklagen	11,03 €	12,79 €
+ Betriebserschwernisse	1,09 €	1,27 €
Summen Variable Kosten	**28,45 €**	**33,00 €**
4. Gesamtkosten je Betriebsstunde	**€ Kaufmännisch**	**€ Privat**
Bei 025 Betriebsstunden p.a.	345,86 €	217,58 €
Bei 050 Betriebsstunden p.a.	187,16 €	125,29 €
Bei 075 Betriebsstunden p.a.	134,25 €	94,53 €
Bei 100 Betriebsstunden p.a.	107,80 €	79,15 €
Bei 125 Betriebsstunden p.a.	91,93 €	69,92 €
Bei 150 Betriebsstunden p.a.	81,35 €	63,77 €
Bei 175 Betriebsstunden p.a.	73,80 €	59,37 €
Bei 200 Betriebsstunden p.a.	68,13 €	56,08 €
Bei 225 Betriebsstunden p.a.	63,72 €	53,51 €
Bei 250 Betriebsstunden p.a.	60,19 €	51,46 €
Bei 275 Betriebsstunden p.a.	57,31 €	49,78 €
Bei 300 Betriebsstunden p.a.	54,90 €	48,38 €
Bei 325 Betriebsstunden p.a.	52,87 €	47,20 €
Bei 350 Betriebsstunden p.a.	51,12 €	46,19 €
Bei 375 Betriebsstunden p.a.	49,61 €	45,31 €
Bei 400 Betriebsstunden p.a.	48,29 €	44,54 €
Bei 425 Betriebsstunden p.a.	47,12 €	43,86 €
Bei 450 Betriebsstunden p.a.	46,09 €	43,26 €
Bei 475 Betriebsstunden p.a.	45,16 €	42,72 €
Bei 500 Betriebsstunden p.a.	44,32 €	42,23 €
Flugkilometer bei 300 Stunden p.a.	0,46 €	0,40 €
Sitzplatzkilometer bei 300 Stunden p.a.	0,23 €	0,20 €

€ Kaufmännisch (Tab. 1-4): Kaufmännische Kalkulation (ohne MWSt). Tabelle 4 enthält die Gesamtkosten je Betriebsstunde (Variable Kosten + umgelegte Fixe Kosten).
€ Privat (Tab. 1-4): Private Kalkulation (mit MWSt). Tabelle 4 enthält die Gesamtkosten je Betriebsstunde (Variable Kosten + umgelegte Fixe Kosten; Fixe Kosten jedoch ohne Abschreibung und ohne Zinsen).

Weller Flugzeugbau UW-9 Sprint UL

1. Sitze, Fahrwerk, Zelle		4. Belastungsdaten	
Sitzplätze	2	Leistungsbelastung	4,5 kg/PS
Fahrwerk	Fest	Flächenbelastung	41,3 kg/qm
Länge / Höhe	5,70 m / 2,50 m		
Spannweite	9,80 m	5. Leistungsdaten	
Flügelfläche	10,90 qm	Höchstgeschwindigkeit	170 km/h
		Reisegeschwindigkeit[1]	125 km/h
2. Propeller, Triebwerk, Verbrauch		Abreißgeschwindigkeit[4]	62 km/h
Propeller	Starr	Steigleistung	378 m/min
Triebwerk	Rotax 912 UL S	Dienstgipfelhöhe	k.A. m
Triebwerkleistung	100 PS (74 kW)	Start-[5] / Landerollstrecke[6]	60 m / 90 m
Treibstoffverbrauch[1]	18,0 l/h Mogas		
		6. Transport-Kennzahlen	
3. Gewichte		Gesamtzuladung[7]	160 kg = 36 %
Leergewicht	290 kg	davon Nutzladung[2]	97 kg = 22 %
+ Nutzladung[2]	97 kg	davon Treibstoff	63 kg = 14 %
+ Treibstoff[3]	87 l = 63 kg	Reichweite[8]	542 km
= Gesamtgewicht	450 kg	Treibstoffverbrauchsindex	4,61

Kurz-Info: Robuster Doppelsitzer zum Luftwandern, für Vereinsbetrieb und Schulung besonders geeignet.

[1] Bei 65% Leistung [2] Pilot, Passagiere, Gepäck [3] kg-Berechnung nach spezifischem Gewicht [4] Klappen 0° [5] Start- bis Abhebepunkt [6] Aufsetz- bis Stillstandpunkt [7] Anteil am Gesamtgewicht [8] Inkl. 30 Min. Reserve

Weller Flugzeugbau UW-9 Sprint		Preise & Kosten
1. Kaufpreis, Abschreibung, Restwert	**€ Kaufmännisch**	**€ Privat**
Kaufpreis (neu, Baujahr 2002)	62.957 €	73.030 €
Abschreibung in 21 Jahren	44.070 €	entfällt
Restwert nach 21 Jahren	18.887 €	entfällt
2. Fixe Kosten p.a.	**€ Kaufmännisch**	**€ Privat**
Abschreibung	2.099 €	entfällt
+ 2,5% Zins auf 50% Eigenkapital	787 €	entfällt
+ 3,75% Zins auf 50% Fremdkapital	1.180 €	entfällt
+ Versicherung (inkl. Vers.-Steuer)	3.217 €	3.217 €
+ Hangarierung	1.500 €	1.740 €
Summen Fixe Kosten	**8.783 €**	**4.957 €**
3. Variable Kosten je Betriebsstunde	**€ Kaufmännisch**	**€ Privat**
Treibstoff	20,41 €	23,68 €
+ Wartung/Reparaturen/Rücklagen	12,59 €	14,61 €
+ Betriebserschwernisse	1,32 €	1,53 €
Summen Variable Kosten	**34,32 €**	**39,82 €**
4. Gesamtkosten je Betriebsstunde	**€ Kaufmännisch**	**€ Privat**
Bei 025 Betriebsstunden p.a.	385,66 €	238,11 €
Bei 050 Betriebsstunden p.a.	209,99 €	138,96 €
Bei 075 Betriebsstunden p.a.	151,44 €	105,91 €
Bei 100 Betriebsstunden p.a.	122,16 €	89,39 €
Bei 125 Betriebsstunden p.a.	104,59 €	79,47 €
Bei 150 Betriebsstunden p.a.	92,88 €	72,86 €
Bei 175 Betriebsstunden p.a.	84,51 €	68,14 €
Bei 200 Betriebsstunden p.a.	78,24 €	64,60 €
Bei 225 Betriebsstunden p.a.	73,36 €	61,85 €
Bei 250 Betriebsstunden p.a.	69,46 €	59,64 €
Bei 275 Betriebsstunden p.a.	66,26 €	57,84 €
Bei 300 Betriebsstunden p.a.	63,60 €	56,34 €
Bei 325 Betriebsstunden p.a.	61,35 €	55,07 €
Bei 350 Betriebsstunden p.a.	59,42 €	53,98 €
Bei 375 Betriebsstunden p.a.	57,75 €	53,04 €
Bei 400 Betriebsstunden p.a.	56,28 €	52,21 €
Bei 425 Betriebsstunden p.a.	54,99 €	51,48 €
Bei 450 Betriebsstunden p.a.	53,84 €	50,83 €
Bei 475 Betriebsstunden p.a.	52,81 €	50,25 €
Bei 500 Betriebsstunden p.a.	51,89 €	49,73 €
Flugkilometer bei 300 Stunden p.a.	0,51 €	0,45 €
Sitzplatzkilometer bei 300 Stunden p.a.	0,25 €	0,23 €

€ Kaufmännisch (Tab. 1-4): Kaufmännische Kalkulation (ohne MWSt). Tabelle 4 enthält die Gesamtkosten je Betriebsstunde (Variable Kosten + umgelegte Fixe Kosten).
€ Privat (Tab. 1-4): Private Kalkulation (mit MWSt). Tabelle 4 enthält die Gesamtkosten je Betriebsstunde (Variable Kosten + umgelegte Fixe Kosten; Fixe Kosten jedoch ohne Abschreibung und ohne Zinsen).

Zenith Aircraft Zodiac CH 601 D UL

1. Sitze, Fahrwerk, Zelle		4. Belastungsdaten	
Sitzplätze	2	Leistungsbelastung	5,6 kg/PS
Fahrwerk	Fest	Flächenbelastung	37,5 kg/qm
Länge / Höhe	5,79 m / 2,08 m		
Spannweite	8,23 m	**5. Leistungsdaten**	
Flügelfläche	12,00 qm	Höchstgeschwindigkeit	240 km/h
		Reisegeschwindigkeit[1]	185 km/h
2. Propeller, Triebwerk, Verbrauch		Abreißgeschwindigkeit[4]	63 km/h
Propeller	Starr	Steigleistung	300 m/min
Triebwerk	Rotax 912 UL	Dienstgipfelhöhe	4.800 m
Triebwerkleistung	80 PS (59 kW)	Start-[5] / Landerollstrecke[6]	130 m / 100 m
Treibstoffverbrauch[1]	14,4 l/h Mogas		
		6. Transport-Kennzahlen	
3. Gewichte		Gesamtzuladung[7]	170 kg = 38 %
Leergewicht	280 kg	davon Nutzladung[2]	127 kg = 28 %
+ Nutzladung[2]	127 kg	davon Treibstoff	43 kg = 10 %
+ Treibstoff[3]	60 l = 43 kg	Reichweite[8]	678 km
= Gesamtgewicht	450 kg	Treibstoffverbrauchsindex	1,68

Kurz-Info: Ganzmetall-Tiefdecker mit 360-Grad-Rundumsicht. Auch als Spornrad-Version und mit Rotax 100 PS lieferbar.

[1] Bei 65% Leistung [2] Pilot, Passagiere, Gepäck [3] kg-Berechnung nach spezifischem Gewicht [4] Klappen 0° [5] Start- bis Abhebepunkt [6] Aufsetz- bis Stillstandpunkt [7] Anteil am Gesamtgewicht [8] Inkl. 30 Min. Reserve

Zenith Aircraft Zodiac CH 601 D — Preise & Kosten

1. Kaufpreis, Abschreibung, Restwert	€ Kaufmännisch	€ Privat
Kaufpreis (neu, Baujahr 2002)	57.272 €	66.435 €
Abschreibung in 21 Jahren	40.090 €	entfällt
Restwert nach 21 Jahren	17.182 €	entfällt
2. Fixe Kosten p.a.	**€ Kaufmännisch**	**€ Privat**
Abschreibung	1.909 €	entfällt
+ 2,5% Zins auf 50% Eigenkapital	716 €	entfällt
+ 3,75% Zins auf 50% Fremdkapital	1.074 €	entfällt
+ Versicherung (inkl. Vers.-Steuer)	2.968 €	2.968 €
+ Hangarierung	1.500 €	1.740 €
Summen Fixe Kosten	**8.167 €**	**4.708 €**
3. Variable Kosten je Betriebsstunde	**€ Kaufmännisch**	**€ Privat**
Treibstoff	16,33 €	18,94 €
+ Wartung/Reparaturen/Rücklagen	11,45 €	13,29 €
+ Betriebserschwernisse	1,11 €	1,29 €
Summen Variable Kosten	**28,90 €**	**33,52 €**
4. Gesamtkosten je Betriebsstunde	**€ Kaufmännisch**	**€ Privat**
Bei 025 Betriebsstunden p.a.	355,57 €	221,84 €
Bei 050 Betriebsstunden p.a.	192,23 €	127,68 €
Bei 075 Betriebsstunden p.a.	137,79 €	96,29 €
Bei 100 Betriebsstunden p.a.	110,56 €	80,60 €
Bei 125 Betriebsstunden p.a.	94,23 €	71,18 €
Bei 150 Betriebsstunden p.a.	83,34 €	64,90 €
Bei 175 Betriebsstunden p.a.	75,56 €	60,42 €
Bei 200 Betriebsstunden p.a.	69,73 €	57,06 €
Bei 225 Betriebsstunden p.a.	65,19 €	54,44 €
Bei 250 Betriebsstunden p.a.	61,56 €	52,35 €
Bei 275 Betriebsstunden p.a.	58,59 €	50,64 €
Bei 300 Betriebsstunden p.a.	56,12 €	49,21 €
Bei 325 Betriebsstunden p.a.	54,02 €	48,00 €
Bei 350 Betriebsstunden p.a.	52,23 €	46,97 €
Bei 375 Betriebsstunden p.a.	50,67 €	46,07 €
Bei 400 Betriebsstunden p.a.	49,31 €	45,29 €
Bei 425 Betriebsstunden p.a.	48,11 €	44,60 €
Bei 450 Betriebsstunden p.a.	47,04 €	43,98 €
Bei 475 Betriebsstunden p.a.	46,09 €	43,43 €
Bei 500 Betriebsstunden p.a.	45,23 €	42,93 €
Flugkilometer bei 300 Stunden p.a.	0,30 €	0,27 €
Sitzplatzkilometer bei 300 Stunden p.a.	0,15 €	0,13 €

€ Kaufmännisch (Tab. 1-4): Kaufmännische Kalkulation (ohne MWSt). Tabelle 4 enthält die Gesamtkosten je Betriebsstunde (Variable Kosten + umgelegte Fixe Kosten).
€ Privat (Tab. 1-4): Private Kalkulation (mit MWSt). Tabelle 4 enthält die Gesamtkosten je Betriebsstunde (Variable Kosten + umgelegte Fixe Kosten; Fixe Kosten jedoch ohne Abschreibung und ohne Zinsen).

Zenith Aircraft Zodiac CH 601 DX — UL

1. Sitze, Fahrwerk, Zelle	
Sitzplätze	2
Fahrwerk	Fest
Länge / Höhe	5,79 m / 2,08 m
Spannweite	8,23 m
Flügelfläche	12,30 qm
2. Propeller, Triebwerk, Verbrauch	
Propeller	Starr
Triebwerk	Rotax 912 UL S
Triebwerkleistung	100 PS (74 kW)
Treibstoffverbrauch[1]	18,0 l/h Mogas
3. Gewichte	
Leergewicht	285 kg
+ Nutzladung[2]	99 kg
+ Treibstoff[3]	92 l = 66 kg
= Gesamtgewicht	450 kg

4. Belastungsdaten	
Leistungsbelastung	4,5 kg/PS
Flächenbelastung	36,6 kg/qm
5. Leistungsdaten	
Höchstgeschwindigkeit	290 km/h
Reisegeschwindigkeit[1]	220 km/h
Abreißgeschwindigkeit[4]	63 km/h
Steigleistung	300 m/min
Dienstgipfelhöhe	4.800 m
Start-[5] / Landerollstrecke[6]	160 m / 130 m
6. Transport-Kennzahlen	
Gesamtzuladung[7]	165 kg = 37 %
davon Nutzladung[2]	99 kg = 22 %
davon Treibstoff	66 kg = 15 %
Reichweite[8]	1.014 km
Treibstoffverbrauchsindex	1,49

Kurz-Info: Schnellster und leistungsfähigster Tiefdecker der Zodiac-Serie mit unfangreicherer Ausstattung als 601 D.

1 Bei 65% Leistung **2** Pilot, Passagiere, Gepäck **3** kg-Berechnung nach spezifischem Gewicht **4** Klappen 0° **5** Start- bis Abhebepunkt **6** Aufsetz- bis Stillstandpunkt **7** Anteil am Gesamtgewicht **8** Inkl. 30 Min. Reserve

Zenith Aircraft Zodiac CH 601 DX — Preise & Kosten

1. Kaufpreis, Abschreibung, Restwert	€ Kaufmännisch	€ Privat
Kaufpreis (neu, Baujahr 2002)	65.341 €	75.795 €
Abschreibung in 21 Jahren	45.738 €	entfällt
Restwert nach 21 Jahren	19.602 €	entfällt
2. Fixe Kosten p.a.	**€ Kaufmännisch**	**€ Privat**
Abschreibung	2.178 €	entfällt
+ 2,5% Zins auf 50% Eigenkapital	817 €	entfällt
+ 3,75% Zins auf 50% Fremdkapital	1.225 €	entfällt
+ Versicherung (inkl. Vers.-Steuer)	3.322 €	3.322 €
+ Hangarierung	1.500 €	1.740 €
Summen Fixe Kosten	**9.042 €**	**5.062 €**
3. Variable Kosten je Betriebsstunde	**€ Kaufmännisch**	**€ Privat**
Treibstoff	20,41 €	23,68 €
+ Wartung/Reparaturen/Rücklagen	13,07 €	15,16 €
+ Betriebserschwernisse	1,34 €	1,55 €
Summen Variable Kosten	**34,82 €**	**40,39 €**
4. Gesamtkosten je Betriebsstunde	**€ Kaufmännisch**	**€ Privat**
Bei 025 Betriebsstunden p.a.	396,50 €	242,87 €
Bei 050 Betriebsstunden p.a.	215,66 €	141,63 €
Bei 075 Betriebsstunden p.a.	155,38 €	107,88 €
Bei 100 Betriebsstunden p.a.	125,24 €	91,01 €
Bei 125 Betriebsstunden p.a.	107,15 €	80,89 €
Bei 150 Betriebsstunden p.a.	95,10 €	74,14 €
Bei 175 Betriebsstunden p.a.	86,49 €	69,32 €
Bei 200 Betriebsstunden p.a.	80,03 €	65,70 €
Bei 225 Betriebsstunden p.a.	75,01 €	62,89 €
Bei 250 Betriebsstunden p.a.	70,99 €	60,64 €
Bei 275 Betriebsstunden p.a.	67,70 €	58,80 €
Bei 300 Betriebsstunden p.a.	64,96 €	57,26 €
Bei 325 Betriebsstunden p.a.	62,64 €	55,97 €
Bei 350 Betriebsstunden p.a.	60,65 €	54,85 €
Bei 375 Betriebsstunden p.a.	58,93 €	53,89 €
Bei 400 Betriebsstunden p.a.	57,42 €	53,05 €
Bei 425 Betriebsstunden p.a.	56,09 €	52,30 €
Bei 450 Betriebsstunden p.a.	54,91 €	51,64 €
Bei 475 Betriebsstunden p.a.	53,85 €	51,05 €
Bei 500 Betriebsstunden p.a.	52,90 €	50,51 €
Flugkilometer bei 300 Stunden p.a.	0,30 €	0,26 €
Sitzplatzkilometer bei 300 Stunden p.a.	0,15 €	0,13 €

€ Kaufmännisch (Tab. 1-4): Kaufmännische Kalkulation (ohne MWSt). Tabelle 4 enthält die Gesamtkosten je Betriebsstunde (Variable Kosten + umgelegte Fixe Kosten).
€ Privat (Tab. 1-4): Private Kalkulation (mit MWSt). Tabelle 4 enthält die Gesamtkosten je Betriebsstunde (Variable Kosten + umgelegte Fixe Kosten; Fixe Kosten jedoch ohne Abschreibung und ohne Zinsen).

Zenith Aircraft Zodiac CH STOL 701 D UL

1. Sitze, Fahrwerk, Zelle		4. Belastungsdaten	
Sitzplätze	2	Leistungsbelastung	5,6 kg/PS
Fahrwerk	Fest	Flächenbelastung	39,5 kg/qm
Länge / Höhe	6,10 m / 2,60 m		
Spannweite	8,22 m	**5. Leistungsdaten**	
Flügelfläche	11,40 qm	Höchstgeschwindigkeit	180 km/h
		Reisegeschwindigkeit[1]	135 km/h
2. Propeller, Triebwerk, Verbrauch		Abreißgeschwindigkeit[4]	45 km/h
Propeller	Starr	Steigleistung	240 m/min
Triebwerk	Rotax 912 UL	Dienstgipfelhöhe	4.800 m
Triebwerkleistung	80 PS (59 kW)	Start-[5] / Landerollstrecke[6]	40 m / 80 m
Treibstoffverbrauch[1]	14,4 l/h Mogas		
		6. Transport-Kennzahlen	
3. Gewichte		Gesamtzuladung[7]	175 kg = 39 %
Leergewicht	275 kg	davon Nutzladung[2]	119 kg = 26 %
+ Nutzladung[2]	119 kg	davon Treibstoff	56 kg = 12 %
+ Treibstoff[3]	78 l = 56 kg	Reichweite[8]	664 km
= Gesamtgewicht	450 kg	Treibstoffverbrauchsindex	3,16

Kurz-Info: Ganzmetall-Schulterdecker mit hervorragenden Langsamflugeigenschaften für kürzeste S/L-Strecken.

[1] Bei 65% Leistung [2] Pilot, Passagiere, Gepäck [3] kg-Berechnung nach spezifischem Gewicht [4] Klappen 0° [5] Start- bis Abhebepunkt [6] Aufsetz- bis Stillstandpunkt [7] Anteil am Gesamtgewicht [8] Inkl. 30 Min. Reserve

Zenith Aircraft Zodiac CH STOL 701 D		Preise & Kosten
1. Kaufpreis, Abschreibung, Restwert	**€ Kaufmännisch**	**€ Privat**
Kaufpreis (neu, Baujahr 2002)	46.332 €	53.745 €
Abschreibung in 21 Jahren	32.432 €	entfällt
Restwert nach 21 Jahren	13.900 €	entfällt
2. Fixe Kosten p.a.	**€ Kaufmännisch**	**€ Privat**
Abschreibung	1.544 €	entfällt
+ 2,5% Zins auf 50% Eigenkapital	579 €	entfällt
+ 3,75% Zins auf 50% Fremdkapital	869 €	entfällt
+ Versicherung (inkl. Vers.-Steuer)	2.488 €	2.488 €
+ Hangarierung	1.500 €	1.740 €
Summen Fixe Kosten	**6.980 €**	**4.228 €**
3. Variable Kosten je Betriebsstunde	**€ Kaufmännisch**	**€ Privat**
Treibstoff	16,33 €	18,94 €
+ Wartung/Reparaturen/Rücklagen	9,27 €	10,75 €
+ Betriebserschwernisse	1,02 €	1,19 €
Summen Variable Kosten	**26,62 €**	**30,88 €**
4. Gesamtkosten je Betriebsstunde	**€ Kaufmännisch**	**€ Privat**
Bei 025 Betriebsstunden p.a.	305,83 €	200,00 €
Bei 050 Betriebsstunden p.a.	166,22 €	115,44 €
Bei 075 Betriebsstunden p.a.	119,69 €	87,25 €
Bei 100 Betriebsstunden p.a.	96,42 €	73,16 €
Bei 125 Betriebsstunden p.a.	82,46 €	64,70 €
Bei 150 Betriebsstunden p.a.	73,15 €	59,07 €
Bei 175 Betriebsstunden p.a.	66,51 €	55,04 €
Bei 200 Betriebsstunden p.a.	61,52 €	52,02 €
Bei 225 Betriebsstunden p.a.	57,64 €	49,67 €
Bei 250 Betriebsstunden p.a.	54,54 €	47,79 €
Bei 275 Betriebsstunden p.a.	52,00 €	46,25 €
Bei 300 Betriebsstunden p.a.	49,89 €	44,97 €
Bei 325 Betriebsstunden p.a.	48,10 €	43,89 €
Bei 350 Betriebsstunden p.a.	46,56 €	42,96 €
Bei 375 Betriebsstunden p.a.	45,23 €	42,15 €
Bei 400 Betriebsstunden p.a.	44,07 €	41,45 €
Bei 425 Betriebsstunden p.a.	43,04 €	40,83 €
Bei 450 Betriebsstunden p.a.	42,13 €	40,27 €
Bei 475 Betriebsstunden p.a.	41,32 €	39,78 €
Bei 500 Betriebsstunden p.a.	40,58 €	39,33 €
Flugkilometer bei 300 Stunden p.a.	0,37 €	0,33 €
Sitzplatzkilometer bei 300 Stunden p.a.	0,18 €	0,17 €

€ Kaufmännisch (Tab. 1-4): Kaufmännische Kalkulation (ohne MWSt). Tabelle 4 enthält die Gesamtkosten je Betriebsstunde (Variable Kosten + umgelegte Fixe Kosten).
€ Privat (Tab. 1-4): Private Kalkulation (mit MWSt). Tabelle 4 enthält die Gesamtkosten je Betriebsstunde (Variable Kosten + umgelegte Fixe Kosten; Fixe Kosten jedoch ohne Abschreibung und ohne Zinsen).

Datenvergleich Flächenbelastung (kg/qm)

Aufsteigende Reihenfolge:
Das Flugzeug mit der geringsten Flächenbelastung steht an erster Stelle.

W.D. Sunwheel 28,1
Comco Ikarus C 22 C 29,6
Euroala Jet Fox 97 (80 PS) 30,8
Euroala Jet Fox 97 (100 PS) 30,8
FUL A22 32,1
FK Leichtflz. FK 12 Comet 33,4
Tecnam P92 Echo (80 PS) 34,1
Tecnam P92 Echo (100 PS) 34,1
Tecnam P92-S Echo (80 PS) 34,1
Tecnam P92-S Echo (100 PS) 34,1
Comco Ikarus C 42B (80 PS) 36,0
Comco Ikarus C 42B (100 PS) 36,0
Zenith Zodiac CH 601 DX 36,6
Tecnam P96 Golf (80 PS) 36,9
Tecnam P96 Golf (100 PS) 36,9
Remos G-3 Mirage (80 PS) 37,4
Remos G-3 Mirage (100 PS) 37,4
Zenith Zodiac CH 601 D 37,5
Tecnam P92-2000 RG 37,5
FUL Kappa KP 2U 37,8
FUL Kappa KPD 2U 37,8
Aeropro Euro Fox Space 39,1
FK Leichtflz. FK 09 Mark 3 Utility 39,4
FK Leichtflz. FK 09 Smart 39,4
Zenith Zodiac CH STOL 701 D 39,5
Fantasy Air Allegro 2000 39,5
Fantasy Air Allegro 2000 S 39,5
U.L.B.I. WT01 Wild Thing 40,2
Ultravia Aero Pelican 450 S 41,3
Weller UW-9 Sprint 41,3
W.D. Evolution (80 PS) 43,3
W.D. Evolution (100 PS) 43,3
W.D. Fascination (80 PS) 43,3
W.D. Fascination (100 PS) 43,3
Dynamic WT9 Club 43,7
Dynamic WT9 Club S 43,7
Dynamic WT9 SPEED 43,7
Dynamic WT9 TOW 43,7
Comco Ikarus Eurostar (80 PS) 45,7
Comco Ikarus Eurostar (100 PS) 45,7
FK Leichtflz. FK 14 Polaris 47,9
Impulse Aircraft Impulse 100 UL 48,9
Dyn Aero MCR 01 ULC 56,6
Aero Sp. z o.o. AT-3 L 100 62,6
Aero Sp. z o.o. AT-3 R 100 62,6
Dyn Aero MCR 01 VLA Club 76,0
Dyn Aero MCR 01 VLA 86,5
Dyn Aero MCR 4S 92,0

Datenvergleich Zuladung inklusive Treibstoff (kg)

Absteigende Reihenfolge:
Das Flugzeug mit der größten Zuladung steht an erster Stelle.

Dyn Aero MCR 4S 423
Dyn Aero MCR 01 VLA Club 255
Aero Sp. z o.o. AT-3 R 100 232
Dyn Aero MCR 01 VLA 230
Impulse Aircraft Impulse 100 UL 230
W.D. Sunwheel 230
Aero Sp. z o.o. AT-3 L 100 210
Comco Ikarus C 22 C 205
Comco Ikarus C 42B (80 PS) 185
Dyn Aero MCR 01 ULC 185
FK Leichtflz. FK 12 Comet 185
W.D. Evolution (80 PS) 185
Aeropro Euro Fox Space 180
Comco Ikarus C 42B (100 PS) 180
W.D. Evolution (100 PS) 180
Comco Ikarus Eurostar (80 PS) 178
FK Leichtflz. FK 09 Mark 3 Utility 177
FK Leichtflz. FK 09 Smart 177
Zenith Zodiac CH STOL 701 D 175
Dynamic WT9 Club 171
Dynamic WT9 Club S 171
Dynamic WT9 TOW 171
Zenith Zodiac CH 601 D 170
Tecnam P92 Echo (80 PS) 169
Tecnam P92 Echo (100 PS) 169
Tecnam P92-S Echo (80 PS) 169
Tecnam P92-S Echo (100 PS) 169
Tecnam P96 Golf (80 PS) 169
Tecnam P96 Golf (100 PS) 169
FUL Kappa KP 2U 168
Remos G-3 Mirage (80 PS) 166
FUL A22 165
Zenith Zodiac CH 601 DX 165
Remos G-3 Mirage (100 PS) 164
Comco Ikarus Eurostar (100 PS) 163
Fantasy Air Allegro 2000 162
Euroala Jet Fox 97 (80 PS) 160
FK Leichtflz. FK 14 Polaris 160
Ultravia Aero Pelican 450 S 160
W.D. Fascination (80 PS) 160
Weller UW-9 Sprint 160
Euroala Jet Fox 97 (100 PS) 158
Fantasy Air Allegro 2000 S 157
Tecnam P92-2000 RG 155
FUL Kappa KPD 2U 155
W.D. Fascination (100 PS) 155
U.L.B.I. WT01 Wild Thing 152
Dynamic WT9 SPEED 151

Datenvergleich
Zuladung ohne Treibstoff (kg)

Absteigende Reihenfolge:
Das Flugzeug mit der größten Zuladung steht an erster Stelle.

Flugzeug	kg
Dyn Aero MCR 4S	337
Dyn Aero MCR 01 VLA Club	197
W.D. Sunwheel	187
Aero Sp. z o.o. AT-3 R 100	182
Dyn Aero MCR 01 VLA	172
Comco Ikarus C 22 C	169
Aero Sp. z o.o. AT-3 L 100	160
Impulse Aircraft Impulse 100 UL	158
FK Leichtflz. FK 12 Comet	155
FK Leichtflz. FK 09 Mark 3 Utility	147
FK Leichtflz. FK 09 Smart	147
Aeropro Euro Fox Space	138
FUL A22	133
Comco Ikarus Eurostar (80 PS)	131
FK Leichtflz. FK 14 Polaris	130
Dyn Aero MCR 01 ULC	127
Zenith Zodiac CH 601 D	127
Fantasy Air Allegro 2000	122
FUL Kappa KP 2U	121
Dynamic WT9 Club	121
Dynamic WT9 Club S	121
Dynamic WT9 TOW	121
Zenith Zodiac CH STOL 701 D	119
Tecnam P92 Echo (80 PS)	119
Tecnam P92 Echo (100 PS)	119
Tecnam P92-S Echo (80 PS)	119
Tecnam P92-S Echo (100 PS)	119
Tecnam P96 Golf (80 PS)	119
Tecnam P96 Golf (100 PS)	119
Euroala Jet Fox 97 (80 PS)	118
Fantasy Air Allegro 2000 S	117
Ultravia Aero Pelican 450 S	117
Comco Ikarus Eurostar (100 PS)	116
Remos G-3 Mirage (80 PS)	116
Euroala Jet Fox 97 (100 PS)	116
Remos G-3 Mirage (100 PS)	114
Comco Ikarus C 42B (80 PS)	113
FUL Kappa KPD 2U	108
Comco Ikarus C 42B (100 PS)	108
Tecnam P92-2000 RG	105
W.D. Fascination (80 PS)	102
Dynamic WT9 SPEED	101
Zenith Zodiac CH 601 DX	99
W.D. Evolution (80 PS)	99
W.D. Fascination (100 PS)	97
Weller UW-9 Sprint	97
U.L.B.I. WT01 Wild Thing	94
W.D. Evolution (100 PS)	94

Datenvergleich
Reisegeschwindigkeit (km/h)

Absteigende Reihenfolge:
Das Flugzeug mit der größten Reisegeschwindigkeit bei 65% Leistung steht an erster Stelle.

Flugzeug	km/h
Dyn Aero MCR 01 VLA	257
W.D. Evolution (100 PS)	255
W.D. Fascination (100 PS)	255
Dyn Aero MCR 4S	244
W.D. Evolution (80 PS)	240
W.D. Fascination (80 PS)	240
Dyn Aero MCR 01 VLA Club	239
Dyn Aero MCR 01 ULC	238
Dynamic WT9 Club	225
Dynamic WT9 Club S	225
Dynamic WT9 SPEED	225
Dynamic WT9 TOW	225
Impulse Aircraft Impulse 100 UL	225
FUL Kappa KPD 2U	220
Tecnam P92-2000 RG	220
Zenith Zodiac CH 601 DX	220
FK Leichtflz. FK 14 Polaris	210
Tecnam P96 Golf (100 PS)	205
FUL Kappa KP 2U	200
Ultravia Aero Pelican 450 S	200
Remos G-3 Mirage (100 PS)	195
Tecnam P92-S Echo (100 PS)	195
Aero Sp. z o.o. AT-3 R 100	185
Comco Ikarus Eurostar (100 PS)	185
Remos G-3 Mirage (80 PS)	185
Tecnam P92 Echo (100 PS)	185
Tecnam P96 Golf (80 PS)	185
Zenith Zodiac CH 601 D	185
Tecnam P92-S Echo (80 PS)	180
Aero Sp. z o.o. AT-3 L 100	175
Comco Ikarus C 42B (100 PS)	175
Tecnam P92 Echo (80 PS)	175
Comco Ikarus Eurostar (80 PS)	170
Comco Ikarus C 42B (80 PS)	165
Fantasy Air Allegro 2000 S	165
FK Leichtflz. FK 09 Smart	160
Aeropro Euro Fox Space	155
FK Leichtflz. FK 09 Mark 3 Utility	155
FK Leichtflz. FK 12 Comet	155
FUL A22	150
Euroala Jet Fox 97 (100 PS)	145
Fantasy Air Allegro 2000	145
U.L.B.I. WT01 Wild Thing	145
Euroala Jet Fox 97 (80 PS)	135
Zenith Zodiac CH STOL 701 D	135
Comco Ikarus C 22 C	125
Weller UW-9 Sprint	125
W.D. Sunwheel	120

Datenvergleich Steigleistung (m/min)

Absteigende Reihenfolge:
Das Flugzeug mit der besten Steigleistung steht an erster Stelle.

Comco Ikarus Eurostar (100 PS) 480
Dyn Aero MCR 01 ULC 480
Ultravia Aero Pelican 450 S 456
FUL Kappa KPD 2U 450
Euroala Jet Fox 97 (100 PS) 420
Dyn Aero MCR 01 VLA Club 408
Comco Ikarus C 42B (100 PS) 390
Dyn Aero MCR 01 VLA 390
FUL Kappa KP 2U 390
Remos G-3 Mirage (100 PS) 390
W.D. Evolution (100 PS) 390
W.D. Fascination (100 PS) 390
Tecnam P92-2000 RG 384
Dynamic WT9 Club S 384
Dynamic WT9 SPEED 384
Dynamic WT9 TOW 384
Tecnam P92 Echo (100 PS) 384
Tecnam P92-S Echo (100 PS) 384
Weller UW-9 Sprint 378
Euroala Jet Fox 97 (80 PS) 360
Fantasy Air Allegro 2000 S 360
FK Leichtflz. FK 12 Comet 360
Impulse Aircraft Impulse 100 UL 360
Tecnam P96 Golf (100 PS) 360
Remos G-3 Mirage (80 PS) 348
Comco Ikarus Eurostar (80 PS) 330
Tecnam P92 Echo (80 PS) 330
Tecnam P92-S Echo (80 PS) 330
Dynamic WT9 Club 312
W.D. Evolution (80 PS) 310
W.D. Fascination (80 PS) 310
Aeropro Euro Fox Space 300
Comco Ikarus C 42B (80 PS) 300
Dyn Aero MCR 4S 300
Zenith Zodiac CH 601 D 300
Zenith Zodiac CH 601 DX 300
Tecnam P96 Golf (80 PS) 270
U.L.B.I. WT01 Wild Thing 260
FK Leichtflz. FK 09 Smart 258
Comco Ikarus C 22 C 240
Fantasy Air Allegro 2000 240
FK Leichtflz. FK 09 Mark 3 Utility 240
FK Leichtflz. FK 14 Polaris 240
FUL A22 240
Zenith Zodiac CH STOL 701 D 240
Aero Sp. z o.o. AT-3 R 100 222
Aero Sp. z o.o. AT-3 L 100 210
W.D. Sunwheel 210

Datenvergleich Reichweite (km)

Absteigende Reihenfolge:
Das Flugzeug mit der größten Reichweite steht an erster Stelle.

W.D. Evolution (80 PS) 1.880
W.D. Evolution (100 PS) 1.573
Dyn Aero MCR 4S 1.505
Dyn Aero MCR 01 VLA 1.299
W.D. Fascination (80 PS) 1.213
Dyn Aero MCR 01 VLA Club 1.208
Dyn Aero MCR 01 ULC 1.203
Impulse Aircraft Impulse 100 UL 1.138
Comco Ikarus C 42B (80 PS) 1.063
Zenith Zodiac CH 601 DX 1.014
W.D. Fascination (100 PS) 1.006
Dynamic WT9 Club 981
Comco Ikarus C 42B (100 PS) 885
Remos G-3 Mirage (80 PS) 807
Tecnam P96 Golf (80 PS) 807
FUL Kappa KP 2U 803
Tecnam P92-S Echo (80 PS) 785
Tecnam P92 Echo (80 PS) 763
Dynamic WT9 Club S 763
Dynamic WT9 SPEED 763
Dynamic WT9 TOW 763
Tecnam P92-2000 RG 746
Tecnam P96 Golf (100 PS) 695
FUL Kappa KPD 2U 684
Comco Ikarus Eurostar (80 PS) 682
Zenith Zodiac CH 601 D 678
Zenith Zodiac CH STOL 701 D 664
Remos G-3 Mirage (100 PS) 661
Tecnam P92-S Echo (100 PS) 661
Aero Sp. z o.o. AT-3 R 100 627
Tecnam P92 Echo (100 PS) 627
Aero Sp. z o.o. AT-3 L 100 593
Comco Ikarus Eurostar (100 PS) 576
U.L.B.I. WT01 Wild Thing 572
Ultravia Aero Pelican 450 S 567
Aeropro Euro Fox Space 547
Weller UW-9 Sprint 542
FK Leichtflz. FK 14 Polaris 508
Euroala Jet Fox 97 (80 PS) 486
Fantasy Air Allegro 2000 481
FK Leichtflz. FK 09 Smart 453
W.D. Sunwheel 440
Fantasy Air Allegro 2000 S 422
Euroala Jet Fox 97 (100 PS) 403
FUL A22 394
FK Leichtflz. FK 09 Mark 3 Utility 375
FK Leichtflz. FK 12 Comet 375
Comco Ikarus C 22 C 372

Datenvergleich
Treibstoffverbrauchsindex (TVI)

Aufsteigende Reihenfolge:
Das Flugzeug mit dem besten Treibstoffverbrauchsindex TVI steht an erster Stelle.

Dyn Aero MCR 4S	0,60
Dyn Aero MCR 01 VLA	0,87
W.D. Evolution (80 PS)	1,00
W.D. Fascination (80 PS)	1,00
Dyn Aero MCR 01 VLA Club	1,01
Dyn Aero MCR 01 ULC	1,02
W.D. Evolution (100 PS)	1,11
W.D. Fascination (100 PS)	1,11
Dynamic WT9 Club	1,14
FK Leichtflz. FK 14 Polaris	1,31
Dynamic WT9 Club S	1,42
Dynamic WT9 SPEED	1,42
Dynamic WT9 TOW	1,42
Impulse Aircraft Impulse 100 UL	1,42
FUL Kappa KP 2U	1,44
FUL Kappa KPD 2U	1,49
Tecnam P92-2000 RG	1,49
Zenith Zodiac CH 601 DX	1,49
Remos G-3 Mirage (80 PS)	1,68
Tecnam P96 Golf (80 PS)	1,68
Zenith Zodiac CH 601 D	1,68
Tecnam P96 Golf (100 PS)	1,71
Tecnam P92-S Echo (80 PS)	1,78
Ultravia Aero Pelican 450 S	1,80
Tecnam P92 Echo (80 PS)	1,88
Remos G-3 Mirage (100 PS)	1,89
Tecnam P92-S Echo (100 PS)	1,89
FK Leichtflz. FK 09 Smart	1,97
Comco Ikarus Eurostar (80 PS)	1,99
Aero Sp. z o.o. AT-3 R 100	2,10
Comco Ikarus Eurostar (100 PS)	2,10
Tecnam P92 Echo (100 PS)	2,10
Comco Ikarus C 42B (80 PS)	2,12
Aero Sp. z o.o. AT-3 L 100	2,35
Comco Ikarus C 42B (100 PS)	2,35
Aeropro Euro Fox Space	2,40
FK Leichtflz. FK 09 Mark 3 Utility	2,40
FK Leichtflz. FK 12 Comet	2,40
FUL A22	2,56
Fantasy Air Allegro 2000 S	2,64
Fantasy Air Allegro 2000	2,74
Euroala Jet Fox 97 (80 PS)	3,16
Zenith Zodiac CH STOL 701 D	3,16
Euroala Jet Fox 97 (100 PS)	3,42
U.L.B.I. WT01 Wild Thing	3,42
Comco Ikarus C 22 C	3,69
W.D. Sunwheel	4,00
Weller UW-9 Sprint	4,61

Kostenvergleich
Anschaffungspreise ohne MWSt (€)

Aufsteigende Reihenfolge:
Das Flugzeug mit dem niedrigsten Anschaffungspreis ohne MWSt steht an erster Stelle.

Comco Ikarus C 22 C	45.183 €
Zenith Zodiac CH STOL 701 D	46.332 €
Aeropro Euro Fox Space	49.093 €
Euroala Jet Fox 97 (80 PS)	50.834 €
FUL A22	51.281 €
FK Leichtflz. FK 09 Mark 3 Utility	51.388 €
Euroala Jet Fox 97 (100 PS)	52.263 €
Comco Ikarus C 42B (80 PS)	52.554 €
Fantasy Air Allegro 2000	53.087 €
FK Leichtflz. FK 09 Smart	53.780 €
Comco Ikarus C 42B (100 PS)	54.234 €
Fantasy Air Allegro 2000 S	54.724 €
W.D. Sunwheel	55.137 €
Zenith Zodiac CH 601 D	57.272 €
Tecnam P92 Echo (80 PS)	58.724 €
FK Leichtflz. FK 12 Comet	59.468 €
Tecnam P92 Echo (100 PS)	60.177 €
Tecnam P92-S Echo (80 PS)	61.440 €
U.L.B.I. WT01 Wild Thing	61.995 €
Tecnam P92-S Echo (100 PS)	62.892 €
Weller UW-9 Sprint	62.957 €
Zenith Zodiac CH 601 DX	65.341 €
Tecnam P96 Golf (80 PS)	67.776 €
Tecnam P96 Golf (100 PS)	69.228 €
FK Leichtflz. FK 14 Polaris	69.507 €
Comco Ikarus Eurostar (80 PS)	73.428 €
FUL Kappa KP 2U	73.460 €
Remos G-3 Mirage (80 PS)	74.475 €
Dynamic WT9 Club	75.297 €
FUL Kappa KPD 2U	76.275 €
Tecnam P92-2000 RG	77.009 €
Comco Ikarus Eurostar (100 PS)	77.082 €
Dynamic WT9 Club S	77.922 €
Remos G-3 Mirage (100 PS)	78.045 €
Dynamic WT9 TOW	79.461 €
Ultravia Aero Pelican 450 S	79.462 €
Impulse Aircraft Impulse 100 UL	80.620 €
W.D. Fascination (80 PS)	84.542 €
W.D. Fascination (100 PS)	85.885 €
Dynamic WT9 SPEED	86.793 €
W.D. Evolution (80 PS)	90.394 €
W.D. Evolution (100 PS)	91.736 €
Dyn Aero MCR 01 ULC	93.039 €
Dyn Aero MCR 01 VLA	93.388 €
Aero Sp. z o.o. AT-3 L 100	97.644 €
Aero Sp. z o.o. AT-3 R 100	97.644 €
Dyn Aero MCR 01 VLA Club	98.185 €
Dyn Aero MCR 4S	134.211 €

Kostenvergleich
Betriebsstunde bei 300 h/p.a. (€)
(Kaufmännisch ohne MWSt)

Aufsteigende Reihenfolge:
Das Flugzeug mit den niedrigsten Kosten je Betriebsstunde ohne MWSt steht an erster Stelle.

Flugzeug	Kosten
Comco Ikarus C 22 C	49,23 €
Zenith Zodiac CH STOL 701 D	49,89 €
Aeropro Euro Fox Space	51,46 €
FK Leichtflz. FK 09 Smart	52,26 €
Euroala Jet Fox 97 (80 PS)	52,45 €
FUL A22	52,71 €
FK Leichtflz. FK 09 Mark 3 Utility	52,77 €
Comco Ikarus C 42B (80 PS)	53,43 €
Fantasy Air Allegro 2000	53,73 €
W.D. Sunwheel	54,90 €
Zenith Zodiac CH 601 D	56,12 €
Tecnam P92 Echo (80 PS)	56,95 €
FK Leichtflz. FK 12 Comet	57,37 €
Euroala Jet Fox 97 (100 PS)	57,51 €
Tecnam P92-S Echo (80 PS)	58,49 €
Comco Ikarus C 42B (100 PS)	58,63 €
Fantasy Air Allegro 2000 S	59,23 €
Tecnam P92 Echo (100 PS)	62,02 €
Tecnam P96 Golf (80 PS)	62,10 €
U.L.B.I. WT01 Wild Thing	63,05 €
FK Leichtflz. FK 14 Polaris	63,09 €
Tecnam P92-S Echo (100 PS)	63,56 €
Weller UW-9 Sprint	63,60 €
Zenith Zodiac CH 601 DX	64,96 €
Comco Ikarus Eurostar (80 PS)	65,32 €
Remos G-3 Mirage (80 PS)	65,92 €
FUL Kappa KP 2U	65,96 €
Dynamic WT9 Club	66,70 €
Tecnam P96 Golf (100 PS)	67,17 €
Comco Ikarus Eurostar (100 PS)	71,65 €
W.D. Fascination (80 PS)	71,65 €
FUL Kappa KPD 2U	71,90 €
Tecnam P92-2000 RG	71,96 €
Remos G-3 Mirage (100 PS)	72,19 €
Dynamic WT9 Club S	72,48 €
Ultravia Aero Pelican 450 S	73,36 €
Impulse Aircraft Impulse 100 UL	73,66 €
Dynamic WT9 TOW	73,73 €
W.D. Evolution (80 PS)	74,98 €
Dyn Aero MCR 01 ULC	76,49 €
W.D. Fascination (100 PS)	76,66 €
Dynamic WT9 SPEED	77,93 €
W.D. Evolution (100 PS)	79,99 €
Dyn Aero MCR 01 VLA	97,45 €
Dyn Aero MCR 01 VLA Club	101,20 €
Aero Sp. z o.o. AT-3 L 100	105,06 €
Aero Sp. z o.o. AT-3 R 100	105,06 €
Dyn Aero MCR 4S	136,07 €

Kostenvergleich
Betriebsstunde bei 300 h/p.a. (€)
(Privat inklusive MWSt)

Aufsteigende Reihenfolge:
Das Flugzeug mit den niedrigsten Kosten je Betriebsstunde inkl. MWSt steht an erster Stelle.

Flugzeug	Kosten
Comco Ikarus C 22 C	44,53 €
Zenith Zodiac CH STOL 701 D	44,97 €
FK Leichtflz. FK 09 Smart	45,69 €
Aeropro Euro Fox Space	46,04 €
Euroala Jet Fox 97 (80 PS)	46,72 €
FUL A22	46,89 €
FK Leichtflz. FK 09 Mark 3 Utility	46,93 €
Comco Ikarus C 42B (80 PS)	47,38 €
Fantasy Air Allegro 2000	47,59 €
W.D. Sunwheel	48,38 €
Zenith Zodiac CH 601 D	49,21 €
Tecnam P92 Echo (80 PS)	49,77 €
FK Leichtflz. FK 12 Comet	50,06 €
Tecnam P92-S Echo (80 PS)	50,83 €
Euroala Jet Fox 97 (100 PS)	52,20 €
Comco Ikarus C 42B (100 PS)	52,96 €
Tecnam P96 Golf (80 PS)	53,28 €
Fantasy Air Allegro 2000 S	53,51 €
FK Leichtflz. FK 14 Polaris	53,95 €
Tecnam P92 Echo (100 PS)	55,26 €
Comco Ikarus Eurostar (80 PS)	55,47 €
Remos G-3 Mirage (80 PS)	55,88 €
U.L.B.I. WT01 Wild Thing	55,97 €
FUL Kappa KP 2U	56,21 €
Tecnam P92-S Echo (100 PS)	56,31 €
Weller UW-9 Sprint	56,34 €
Dynamic WT9 Club	56,56 €
Zenith Zodiac CH 601 DX	57,26 €
Tecnam P96 Golf (100 PS)	58,77 €
W.D. Fascination (80 PS)	59,78 €
Comco Ikarus Eurostar (100 PS)	61,81 €
W.D. Evolution (80 PS)	62,05 €
Remos G-3 Mirage (100 PS)	62,19 €
Tecnam P92-2000 RG	62,20 €
FUL Kappa KPD 2U	62,33 €
Dynamic WT9 Club S	62,56 €
Dyn Aero MCR 01 ULC	63,07 €
Ultravia Aero Pelican 450 S	63,16 €
Impulse Aircraft Impulse 100 UL	63,19 €
Dynamic WT9 TOW	63,58 €
W.D. Fascination (100 PS)	65,23 €
Dynamic WT9 SPEED	66,45 €
W.D. Evolution (100 PS)	67,49 €
Dyn Aero MCR 01 VLA	87,17 €
Dyn Aero MCR 01 VLA Club	90,21 €
Aero Sp. z o.o. AT-3 L 100	94,84 €
Aero Sp. z o.o. AT-3 R 100	94,84 €
Dyn Aero MCR 4S	120,54 €

Kapitel 4
Bauvorschriften für dreiachsgesteuerte Ultraleichtflugzeuge

Erläuterung

Die folgenden Lufttüchtigkeitsforderungen für dreiachsgesteuerte Ultraleichtflugzeuge geben dem Ultraleichtflugzeug-Piloten einen Überblick, nach welchen Kriterien UL gebaut werden müssen, damit die Verwendung für den beabsichtigten Zweck unbedenklich ist und die Sicherheit des Luftverkehrs sowie die öffentliche Sicherheit und Ordnung nicht gefährdet werden.

Dazu gehören Vorschriften für ein sicheres Betriebsverhalten, die Festigkeit, die Gestaltung und Bauausführung, die Triebwerksanlage, die Ausrüstung, die Betriebsgrenzen, die Motoren und die Propeller.

Abb. 4.1: Eine solide und robuste Bauausführung für vielfältige Einsatzzwecke ist kennzeichnend für die G-3 Mirage von Remos (Quelle: Remos).

Lufttüchtigkeitsforderungen für dreiachsgesteuerte Ultraleicht-Flugzeuge

DFS Deutsche Flugsicherung
NfL II - 72/99 vom 21. Juni 1999,
Nachrichten für Luftfahrer
Offenbach a.M., 15. Juli 1999

Bekanntmachung von Lufttüchtigkeitsforderungen für dreiachsgesteuerte Ultraleicht-Flugzeuge (3-achs UL)

Nachstehend gibt das Luftfahrt-Bundesamt die vom Deutschen Aero Club (DAeC) verfaßten Lufttüchtigkeitsforderungen für dreiachsgesteuerte Ultraleicht-Flugzeuge (3-achs UL) bekannt.

Braunschweig, den 21.6.99 / M 315/99

A. ALLGEMEINES

1. Zweck

Diese Bauvorschrift legt Mindestforderungen für die unter Punkt 2 genannten UL-Flugzeuge fest, die sicherstellen sollen, daß die Verwendung des UL-Flugzeugs für den beabsichtigten Zweck unbedenklich ist und die Sicherheit des Luftverkehrs sowie die öffentliche Sicherheit und Ordnung nicht gefährdet werden.

2. Anwendbarkeit

Diese Bauvorschriften sind anzuwenden auf UL-Flugzeuge,

(1) deren Abflugmasse nicht mehr als 450 kg beträgt und

(2) deren Mindestgeschwindigkeit V_{S0} nicht größer ist als 65 km/h.

3. Inhalt und Form

a) Die Bauvorschriften sind nach Gebieten in mit fortlaufenden Buchstaben bezeichnete Abschnitte gekennzeichnet.

b) Das Inhaltsverzeichnis gibt eine Aufzählung der in den Abschnitten behandelten Gebiete.

c) Die Numerierung der Kapitel/Absätze erfolgt mit ansteigender Buchstaben-/Ziffernfolge.

d) Wenn im Sinne dieser Forderungen Begriffe eine besondere Bedeutung haben, werden an den entsprechenden Stellen Definitionen gegeben.

B. BETRIEBSVERHALTEN

I. Allgemeines

1. Führung der Nachweise

(a) Jede Forderung dieses Abschnittes muß für die ungünstigste Masse- und Schwerpunktlagenkombination innerhalb des Bereichs der Beladungszustände, für die die Zulassung beantragt wird, durch Versuche mit einem Flugzeug als Muster erfüllt werden.

(b) Der Nachweis muß für alle Zustandsformen, in denen das Flugzeug betrieben werden soll, erbracht werden - soweit nichts anderes angegeben ist.

Anmerkung: In diesem Abschnitt B sind nicht alle für den Nachweis der Übereinstimmung geforderten Flugversuche erfaßt.

Erläuterungen zu Punkt 1:

1. Instrumentierung für Flugversuche
a) Für die Versuche sollte das Flugzeug mit geeigneten Geräten ausgerüstet sein, die es gestatten, in einfacher Weise die notwendigen Messungen und Beobachtungen auszuführen.
b) In einem frühen Versuchsstadium sollte die Meßgenauigkeit der Instrumente sowie deren Korrekturkurven ermittelt werden. Dabei sollte besonders auf die Fehlanzeige des Fahrtmessersystems geachtet werden, wobei auch der Einfluß der jeweiligen Zustandsform des Flugzeugs berücksichtigt werden sollte.

2. Vor den Flugversuchen sollten folgende Bodenversuche durchgeführt werden:
a) Triebwerksprüflauf gemäß Erläuterung zu Abschnitt E Punkt 2.
b) Messung des max. Ausschlags der Steuerflächen, Flügel, Klappen und deren Betätigungsorgane.

3. Funktionsversuche

Vor Beginn der Flugversuche sollten alle Bodenfunktionsversuche durchgeführt worden sein.

2. Grenzen der Lastverteilung

(a) Die Masse- und Schwerpunktsbereiche, innerhalb derer das Flugzeug sicher betrieben werden kann, müssen vom Antragsteller festgelegt werden.

(b) Der Schwerpunktbereich darf nicht kleiner sein als derjenige, der sich ergibt, wenn für jeden Insassen eine Mindestmasse von 60 kg und eine Höchstmasse von 90 kg jeweils unter Berücksichtigung der ungünstigsten Zuladung von Kraftstoff und Gepäck zugrunde gelegt wird.

Flugzeugführermassen von weniger als 75 kg können durch Ballast ausgeglichen werden.

3. Massegrenzen - Höchstmasse

Die Höchstmasse muß so festgelegt werden, daß sie

(1) nicht größer ist als -

(i) die größte Masse, die der Antragsteller vorgeschlagen hat.

(ii) Die Bemessungs-Höchstmasse, welche die größte Masse ist, bei der der Nachweis für alle anwendbaren festigkeitsmäßigen Belastungsbedingungen und der Nachweis der Übereinstimmung mit jeder anwendbaren Forderung an das Betriebsverhalten geführt wird;

(2) nicht kleiner ist als die Masse, die sich aus der Leermasse incl. der geforderten Mindestausrüstung des Flugzeugs zuzüglich einer Insassenmasse von mindestens 90 kg für ein einsitziges Flugzeug oder einer Insassenmasse von mindestens 180 kg für ein doppelsitziges Flugzeug zuzüglich eines Kraftstoffvorrates für eine halbe Stunde Reiseflug bei max. Dauerleistung des Triebwerks.

4. Leermasse und zugehörige Schwerpunktlage

(1) Die Leermasse und die zugehörige Schwerpunktslage müssen durch Wägung des Flugzeuges

a) mit -

(i) festeingebautem Ballast
(ii) geforderter Mindestausrüstung
(iii) nichtausfliegbarem Kraftstoff, wo anwendbar der Höchstmenge Öl, und wo anwendbar, Hydraulikflüssigkeit

b) ohne -

(i) die Masse des (der) Insassen,
(ii) andere leicht entfernbare Teile der Beladung ermittelt werden.

(2) Der Zustand des Flugzeuges zur Zeit der Bestimmung der Leermasse muß genau definiert und ohne Schwierigkeiten wieder herstellbar sein.

II. Flugleistungen

1. Allgemeines

Der Nachweis der Übereinstimmung mit den Leistungsforderungen dieses Abschnittes muß mit der Höchstmasse und bezogen auf Windstille unter Zugrundelegung der Normalatmosphäre in Meereshöhe geführt werden.

2. Überziehgeschwindigkeit

(a) V_{S0} ist die Überziehgeschwindigkeit (IAS), falls erfliegbar, oder die kleinste stetige Geschwindigkeit, bei der das Flugzeug noch steuerbar ist, wobei der Motor sich im Leerlauf befindet (Drossel geschlossen) oder abgestellt ist. Maßgebend ist die Zustandsform, aus der sich der höhere Wert für die V_{S0} ergibt, und

(1) das Flugzeug sich in der Landezustandsform befindet, und

(2) die Masse der Höchstmasse entspricht.

(b) V_{S1} ist die Überziehgeschwindigkeit (IAS), falls erfliegbar, oder die geringste stetige Geschwindigkeit, bei der der Motor sich im Leerlauf (Drossel geschlossen) befindet oder abgestellt ist, und

(1) sich das Flugzeug in der Zustandsform befindet, die während des Versuchs besteht, in dem V_{S1} verwendet wird und

(2) die Masse der Höchstmasse entspricht.

(c) V_{S0} und V_{S1} müssen durch Flugversuche nach dem im Abschnitt B, V.1 festgelegten Verfahren bestimmt werden.

3. Start

Die Startstrecke für Höchstmasse und Windstille vom Stillstand bis zum Erreichen einer Höhe von 15 m muß für einen Start auf trockenem, ebenem, kurzgemähtem Grasboden ermittelt werden. Sie darf höchstens 300 m betragen.

Erläuterungen zu 3:
Die im Flughandbuch angegebene Strecke sollte der aus sechs Nachweisflügen gebildete Mittelwert sein.

4. Steigflug

Die beste Steiggeschwindigkeit muß nach der Korrektur auf Normalatmosphäre in Meereshöhe mit

(a) nicht mehr als Startleistung,

(b) eingezogenem Fahrwerk,

(c) max. Flugmasse

(d) Klappen in der für den Steigflug vorgesehenen Stellung und ohne Überschreitung jeglicher festgelegter Temperaturgrenzen mehr als 1,5 m/s betragen.

III. Steuerbarkeit und Wendigkeit

1. Allgemeines

(a) Das Flugzeug muß

(1) im Start mit höchster Startleistung

(2) im Steigflug

(3) im Horizontalflug

(4) im Sinkflug

(5) bei der Landung mit und ohne Motorleistung und

(6) bei plötzlichem Motorausfall

sicher steuerbar und manövrierfähig sein.

(b) Es muß unter allen wahrscheinlichen Betriebsbedingungen ohne außergewöhnliche fliegerische Geschicklichkeit, Wachsamkeit und Kraftanstrengung des Flugzeugführers und ohne Gefahr des Überschreitens des sicheren Lastvielfachen bei jeder zulässigen Leistungseinstellung und eines plötzlichen Motorausfalles möglich sein, einen weichen Übergang von einem Flugzustand in einen anderen (einschl. Kurvenflug, falls aufgrund der Konfiguration möglich) durchzuführen. Leichte Abweichungen vom empfohlenen Verfahren dürfen nicht zu unsicheren Flugzuständen führen.

(c) Alle ungewöhnlichen Flugeigenschaften, die während der Flugversuche zum Nachweis der Übereinstimmung mit den Forderungen an das Betriebsverhalten beobachtet werden und alle durch Regen verursachten merklichen Veränderungen der Flugeigenschaften müssen bei jeder zulässigen Leistungseinstellung des Motors ermittelt werden.

(d) Erscheinen die aufzubringenden Flugzeugführerkräfte unüblich hoch, muß die Einhaltung der Grenzwerte der Flugzeugführerkräfte durch quantitative Versuche nachgewiesen werden. Auf keinen Fall dürfen die Höchstwerte die in der folgenden Tabelle für herkömmliche Drei-Achsen-Steuerungen vorgeschriebenen Grenzen überschreiten. Diese Forderung muß bei jeder zulässigen Leistungseinstellung des Motors erfüllt werden.

Abb. 4.2: Flugzeugführerkräfte.

(e) Der dem Flugzeugführer zur Verfügung stehende Ausschlag der Steuerflächen und Hilfsruder darf sich unter keiner Bedingung durch elastische Dehnung der Steuerung soweit verringern, daß das UL-Flugzeug schwierig zu beherrschen ist.

Erläuterung zu Punkt III. 1 (d)
Bei Steuerung durch Gewichtsverlagerung und anderen unkonventionellen Steuerungsanlagen ist der Flugzeugführer möglicherweise nicht in der Lage, die in der Tabelle angegebenen Flugzeugführerkräfte aufzubringen. In solchen Fällen müssen die Flugzeugführerkräfte für kurzzeitige und längere Betätigung mit der Musterprüfstelle abgesprochen werden.

2. Höhensteuerung

(a) Ausgehend von jeder Geschwindigkeit unter 1,3 V_{S1} muß es möglich sein, durch Betätigen der Höhensteuerung die Längsneigung so zu ändern, daß das Flugzeug rasch auf 1,3 V_{S1} beschleunigt wird.

(1) Versuchsbedingungen: Alle möglichen Zustandsformen und Motorleistungen, wobei das Flugzeug auf 1,3 V_{S1} getrimmt ist (wenn eine Trimmung vorgesehen ist).

(b) Es muß innerhalb der jeweiligen Betriebsgrenzen möglich sein, die Zustandsform (Fahrwerk, Flügelklappen, Motorleistung usw.) zu ändern, ohne daß es besonderer Geschicklichkeit des Flugzeugführers bedarf und ohne

	Höhensteuerung	Quersteuerung	Seitensteuerung	Flügelklappen, Fahrwerk
	daN	daN	daN	daN
a) kurzzeitige Betätigung	20	10	40	10
b) längere Betätigung	2	1,5	10	

daß die in Abschnitt B, Punkt III. 1(d) festgelegten Steuerkräfte überschritten werden.

(c) Es muß bei V_{DF} für alle zulässigen Schwerpunktlagen und Motorleistungen möglich sein, das Flugzeug aus dem Bahnneigungsflug sicher abzufangen.

3. Quer- und Seitensteuerung

Es muß bei einer entsprechenden Betätigung der Steuerung möglich sein, aus einer Kurve mit 30° Querneigung in eine entgegengesetzte Kurve in 5 Sekunden überzuwechseln, wenn die Kurven mit einer Geschwindigkeit von 1,3 V_{S1} und V_{NE} und, falls anwendbar, mit ausgefahrenem Fahrwerk und ausgefahrenen Flügelklappen geflogen werden.

4. Höhensteuerhandkraft in Manövern

Das Flugzeug muß eine Höhensteuerkraft aufweisen, die im Kurvenflug oder beim Abfangen aus Manövern bei gleichbleibender Geschwindigkeit mit dem Lastvielfachen ansteigt.

Bei unkonventionellen Steuerungslagen soll der geringste Wert dieser Kraft, um dem Flugzeug eine Anfangsbeschleunigung zu geben, durch die die sichere Last auf die Struktur aufgebracht würde, nicht kleiner sein als 5 N, und zwar bei allen Geschwindigkeiten, bei denen die geforderte Abfangbeschleunigung, ohne zu überziehen, mit Flügelklappen und falls anwendbar, Fahrwerk eingefahren, erreicht werden kann.

Für Flugzeuge, die durch Gewichtsverlagerung gesteuert werden, muß die Steuerkraft zur Erlangung der sicheren Last mit der Musterprüfstelle vereinbart werden.

5. Trimmung

Die Geschwindigkeiten zur Erzielung eines ausgetrimmten Gleichgewichtszustandes um alle 3 Achsen müssen bei allen Motorleistungen und äußersten Schwerpunktlagen zwischen 1,3 V_{S1} und 2 V_{S1} liegen.

IV. Stabilität

1. Allgemeines

Das Flugzeug muß die Bedingungen gemäß Absatz IV, Punkt 1-4 einschließlich erfüllen. Zusätzlich muß es ausreichende Stabilität und „Steuergefühl" unter allen normalerweise auftretenden Betriebsbedingungen aufweisen.

2. Statische Längsstabilität

Unter allen denkbaren Geschwindigkeitsbereichen muß die Steigerung der Kurve „Steuerkraft über Geschwindigkeit" positiv und so groß sein, daß jede wesentliche Geschwindigkeitsänderung eine Änderung der Steuerkraft erzeugt, die von dem Flugzeugführer deutlich wahrgenommen werden kann.

3. Nachweis der statischen Längsstabilität

Ausreichende statische Längsstabilität muß durch eine Untersuchung auf einem geeigneten Testfahrzeug nachgewiesen werden, es sei denn, die Bauweise des UL-Flugzeuges erlaubt einen einwandfreien, theoretischen oder vergleichenden Nachweis. Die anerkannte Stelle entscheidet über die Art des Nachweises.

4. Quer- und Richtungsstabilität

(a) Befindet sich das Flugzeug in einem steigen Geradeausflug, so muß jedem vergrößerten Querruderausschlag eine Zunahme des Schiebewinkels entsprechen, wenn Quersteuer und Seitensteuer stetig gekreuzt werden. Dieses Verhalten braucht nicht einem linearen Gesetz zu folgen.

(b) Im Seitengleitflug darf jegliche Steuerkraftumkehr nicht so groß werden, daß die Steuerung des Flugzeuges eine außergewöhnliche fliegerische Geschicklichkeit des Flugzeugführers erfordert.

5. Dynamische Stabilität

Alle zwischen der Überziehgeschwindigkeit und V_{DF} auftretenden kurzperiodischen Schwingungen mit

(a) loser und

(b) fester Hauptsteuerung müssen stark gedämpft sein.

Diese Forderung muß bei allen zulässigen Motorleistungen erfüllt werden.

V. Überziehen

1. Überziehverhalten bei waagerecht gehaltenen Tragfügeln

Das Überziehverhalten muß für die vordere und hintere Grenze der Schwerpunktlage und die in Abschnitt I Punkt 3 festgelegten Höchst- und Mindestmassen untersucht werden.

(a) Überziehversuche müssen durchgeführt werden, indem die Geschwindigkeit ausgehend vom horizontalen Geradeausflug je Sekunde um etwa 2 km/h (1 kt) vermindert wird, bis entweder der überzogene Flugzustand erreicht ist, er sich durch ein nicht unmittelbar steuerbares Abkippen nach vorn oder über einen Flügel anzeigt, oder bis die Höhensteuerung zum Anschlag kommt. Bis zum Erreichen des überzogenen Zustandes muß es möglich sein, durch Betätigung der Steuerung Rollen und Gieren im Sinne des entsprechenden Steuerausschlages zu erzeugen und zu korrigieren.

(b) Bei der Wiederherstellung des normalen Flugzustandes muß es unter normaler Verwendung der Steuerung möglich sein, mehr als 20° Querneigung zu verhindern. Das Flugzeug darf dabei keine nichtbeherrschbare Neigung zum Trudeln aufweisen.

(c) Der Höhenverlust vom Beginn des überzogenen Flugzustandes bis zur Wiederherstellung des Horizontalfluges unter Anwendung üblicher Verfahren und die maximale Längsneigung nach dem Abkippen gegenüber dem Horizont müssen ermittelt werden.

(d) Der Nachweis der Erfüllung der Forderungen der Absätze (a) bis (c) dieses Abschnittes muß unter folgenden Bedingungen erbracht werden.

(1) Flügelklappen in jeder Stellung

(2) Fahrwerk eingefahren und ausgefahren

(3) Flugzeug auf 1,4 V_{S1} ausgetrimmt (falls mit Trimmung versehen)

(4) Motorleistung

- Leerlauf und
- höchste Dauerleistung.

Erläuterungen zu V.1. (c)
Der beim Überziehen auftretende Höhenverlust ist der Unterschied zwischen der Höhe, in der

der überzogene Flugzustand eintritt und der Höhe, in der der Horizontalflug wieder erreicht ist.

2. Überziehen im Kurvenflug

(a) Beim Überziehen in einer sauber geflogenen Kurve mit 30° Querneigung muß es möglich sein, den normalen Horizontalflug wiederherzustellen, ohne daß eine nicht beherrschbare Rollbewegung oder eine nichtbeherrschbare Neigung zum Trudeln auftritt.

(b) Der Höhenverlust vom Beginn des überzogenen Flugzustandes bis zur Wiederherstellung des Horizontalfluges unter Anwendung üblicher Verfahren muß ermittelt werden. Diese Forderung muß mit unter den in Abschnitt B, Absatz V, Punkt 1 (d) (1) und (4) vorgeschriebenen Bedingungen erfüllt werden.

Erläuterungen zu 2. (a)
Die Rollbewegung wird als nicht beherrschbar betrachtet, wenn das Flugzeug um mehr als weitere 30° in Kurvenrichtung rollt.

3. Überziehwarnung

(a) Auf die Überziehwarnung kann verzichtet werden, wenn beim Überziehen aus dem Geradeausflug -

(1) es möglich ist, eine Rollbewegung mit der Quersteuerung zu erzeugen und zu korrigieren, während die Seitensteuerung in Nullstellung gehalten wird;

(2) kein nennenswertes Abkippen über einem Tragflügel auftritt, wenn Seiten- und Quersteuerung in Neutralstellung gehalten werden.

(b) In einem Flugzeug, das die Bedingungen unter (a) nicht erfüllt -

(1) muß sowohl im Geradeausflug als auch im Kurvenflug, wobei sich Flügelklappen und Fahrwerk in jeder normalen Stellung befinden können, eine deutliche und unmißverständliche Überziehwarnung vorhanden sein;

(2) darf die Überziehwarnung nicht bei normalen Betriebsgeschwindigkeiten erfolgen, muß jedoch rechtzeitig vor dem Erreichen des überzogenen Flugzustandes einsetzen, so daß der Flugzeugführer den Horizontalflug wieder herstellen kann.

(3) Die Überziehwarnung kann entweder durch die dem Flugzeug innewohnenden aerodynamischen Eigenschaften (z.B. Schütteln) oder durch eine Einrichtung, die das Überziehen klar erkennbar anzeigt, erfolgen.

VI. Verhalten am Boden

1. Richtungsstabilität und Steuerbarkeit

Bei keiner beim Betrieb des Flugzeuges am Boden zu erwartenden Geschwindigkeit darf eine nicht beherrschbare Neigung zum Ausbrechen bestehen, und während des Rollens muß das Flugzeug eine ausreichende Richtungssteuerbarkeit haben.

2. Start und Landung bei Seitenwind

Die Fähigkeit des Flugzeuges, bei Seitenwind sicher zu starten und zu landen, muß untersucht werden. Auf der Grundlage der Ergebnisse dieser Versuche sind im Handbuch Anweisungen für den Betrieb bei Seitenwind zu geben.

VII. Sonstige Forderungen an das Betriebsverhalten

1. Schwingungen und Schütteln

Bei allen Geschwindigkeiten bis V_{DF} muß jedes Teil des Flugzeuges frei von übermäßigen Schwingungen sein. Außerdem darf in keinem normalen Flugzustand Schütteln auftreten, das so heftig ist, daß die Steuerbarkeit des Flugzeuges auf unzulässige Weise beeinträchtigt, die Besatzung übermäßig ermüdet oder der Festigkeitsverband beschädigt wird. Schütteln als Überziehwarnung innerhalb dieser Grenzen ist erlaubt.

Diese Forderung muß mit stehendem und mit laufendem Motor bei allen zulässigen Motorleistungen erfüllt werden.

2. Verhinderung von Flattern und Festigkeit der Struktur

(a) Das Flugzeug muß in allen Zustandsformen und bei jeder zulässigen Geschwindigkeit bis mindestens V_D frei von Flattern, aerodynamischem Auskippen (Divergenz) und Ruderwirkungsumkehr sein. Die Steuerung und Stabilität des Flugzeuges darf gegenüber strukturellen Verformungen nicht in gefährlicher Weise empfindlich sein. Im Bereich der zulässigen Geschwindigkeiten muß ferner ausreichende Dämpfung vorhanden sein, so daß aeroelastische Schwingungen rasch abklingen.

(b) Der Nachweis der Übereinstimmung mit den Forderungen des Absatzes (a) muß wie folgt erbracht werden:

(1) Durch systematische Versuche zur Flatteranregung im Fluge bei Geschwindigkeiten bis zu V_{DF}. Diese Versuche müssen zeigen, daß bei Annäherung an V_{DF} keine Abnahme der Dämpfung erfolgt,

(2) durch Versuchsflüge, in denen nachgewiesen wird, daß bei Annäherung an V_{DF}

(i) die Steuerwirkung um alle drei Achsen nicht ungewöhnlich rasch abfällt und
(ii) sich aus dem Verlauf der statischen Stabilitäten und Trimmlagen keine Anzeichen eines bevorstehenden Auskippens von Flügeln, Leitwerken und Rumpf ergeben.

C. FESTIGKEIT

I. Allgemeines

1. Lasten

(a) Die Festigkeitsforderungen sind durch die Angabe von sicheren Lasten (die höchsten im Betrieb zu erwartenden Lasten) und Bruchlasten (die sicheren Lasten multipliziert mit den vorgeschriebenen Sicherheitszahlen) festgelegt. Wenn nicht anders angegeben, sind die festgelegten Lasten „sichere Lasten".

(b) Wenn nicht anders angegeben, sind die Luft- und Bodenlasten jeweils mit den Massenkräften ins Gleichgewicht zu setzen, wobei alle größeren Einzelmassen des Flugzeugs zu berücksichtigen sind. Die Lasten müssen so verteilt werden, daß die Verteilung entweder den tatsächlichen Verhältnissen entspricht, oder diese auf der sicheren Seite liegend annähert.

(c) Wenn die Verteilung der äußeren Lasten und der inneren Kräfte durch Verformungen unter Last wesentlich geändert wird, muß die geänderte Verteilung berücksichtigt werden.

2. Sicherheitszahl

(a) Als Sicherheitszahl muß 1,5 eingesetzt werden, wenn kein anderer Wert angegeben ist.

(b) Die Sicherheitszahl ist mit einem Sicherheitsvielfachen zu multiplizieren, wenn:

(i) Unsicherheit über die Festigkeit eines Teiles besteht,
(ii) ein Festigkeitsverlust im Laufe der Zeit vor Austausch erwartet werden muß

oder
(iii) genaue Festigkeitsdaten aufgrund unbekannter Herstellungs- und Prüfmethoden nicht vorliegen.

Die Größe dieser zusätzlichen Sicherheitsfaktoren ist, wenn nicht im folgenden gefordert, für das Muster gesondert festzulegen. Eine erforderliche Austauschzeit derartiger Teile ist gegebenenfalls im Gerätehandbuch anzugeben.

(iv) Insbesondere ist anzusetzen für:
Gußteile: 2,0
Bolzenverbindungen: 2,0
Rudergelenke und Verbindungsglieder: 6,7 (außer Wälzlager)
Beschläge: 1,2
Anschnallgurt-Befestigung: 1,5 x Lastvielfache aus Notlandebedingungen nach Abschnitt D, Punkt IX.1(b)(1)
Seile: 2,0
Gelenke in Stangensteuerung gegen Lochleibung: 3,3
Gelenke in Seilsteuerung gegen Lochleibung: 2,0
Sitz/Pilotenaufhängung: 2,0

3. Festigkeit und Verformungen

(a) Der Festigkeitsverband muß imstande sein, sichere Lasten aufzunehmen, ohne daß bleibende Verformungen auftreten. Bei allen Lasten bis zu den sicheren Lasten dürfen die auftretenden Verformungen den sicheren Betrieb nicht beeinträchtigen. Das gilt insbesondere auch im Hinblick auf die Steuerungen.

(b) Der Festigkeitsverband muß imstande sein, Bruchlasten mindestens 3 Sekunden lang zu tragen, ohne daß ein Versagen auftritt. Die Dreisekundengrenze gilt jedoch nicht, wenn der Festigkeitsnachweis mittels dynamischer Versuche erbracht wird, bei denen die tatsächlichen Belastungsbedingungen nachgeahmt werden.

4. Festigkeitsnachweis

(a) Der Nachweis, daß der Festigkeitsverband den Festigkeits- und Verformungsforderungen gemäß Abschnitt C, Absatz I, Punkt 3 genügt, muß für alle kritischen Belastungsbedingungen erbracht werden. Ein theoretischer, rechnerischer Festigkeitsnachweis wird nur anerkannt, wenn für die gewählte Bauweise aufgrund von Erfahrungen erwiesen ist, daß die benutzte Berechnungsmethode zuverlässige Ergebnisse liefert. Andernfalls müssen zum Nachweis Belastungsversuche durchgeführt werden.

(b) Bestimmte Teile des Festigkeitsverbandes müssen, wie im Abschnitt D dieser Forderungen angegeben, nachgewiesen werden.

Anmerkung:
In diesem Abschnitt C sind nicht alle Festigkeitsforderungen für den Nachweis der Übereinstimmung erfaßt.

II. Belastungen im Fluge

1. Allgemeines

(a) Die Lastvielfachen der Luftkräfte stellen das Verhältnis der senkrecht zum Flugweg des Flugzeugs wirkenden Luftkraftkomponente zur Masse des Flugzeugs dar. Bei einem positiven Lastvielfachen ist die Luftkraft in Bezug auf das Flugzeug nach oben gerichtet.

(b) Der Nachweis der Erfüllung der Forderungen für die Belastung im Fluge muß für alle möglichen Kombinationen von Masse und Zuladung erbracht werden.

2. Symmetrische Flugzustände

(a) Bei einer Bestimmung der Flügellasten und der linearen Trägheitslasten für die in Abschnitt C, Absatz II Punkt 2 und Absatz III Punkt 1-3 festgelegten symmetrischen Flugbedingungen muß die zugehörige Grundlast am Höhenleitwerk den tatsächlichen Verhältnissen entsprechen oder nach einem auf der sicheren Seite liegenden Näherungsverfahren berücksichtigt werden.

(b) Die Zusatzlast am Höhenleitwerk infolge Ruderbetätigung muß mit den Drehbeschleunigungskräften des Flugzeugs den tatsächlichen Verhältnissen entsprechend oder nach einem auf der sicheren Seite liegenden Näherungsverfahren ins Gleichgewicht gesetzt werden.

(c) Bei der Bestimmung der Lasten unter den vorgeschriebenen Bedingungen wird angenommen, daß das jeweilige Lastvielfache durch eine plötzliche Anstellwinkeländerung bei gleichbleibender Geschwindigkeit erzeugt wird. Winkelbeschleunigungen können unbeachtet bleiben.

(d) Die für die Aufstellung der Lastannahmen erforderlichen aerodynamischen Werte müssen durch Versuche, Rechnung oder eine auf der sicheren Seite liegenden Abschätzung belegt werden.

(1) Sofern keine genaueren Angaben vorliegen, kann der größte negative Auftriebswert für starre Tragflügel in der Normalzustandsform mit -0,8 angesetzt werden. Für flexible Tragflügel

muß die anerkannte Stelle zu Rate gezogen werden.

(2) Falls der ermittelte Null-Moment-Beiwert C_{mo} kleiner als ± 0,025 ist, muß C_{mo} für Tragflügel und Höhenleitwerk mindestens mit ± 0,025 angesetzt werden.

III. V-n-Diagramm

1. Allgemeines

(a) Der Nachweis der Erfüllung der Festigkeitsforderungen muß für alle Kombinationen von Fluggeschwindigkeiten und Lastvielfachen auf und innerhalb der Begrenzungslinien des V-n-Diagramms, das durch die Lastannahmen gemäß Punkt (b) dieses Absatzes festgelegt ist, erbracht werden.

(b) V-n-Diagramm für Abfangbelastungen
Zustandsform: Flügelklappen in Überlandflugstellung (Abb. 4.3)

(c) V-n-Diagramm für Böenbelastungen
Zustandsform: Flügelklappen in Überlandflugstellung (Abb. 4.4).

(1) Bei der Bemessungsgeschwindigkeit V_A muß das UL-Flugzeug imstande sein, positiven Böen (nach oben) und negativen Böen (nach unten) von 15 m/s standzuhalten, die senkrecht zur Flugbahn wirken.

(2) Bei der Bemessungsgeschwindigkeit V_D muß das UL-Flugzeug imstande sein, positiven (nach oben) und negativen (nach unten) Böen von 7,5 m/s standzuhalten, die senkrecht zur Flugbahn wirken.

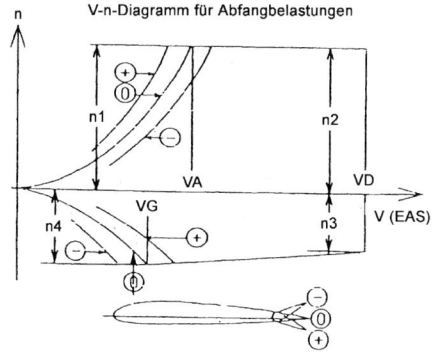

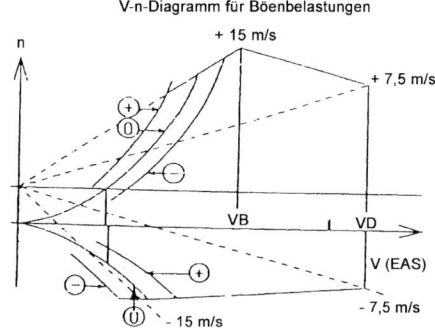

Abb. 4.3 (oben): V-n-Diagramm für Abfangbelastungen.

Abb. 4.4 (unten): V-n-Diagramm für Böenbelastungen.

2. Bemessungs-Fluggeschwindigkeiten

Die folgenden Bemessungs-Fluggeschwindigkeiten sind äquivalente Fluggeschwindigkeiten (EAS).

(a) Bemessungs-Manövergeschwindigkeit V_A

$$V_A = V_{S1} (n1)^{1/2}$$

(dabei ist: V_{S1} = rechnerische Überziehgeschwindigkeit mit Bemessungs-Höchstmasse, Flügelklappen eingefahren und Motor im Leerlauf).

(b) Bemessungsgeschwindigkeit bei ausgefahrenen Flügelklappen V_F

(1) Für alle Landestellungen darf V_F nicht kleiner sein als der größte der beiden folgenden Werte:

(i) 1,4 V_{S1}, wobei V_{S1} die errechnete Überziehgeschwindigkeit bei eingefahrenen Flügelklappen und bei Höchstmasse ist,
(ii) 1,8 V_{S0}, wobei V_{S0} die errechnete Überziehgeschwindigkeit mit voll ausgefahrenen Flügelklappen und bei Höchstmasse ist.

(c) Bemessungshöchstgeschwindigkeit V_D

Die Bemessungshöchstgeschwindigkeit kann vom Antragsteller gewählt werden, jedoch darf sie nicht kleiner sein als 1,2 V_H, wobei V_H die höchste Horizontalfluggeschwindigkeit bei höchster Dauerleistung des Triebwerks ist, und sie darf nicht kleiner sein als V_A, gemäß Abschnitt (a).

3. Abfang-Lastvielfache

Die sicheren Abfang-Lastvielfachen im V-n-Diagramm (s. Abb. 4.3) müssen mindestens folgende Werte aufweisen:

n1 .... +4,0
n2 .... +4,0
n3 .... -1,5
n4 .... -2,0

Die negativen Lastvielfachen für UL-Flugzeuge, die einen flexiblen Tragflügelaufbau haben und negativen Beschleunigungen im Flug nur begrenzt standhalten können, müssen mit der anerkannten Stelle vereinbart werden.

Die Verformung von flexiblen Tragflächen kann zu beträchtlichen Änderungen des anwendbaren V-n-Diagramms führen, und eventuell ist der Punkt A nicht unterhalb V_D erreichbar. Wenn solche Fälle nachgewiesen sind, kann das sichere Lastvielfache auf das höchste unterhalb V_D erreichbare Lastvielfache gesenkt werden.

4. Böenlastvielfache

Wenn nicht eine genauere, den tatsächlichen Verhältnissen entsprechende Berechnung durchgeführt wird, müssen die Böenlastvielfache wie folgt berechnet werden:

$$n = 1 \pm \tfrac{1}{2} * k * p0 * V * a : m * g / S$$

Dabei ist

U = Böengeschwindigkeit in m/s
V = Fluggeschwindigkeit in m/s
a = Auftriebsanstieg des Flügels im Bogenmaß
g = Erdbeschleunigung in m/s^2
S = Flügelfläche in m^2
Im = mittlere Flügeltiefe in [m]
p0 = Dichte der Luft in Meereshöhe in kg/m^3, p0 = 1,225 kg/m^3
m = Flugzeugmasse in kg
k = Abminderungsfaktor, der wie folgt ermittelt wird: k = 0,88*µ : 5,3+µ

Dabei ist µ = 2m/S : p*lm*a (relative Flugzeug-Massendichte)

Der Wert von n, der mit der obigen Beziehung ermittelt wurde, braucht nicht größer zu sein als n = 1,25 $[V/V_{S1}]^2$.

5. Belastung bei ausgefahrenen Flügelklappen

(a) Wenn Flügelklappen eingebaut sind, muß angenommen werden, daß das Flugzeug bei Flügelklappenstellung von „eingefahren" bis „maximale positive Stellung" und Geschwindigkeiten bei V_F Abfangbewegungen bis zu einem positiven sicheren Lastvielfachen von 2,0 ausgesetzt ist.

(b) Es muß angenommen werden, daß das Flugzeug bei Flügelklappenstellung von „eingefahren" bis „maximale negative Stellung" die Bedingungen gemäß Abschnitt C, Absatz II Punkt 1-2 sowie Absatz III Punkt 1-3 erfüllt.

6. Belastung des Motorträgers

(a) Der Motorträger und seine Aufhängung müssen für folgende Einflüsse bemessen sein:

(1) Für das sichere Motor-Drehmoment entsprechend Startleistung und Propellerdrehzahl bei gleichzeitiger Wirkung von 75% der sicheren Lasten aus dem Lastfall A in Abschnitt C, Absatz III Punkt 1;

(2) für das sichere Motor-Drehmoment entsprechend höchster Dauerleistung und Propellerdrehzahl bei gleichzeitiger Wirkung der sicheren Lasten aus dem Lastfall A in Abschnitt C, Absatz III Punkt 1.

(b) Für konventionelle Kolbenmotoren mit direkter Übertragung auf den Propeller wird das in obigem Punkt (a) zu berücksichtigende sichere Motor-Drehmoment erhalten, indem das mittlere Drehmoment mit dem entsprechenden Faktor aus der folgenden Tabelle multipliziert wird:

Motoren	2-Takt	4-Takt
1 Zylinder	6	8
2 Zylinder	3	4
3 Zylinder	2,5	3
4 Zylinder	1,5	2
5 und mehr Zylinder	1,33	1,33

Anmerkung:
Der Begriff „direkte" Übertragung schließt den direkten Antrieb, Zahnradgetriebe oder Zahnriemengetriebe ein; für andere Antriebe (z.B. Fliehkraftkupplung) und unkonventionelle Motoren muß der entsprechende Faktor mit der Musterprüfstelle vereinbart werden.

7. Seitenlasten auf dem Motorträger

Der Motorträger und seine Aufhängung müssen zur Berücksichtigung einer Seitenlast für ein seitliches sicheres Lastvielfaches von nicht weniger als einem Drittel des sicheren Lastvielfachen aus dem Lastfall A (1/3 n1) bemessen werden.

IV. Steuerflächen und Steuerungsanlagen

1. Steuerungsanlage

Alle Teile der Hauptsteuerungsanlage zwischen den Steueranschlägen und den Steuerflächen müssen für Belastungen bemessen sein, die wenigstens 125% der im Abschnitt C, Absatz V, Punkt 2 und Absatz VI, Punkt 1 sowie Absatz VII, Punkt 2 festgelegten Steuerflächenlasten entsprechen. In keinem Fall dürfen in irgendeinem Teil der Anlage die Belastungen geringer sein als sich bei Anwendung von 60% der in Abschnitt C, Absatz IV, Punkt 2 angegebenen Hand- und Fußkräfte ergeben.

2. Belastungen durch Flugzeugführerkräfte

Alle Steuerungsanlagen zur unmittelbaren Steuerung des Flugzeuges um seine Längs-, Quer- und Hochachse (Hauptsteuerungsanlage) und sonstige Steuerungsanlagen, die das Flugverhalten beeinflussen, sowie deren Befestigungs- bzw. Stützpunkte müssen bis hin zu den Anschlägen (letztere eingeschlossen) für sichere Belastungen bemessen sein, die sich aus den Flugzeugführerkräften in der folgenden Tabelle ergeben.

Für unkonventionelle Steuerungsanlagen (z.B. seitlich untergebrachte Steuerknüppel) kann die anerkannte Stelle geringere Flugzeugführerkräfte zulassen, wenn nachgewiesen wird, daß die in der Tabelle festgelegten Kräfte nicht aufgebracht werden können (Abb. 4.5).

3. Doppelsteuerungsanlagen

Doppelsteuerungsanlagen müssen wie folgt bemessen werden:

(a) Für gleichzeitige Betätigung durch beide Flugzeugführer in gleicher Richtung und

Abb. 4.5: Belastungen durch Flugzeugführerkräfte.

(b) für gleichzeitige Betätigung durch beide Flugzeugführer in entgegengesetzter Richtung,

wobei für jeden Flugzeugführer das 0,75-fache der in Abschnitt C, Absatz IV, Punkt 2 genannten Kräfte angesetzt wird.

V. Höhenleitwerk

1. Grundlast

(a) Unter der Grundlast ist die Last zu verstehen, die notwendig ist, um das Gleichgewicht in irgendeinem festgelegten Flugzustand ohne Winkelbeschleunigung um die Querachse aufrecht zu erhalten.

(b) Das Höhenleitwerk muß für die Grundlasten bemessen werden, die an irgendeinem Punkt des V-n-Diagramms und in den Stellungen der Flügelklappen gemäß Abschnitt C, Absatz III, Punkt 2 und 5 auftreten.

2. Betätigungslasten

Das Höhenleitwerk muß für die Betätigungslasten bemessen werden, die erwartungsgemäß durch vom Piloten eingeleitete Nickmanöver bei allen Geschwindigkeiten bis zu V_D auftreten können.

Steuerung	Betätigungkraft daN	Art der Krafteinleitung*
Höhensteuerung	20	Zug und Druck am Steuerknüppel
Quersteuerung	15	seitliche Querbewegung des Steuerknüppels
Seitensteuerung und andere mit den Füßen betätigte Steuerungen	30	Druck nach vorwärts auf ein Seitenruderpedal
Nebensteuerungen	15	Zug und Druck am Handgriff
*es wird angenommen, daß ein einfaches Hebelsystem benutzt wird		

Erläuterungen hierzu:
Die Lasten müssen für einen plötzlichen Ausschlag der Höhensteuerung ermittelt werden, wobei die folgenden Fälle zu berücksichtigen sind:

(a) Geschwindigkeit V_A, voller Ausschlag nach oben
(b) Geschwindigkeit V_A, voller Ausschlag nach unten
(c) Geschwindigkeit V_D, ein Drittel des vollen Ausschlags nach oben
(d) Geschwindigkeit V_D, ein Drittel des vollen Ausschlags nach unten

Dabei sollten folgende Annahmen getroffen werden:

(1) Das Flugzeug befindet sich anfangs im Horizontalflug, weder Fluglage noch Fluggeschwindigkeit ändern sich.
(2) Die Lasten werden durch Trägheitskräfte ausgeglichen.

3. Böenbelastungen

Wenn nicht eine genauere, den tatsächlichen Verhältnissen entsprechende Berechnung durchgeführt wird, müssen auf das Höhenleitwerk wirkende Kräfte nach der folgenden Beziehung errechnet werden:

$$P = P0 + \tfrac{1}{2} \cdot p0 \cdot aH \cdot SH \cdot U \cdot kH \cdot V \cdot (1 - d\varepsilon/d\alpha)$$

Hierin ist:

P = Höhenleitwerkslast [N]
P0 = die Höhenleitwerksgrundlast, die auf das Höhenleitwerk wirkt, bevor die Belastung durch die Böe einsetzt [N]
p0 = 1,225 kg/m³ Luftdichte in Meereshöhe
kH = Böenfaktor; wenn nicht eine genauere, den tatsächlichen Verhältnissen entsprechende Berechnung durchgeführt wird, kann derselbe Wert wie beim Flügel angesetzt werden.

SH = Fläche des Höhenleitwerks [m²]
aH = Auftriebsanstieg des Höhenleitwerks (im Bogenmaß)
U = Böengeschwindigkeit [m/s]
V = Fluggeschwindigkeit [m/s]
$d\varepsilon/d\alpha$ = Änderung des Abwindwinkels mit dem Anstellwinkel

4. Unsymmetrische Lasten

Der Einfluß des Propellerstrahls auf die Belastung von Flossen und Rudern ist zu berücksichtigen, falls eine Beaufschlagung zu erwarten ist.

VI. Seitenleitwerk

1. Betätigungslast

Das Seitenleitwerk muß für die Betätigungslasten bemessen sein, die unter den folgenden Bedingungen auftreten:

(a) Voller Ausschlag der Seitensteuerung bei der Geschwindigkeit V_A,

(b) ein Drittel des vollen Seitensteuerausschlages bei der Geschwindigkeit V_D.

2. Böenbelastungen

(a) Das Seitenleitwerk muß für seitliche Böen bis zu den in Abschnitt C, Absatz III, Punkt 1 (c) genannten Werten bemessen sein.

(b) Wenn nicht eine genauere, den tatsächlichen Verhältnissen entsprechende Berechnung durchgeführt wird, müssen die auf das Seitenleitwerk wirkenden Kräfte nach der folgenden Beziehung berechnet werden:

$$PS = \tfrac{1}{2} \cdot p0 \cdot SS \cdot aS \cdot U \cdot kS \cdot V$$

Hierin ist:

PS = Seitenleitwerkslast [N]
p0 = 1,225 kg/m³ Luftdichte in Meereshöhe
kS = Böenfaktor; er ist mit 1,2 anzusetzen
SS = Fläche des Höhenleitwerks [m²]
aS = Auftriebsanstieg des Höhenleitwerks (im Bogenmaß)
U = Böengeschwindigkeit [m/s]
V = Fluggeschwindigkeit [m/s]

3. Hochgesetzte Leitwerke

(a) Bei Flugzeugen, deren Höhenleitwerk vom Seitenleitwerk getragen wird, sollten die Leitwerksflächen und ihr Anschlußverband einschließlich des hinteren Teiles des Rumpfes für die vorgeschriebenen Lasten auf das Seitenleitwerk und das durch das Höhenleitwerk induzierte Rollmoment, das in derselben Richtung wirkt, bemessen sein.

(b) Bei T-Leitwerken kann das durch Böenbelastungen induzierte Rollmoment - wenn nicht eine genauere Berechnung durchgeführt wird - näherungsweise wie folgt bestimmt werden:

MR0 = 0,2*SH*p/2*V*U*bH*kS

Hierbei ist:

MR0 = induziertes Rollmoment am Höhenleitwerk [Nm]
SH = Fläche des Höhenleitwerkes [m²]
bH = Spannweite des Höhenleitwerkes [m]

VII. Ergänzende Bedingungen für die Leitwerke

1. Überlagerte Lasten an den Leitwerken

(a) Unter der Annahme, daß sich das Flugzeug in einem Belastungszustand entsprechend Punkt A oder D des V-n-Diagramms befindet (der Zustand mit der größeren Grundlast ist zu berücksichtigen), ist die Belastung des Höhenleitwerks den Belastungen des Seitenleitwerks nach Abschnitt C, Absatz VI, Punkt 1 zu überlagern.

(b) Es muß angenommen werden, daß 75% der Lasten gemäß Abschnitt C, Absatz V, Punkt 2 (für das Höhenleitwerk) und Absatz VI Punkt 1 (für das Seitenleitwerk) gleichzeitig wirken.

VIII. Querruder

Das Querruder muß für die Betätigungslasten bemessen sein, die unter den folgenden Bedingungen auftreten:

(a) Man muß annehmen, daß das Flugzeug bei vollem Querruderausschlag und bei der Geschwindigkeit V_A einem Lastvielfachen von n = 2,66 ausgesetzt ist.

(b) Man muß annehmen, daß das Flugzeug bei 1/3 des vollen Querruderausschlags und bei der Geschwindigkeit V_D einem Lastvielfachen von n = 2,66 ausgesetzt ist.

IX. Belastungen durch Bodenkräfte

1. Allgemeines

Die in diesem Abschnitt festgelegten sicheren Belastungen durch Bodenkräfte sind als äußere Lasten und Trägheitskräfte zu betrachten, die auf den Festigkeitsverband eines Flugzeuges einwirken. In jeder festgelegten Bodenbelastungsbedingung müssen die äußeren Reaktionen mit den linearen Trägheits- und Drehbeschleunigungskräften den tatsächlichen Verhältnissen entsprechend oder nach einem auf der sicheren Seite liegenden Näherungsverfahren ins Gleichgewicht gesetzt werden.

2. Annahmen für Belastungen durch Bodenkräfte am Hauptfahrwerk

(a) Die Forderungen dieses Unterabschnittes müssen mit der Bemessungshöchstmasse erfüllt werden.

(b) Das gewählte, im Schwerpunkt des Flugzeuges angreifende, sichere Lastvielfache darf nicht kleiner sein als der Wert, der sich bei einer Landung mit einer Sinkgeschwindigkeit

$$ws = 0{,}61 * (m/S) * \tfrac{1}{4}$$

ergibt, mit der Einschränkung, daß diese Sinkgeschwindigkeit nicht größer als 3 m/s zu sein braucht und nicht kleiner als 1,5 m/s sein darf.

(c) Während des Stoßvorganges darf eine im Schwerpunkt des Flugzeugs wirksame Auftriebskraft von höchstens 2/3 des Gewichtes des Flugzeugs angenommen werden.
Bei Annahme einer solchen Auftriebskraft kann das Lastvielfache der Bodenkräfte gleich dem Lastvielfachen der Trägheitskräfte, vermindert um das Verhältnis der angenommenen Auftriebskraft, zum Gewicht des Flugzeugs gesetzt werden.

3. Landebedingungen für das Hauptfahrwerk

Für die Landung wird angenommen, daß sich das Flugzeug in der normalen horizontalen Fluglage befindet. Die vertikale Lastkomponente Fv muß gemäß den Bedingungen in Abschnitt C, Absatz VIII, Punkt 2 bestimmt werden. Die vertikale Lastkomponente Fv ist mit einer horizontalen Widerstandskomponente mit der Größe von 25% von Fv zu überlagern.

4. Landebedingungen für Spornfahrwerk

Für die Gestaltung des Sporns und des umgebenden Festigkeitsverbandes sowie des Leitwerks einschließlich der Befestigung von Ballastmassen kann die Last auf den Sporn bei einer Spornlandung (Hauptfahrwerk frei vom Boden) wie folgt ermittelt werden:

$$F = 4 * m * g * (iy^2/(iy^2 + L^2))$$

Hierin ist:

F = Spornlast [N]
m = Flugzeugmasse [kg]
g = Erdbeschleunigung [m/s²]
iy = Trägheitsradius des Flugzeuges [m]
L = Abstand des Sporns vom Schwerpunkt des Flugzeuges [m]

Anmerkung:
Sofern iy nicht nach einem genaueren Verfahren ermittelt wird, kann ein Wert iy = 0,225 * LR angesetzt werden. In diesem Fall entspricht LR der gesamten Länge des Rumpfes ohne Seitenruder.

5. Landebedingungen für Bugräder

Für die Bestimmung der Bodenlasten an Bugrädern und deren Aufhängungen und unter der Annahme, daß die Federelemente und Reifen entsprechend der ruhenden Last eingefedert sind, müssen folgende Bedingungen erfüllt werden:

(a) Für nach hinten gerichtete Lasten müssen die Kraftkomponenten an der Achse die folgende Größe haben:

(1) Eine Vertikalkomponente vom 2,25-fachen Wert der ruhenden Radlast und

(2) eine Widerstandskomponente vom 0,8-fachen Wert der Vertikallast.

(b) Für die nach vorn gerichtete Last müssen die sicheren Kraftkomponenten an der Achse die folgende Größe haben:

(1) Eine Vertikalkomponente vom 2,25-fachen Wert der ruhenden Radlast und

(2) eine vorwärts gerichtete Komponente vom 0,4-fachen Wert der Vertikallast.

(c) Für die Seitenlast müssen die sicheren Kraftkomponenten am Bodenberührungspunkt folgende Größe haben:

(1) Eine Vertikalkomponente vom 2,25-fachen Wert der ruhenden Radlast und

(2) eine Seitenkomponente vom 0,7-fachen Wert der Vertikallast.

X. Notlandebedingungen

1. Allgemeines

(a) Obwohl das Flugzeug unter Notlandebedingungen beschädigt werden darf, muß es so bemessen sein, daß jeder Insasse unter den in den folgenden Forderungen festgelegten Bedingungen geschützt ist.

(b) Der Festigkeitsverband muß so bemessen sein, daß jeder Insasse im Falle einer Bruchlandung bei richtigem Gebrauch der Anschnallgurte eine gute Chance hat, schweren Verletzungen zu entgehen, wobei von den nachfolgenden Bedingungen ausgegangen wird:

(1) Der Insasse wird in den im folgenden genannten Bruchbeschleunigungen - unabhängig voneinander wirkend - unterworfen:

Aufwärts	4,5 g
Nach vorn	9,0 g
Seitlich	3,0 g
Abwärts	4,5 g

(c) Kraftstoffbehälter müssen, ohne leck zu werden, den in (b) (1) genannten Trägheitslasten standhalten.

2. Belastung durch das Rettungssystem

(a) Der Festigkeitsverband zwischen den Anschlußpunkten der Tragseile des Rettungssystems und den Sitzen und Anschnallgurten muß so bemessen sein, daß er im Falle einer Betätigung des Rettungssystems einen Enfaltungsstoß entsprechend den Angaben des Herstellers des Rettungssystems tragen kann.

Wenn die Tragseile an mehreren Punkten des Festigkeitsverbandes angreifen, dann muß jeder einzelne Anschlußpunkt eine Last tragen können, die der Gesamtlast geteilt durch die Anzahl der Anschlußpunkte mal dem Faktor 1,3 entspricht.

Anmerkung:
Der betroffene Festigkeitsverband schließt die Anschlußpunkte, Sitze und Befestigungspunkte der Anschnallgurte ein.

(b) Es muß angenommen werden, daß der Entfaltungsstoß in der für den Festigkeitsverband ungünstigsten Richtung wirkt: In der Symmetrieebene zwischen einem Winkel parallel zur Flugzeuglängsachse nach hinten und senkrecht zur Flugzeuglängsachse nach oben, und in einem seitlichen Winkel ± 30° zur Symmetrieebene des Flugzeugs.

XI. Sonstige Belastungen

1. Belastungen durch Einzelmassen

Die Befestigung aller Einzelmassen, die Teile der Ausrüstung des Flugzeuges sind (einschließlich des für die Korrektur der Schwerpunktlage notwendigen Ballasts), muß Lasten aufnehmen können, die den max. Bemessungslastvielfachen entsprechen, die sich aus den festgelegten Flug- und Bodenlastbedingungen einschließlich der Notlandebedingungen gemäß Abschnitt C, Absatz X, Punkt 1 ergeben.

D. GESTALTUNG UND BAUAUSFÜHRUNG

1. Allgemeines

Die Festigkeit der Teile, die einen wesentlichen Einfluß auf die Betriebssicherheit haben und für die keine einfache Berechnung durchgeführt werden kann, muß durch Versuche nachgewiesen werden.

2. Herstellungsverfahren

Die Herstellungsverfahren müssen durchgehend einwandfreie Festigkeitsverbände ergeben, die im Hinblick auf die Erhaltung der ursprünglichen Festigkeit unter normalerweise zu erwartenden Betriebsbedingungen zuverlässig sind. Wenn Herstellungsvorgänge (wie z.B. Leimen, Punktschweißen, Wärmebehandlung oder Verarbeitung von Kunststoffen) zu diesem Zweck der genauen Überwachung bedürfen, so müssen sie nach anerkannten Arbeitsverfahren durchgeführt werden. Unkonventionelle Herstellungsverfahren müssen durch entsprechende Versuche nachgewiesen werden.

3. Sicherung von Verbindungselementen

Für alle Verbindungselemente innerhalb des Festigkeitsverbandes sowie der Steuerung und anderer mechanischer Anlagen, die für den sicheren Betrieb des Flugzeuges wesentlich sind, müssen anerkannte Sicherungsmittel und -verfahren verwendet werden. Insbesondere dürfen für Bolzen, die im Betrieb Drehbewegungen unterworfen sind, keine selbstsichernden Muttern verwendet werden, es sei denn, daß zusätzlich ein nicht auf Reibung beruhendes Sicherungselement verwendet wird.

4. Schutz der Bauteile

Jedes Teil des tragenden Verbandes muß

(a) im Betrieb gegen schädigende Einflüsse oder Festigkeitsminderung infolge irgendwelcher Ursachen einschließlich

   (1) Verwitterung,

   (2) Korrosion und

   (3) Verschleiß

   ausreichend geschützt sein,

(b) ausreichende Vorkehrungen für Be- bzw. Entlüftung und Entwässerung besitzen.

5. Vorkehrungen für Überprüfungen

Vorkehrungen müssen getroffen werden für die Prüfung (einschließlich Prüfung der Hauptbauteile des Festigkeitsverbandes und der Steuerungsanlagen), die genaue Untersuchung, die Reparatur und das Auswechseln jedes Teils, das Wartung, Nachstellen zwecks genauen Fluchtens und richtigen Arbeitens, Schmierung oder Instandhaltung erfordert.

6. Vorkehrungen für Auf- bzw. Abrüsten

Die Gestaltung des Flugzeugs muß so sein, daß Beschädigungen oder bleibende Verformungen beim Auf- bzw. Abrüsten durch nicht besonders eingewiesene Helfer vermieden werden, insbesondere wo solche Schäden nicht ohne weiteres erkennbar sind. Unrichtige Montage muß durch geeignete bauliche Maßnahmen ausgeschlossen sein. Das Flugzeug muß sich leicht auf richtige Montage überprüfen lassen.

7. Festigkeitseigenschaften der Werkstoffe und Rechenwerte

(a) Die Festigkeitseigenschaften der verwendeten Werkstoffe müssen durch genügend Versuche belegt sein, um so Rechenwerte auf statistischer Grundlage festlegen zu können.

(b) Die Rechenwerte müssen so gewählt werden, daß die Wahrscheinlichkeit unzureichender Festigkeit irgendeines tragenden Bauteils infolge materialbedingter Streuung äußerst gering ist.

(c) Wenn die unter normalen Betriebsbedingungen in einem tragenden Bauteil oder dem Festigkeitsverband erreichte Temperatur einen wesentlichen Einfluß auf die Festigkeit hat, so muß dieser Einfluß berücksichtigt werden.

Erläuterungen zu 7. (b):
Werkstoff-Spezifikationen sollten entweder im Rahmen des Nachweisverfahrens besonders erstellt oder veröffentlichten Normen entnommen werden. Bei der Festlegung der Rechenwerte sollten die Materialkennwerte in dem Umfang vom Konstrukteur geändert und/oder erweitert werden, wie dies aus Fertigungsgründen (z.B. bauweisenbedingt oder im Hinblick auf das Umformen, die maschinelle Bearbeitung oder eine nachfolgende Wärmebehandlung) notwendig erscheint.

Erläuterung zu 7. (c):
Bauteil-Temperaturen bis zu 54° C werden als normale Betriebstemperaturen angesehen.

8. Ermüdungsfestigkeit

Der Festigkeitsverband muß - soweit durchführbar - so gestaltet sein, daß Stellen mit Spannungshäufungen und hohen Spannungen vermieden und die Auswirkungen von Vibrationen berücksichtigt werden.

Werkstoffe, die schlechte Eigenschaften bezüglich Rißfortpflanzung haben, sind zu vermeiden und Zusammenbauten, insbesondere in der Primärstruktur, müssen ohne Schwierigkeit überprüfbar sein. Elastische Lacke oder Schutzschichten dürfen nicht verwendet werden.

I. Leitwerke

1. Einbau

(a) Bewegliche Steuerflächen müssen so angeordnet sein, daß keine Behinderung untereinander oder durch andere feste Bauteile auftreten kann, wenn eine der Flächen in einer beliebigen Stellung festgehalten wird und die anderen über ihren vollen Ausschlagbereich bewegt werden. Diese Forderung muß auch erfüllt werden:

(1) Unter sicherer Last (positiv oder negativ) für alle Steuerflächen und über ihren vollen Ausschlagbereich und

(2) unter sicherer Last auf den Festigkeitsverband des Flugzeuges mit Ausnahme der Steuerflächen.

(b) Wenn verstellbare Flossen verwendet werden, so müssen sie mit Anschlägen versehen sein, die ihre Verstellmöglichkeit auf einen Bereich begrenzen, der einen sicheren Flug und eine sichere Landung zuläßt.

2. Massenausgleich

Die Halterung und die anschließenden Bauteile für konzentrierte Massenausgleichsgewichte an Rudern müssen für die folgenden sicheren Beschleunigungen bemessen werden:

(a) 24 g senkrecht zur Ebene der Ruderfläche

(b) 12 g nach vorn und hinten

(c) 12 g parallel zur Ruderachse

II. Steuerwerk

1. Allgemeines

Jede Steuerung muß leicht, zügig und zwangsläufig genug sein, so daß sie ihre Aufgaben einwandfrei erfüllen kann.

2. Anschläge

(a) Jede Steuerungsanlage muß Anschläge haben, die den Ausschlagbereich jeder aerodynamischen Fläche, die von dieser Anlage betätigt wird, sicher begrenzen.

(b) Alle Anschläge müssen so angeordnet sein, daß Verschleiß, Spiel oder Nachstellen der Steuerungen die Steuerungseigenschaften des Flugzeugs durch eine Änderung im Bewegungsbereich der Steuerfläche nicht beeinträchtigen.

(c) Jeder Anschlag muß in der Lage sein, die Lasten zu tragen, die den Bemessungsbedingungen der Anlage entsprechen.

(d) Für Steuerungsanlagen durch Gewichtsverlagerung, in die keine konventionellen Steuerungsanschläge, um den Einleitkräften des Flugzeugführers entgegenzuwirken, eingebaut werden können, muß nachgewiesen werden, daß der Bereich der Gewichtsverlagerung oder Steuerbewegung so ist, daß der Flugzeugführer keine gefährlichen Lasten auf die umgebende Struktur aufbringen kann.

3. Trimmsteuerungen

(a) Geeignete Vorkehrungen müssen getroffen werden, um eine unbeabsichtigte, unrichtige oder schroffe Trimmbetätigung zu verhindern. Neben der Trimmsteuerung muß eine Einrichtung vorhanden sein, die dem Flugzeugführer die Stellung des Trimmorgans innerhalb des Verstellbereichs anzeigt.

Diese Einrichtungen müssen für den Flugzeugführer sichtbar und so angebracht und gestaltet sein, daß Verwechslungen verhindert werden.

(b) Hilfsrudersteuerungen müssen selbsthemmend sein, außer wenn das Ruder einen ausreichenden Ausgleich besitzt und keine gefährlichen Flattereigenschaften aufweist. Selbsthemmende Hilfsrudersteuerungen müssen ausreichende Steifigkeit und Zuverlässigkeit in dem Teil der Anlage aufweisen, der zwischen dem Hilfsruder und dem Anschluß des Hemmgliedes an dem Festigkeitsverband des Flugzeuges liegt.

4. Feststelleinrichtungen im Steuerwerk

Wenn eine Einrichtung vorhanden ist, die zum Verriegeln des Steuerwerks dient, solange sich das Flugzeug am Boden befindet, müssen Einrichtungen vorhanden sein, die

(a) den Flugzeugführer unmißverständlich warnen, wenn die Feststelleinrichtung im Eingriff ist,

(b) verhindern, daß die Feststelleinrichtung im Fluge zum Eingriff kommen kann.

5. Funktionsversuche mit Steuerungsanlagen

Durch Funktionsversuche muß nachgewiesen werden, daß die für die in Abschnitt C, Absatz IV, Punkt 2 und 3 angegebenen Lasten bemessene Anlage frei ist von

(1) Klemmen,

(2) übermäßiger Reibung und

(3) übermäßiger Durchbiegung,

wenn die Steuerung vom Führerraum aus betätigt wird.

6. Bauglieder des Steuerwerks

(a) Alle Bauglieder jeder Steuerungsanlage müssen so gestaltet und eingebaut sein, daß Verklemmen, Scheuern und Behinderung durch Fluggäste, lose Gegenstände oder gefrierende Feuchtigkeit verhindert wird.

(b) Es müssen Einrichtungen im Führerraum vorhanden sein, die verhindern, daß Fremdkörper an Orte gelangen würden, wo sie in der Anlage verklemmen würden.

(c) Alle Teile der Flugsteuerungsanlage müssen so gestaltet oder eindeutig und dauerhaft gekennzeichnet sein, daß die Gefahr falscher Montage, die zu fehlerhaftem Arbeiten der Steuerung führen könnte, so klein wie möglich gehalten wird.

7. Federglieder

Die Zuverlässigkeit aller in der Steuerungsanlage verwendeten Federglieder muß durch Versuche nachgewiesen werden, in denen die Betriebsbedingungen nachgeahmt werden, es sei denn, daß das Versagen einer Feder weder Flattern noch unsichere Betriebscharakteristiken herbeiführt.

8. Seilzüge

(a) Alle Seilzüge, Seilanschlußglieder, Spannschlösser, Seilverbindungen und Seilrollen müssen anerkannten Spezifikationen entsprechen. Außerdem gilt:

(1) Alle Seilzüge müssen so gestaltet sein, daß im gesamten Bewegungsbereich unter Betriebsbedingungen und auch infolge von im Betrieb zu erwartenden Temperaturschwankungen keine gefährlichen Veränderungen der Seilspannung auftritt.

(2) Alle Gleitführungen, Seilrollen, Endanschlüsse und Spannschlösser müssen der Sichtkontrolle zugänglich sein.

(b) Alle Muster und Größen von Seilrollen müssen zu den Seilen passen, mit denen sie verwendet werden. Alle Seilrollen müssen mit enganliegenden Schutzvorrichtungen versehen sein, die bei losem Seil ein Überspringen oder Blockieren verhindern. Alle Seilrollen müssen in der Seilebene liegen, so daß die Seile nicht an den Rollenflanken reiben können.

(c) Gleitführungen müssen so eingebaut sein, daß sie keine Änderung der Seilrichtung von mehr als 3° herbeiführen, außer wenn durch Versuche oder Erfahrung nachgewiesen ist, daß auch ein größerer Wert zufriedenstellend ist. Der Krümmungsradius der Gleitführungen darf nicht kleiner sein als der Radius einer Seilrolle für den gleichen Seilzug.

(d) An allen Teilen, die Schwenkbewegungen ausführen, müssen Spannschlösser so angeschlossen sein, daß sie sich im ganzen Bewegungsbereich frei einstellen können.

Erläuterung zu (b):
Der Innendurchmesser der Führungsnut der Rolle sollte nicht kleiner sein als das 300-fache des Durchmessers des Einzeldrahtes.

Erläuterung zu (c):
In Gleitführungen aus Teflon oder einem gleichwertigen Werkstoff kann sich die Seilrichtung bis zu 10° ändern.

9. Steuerung von Flügelklappen

(a) Jede Flügelklappensteuerung muß so gestaltet sein, daß die Flügelklappen in jeder Stellung, die der Erfüllung der Leistungsanforderungen zugrunde gelegt ist, ihre Stellung mit Ausnahme, wenn sie betätigt werden, nicht verändern, es sei denn, es wird nachgewiesen, daß solche Bewegungen nicht gefährlich sind.

(b) Die Steuerung von Flügelklappen muß so gestaltet sein, daß diese nicht unbeabsichtigt ausfahren bzw. sich verstellen können. Die auftretenden Betätigungskräfte und die Verstellgeschwindigkeiten dürfen bei keiner zugelassenen Fluggeschwindigkeit so groß sein, daß dadurch die Betriebssicherheit des Flugzeuges beeinträchtigt werden könnte.

10. Flügelklappenverbindung

Die Bewegung der Flügelklappen beidseitig zur Symmetrie-Ebene muß mit einer mechanischen Verbindung zum Gleichlauf gebracht werden, es sei denn, daß das Flugzeug auch dann sichere Flugeigenschaften hat, wenn die Flügelklappen auf der einen Seite eingefahren und auf der anderen Seite ausgefahren sind.

III. Fahrwerk

1. Allgemeines

Das Flugzeug muß so gestaltet sein, daß es ohne Gefährdung seiner Insassen auf einer kurzen Grasbahn landen kann.

IV. Gestaltung des Führerraums

1. Führerraum - Allgemeines

Der Führerraum und seine Ausrüstung müssen es jedem Flugzeugführer erlauben, seinen Aufgaben ohne übermäßige Konzentration oder Ermüdung nachzukommen.

2. Sicht aus dem Führerraum

Jeder Führerraum muß so gestaltet sein, daß:

(a) Der Sichtbereich des Flugzeugführers für die sichere Führung des Flugzeugs groß genug, klar und unverzerrt ist und

(b) Regen die Sicht des Flugzeugführers auf dem Flugweg im normalen Fluge und während der Landung nicht übermäßig stark beeinträchtigt.

Erläuterung zu (b):
Übereinstimmung mit (b) kann durch eine entsprechende Öffnung in der Verglasung erzielt werden

3. Windschutzscheibe und Fenster

Verglasungen und Fenster müssen aus einem Werkstoff bestehen, der nicht blind wird und dessen Bruchstücke nicht zu ernsthaften Verletzungen der Insassen führen können.

4. Steuerungen und Bedienorgane im Führerraum

(a) Alle Steuerungen und Bedienorgane im Führerraum müssen so angeordnet sein, daß eine bequeme Betätigung möglich ist und Verwechslung und unbeabsichtigte Betätigung verhindert werden.

(b) Die Steuerungen und Bedienorgane im Führerraum müssen so angeordnet sein, daß der Flugzeugführer im Sitzen und bei angelegtem Bauch- und Schultergurt jedes Steuerungsorgan bis zum vollen Anschlag betätigen kann. Er darf dabei weder durch seine Kleidung (Winterbekleidung berücksichtigen) noch durch Bauteile des Führerraums behindert werden.

(c) In Flugzeugen mit Doppelsteuerung müssen mindestens auch die folgenden Nebensteuerungen von jedem der beiden Flugzeugführersitze aus bedienbar sein.

(1) Gashebel

(2) Flügelklappen

(3) Trimmung und

(4) Einrichtung zum Öffnen und Abwerfen der Kabinenhaube

(5) Rettungssystem

(d) Die Bedienorgane für die Nebensteuerungen müssen jegliche gewünschte Stellung beibehalten, ohne daß es der ständigen Aufmerksamkeit der Besatzung bedarf, und dürfen nicht dazu neigen, unter Belastung oder Schwingung ihre Lage zu verändern.

Erläuterung zu vorstehenden Punkten:
Wenn das Flugzeug mit einer Trimmvorrichtung ausgestattet ist, kann auf die Forderung, daß die Trimmung von beiden Flugzeugführern bedient werden kann, verzichtet werden, wenn nachgewiesen wird, daß bei ungünstigster Trimmstellung die Steuerkräfte hinreichend klein sind und daß bei der Steuerung keine Schwierigkeiten auftreten.

5. Betätigungssinn und Wirkung der Steuerorgane und Bedienorgane im Führerraum

Die Steuerungen und Bedienorgane im Führerraum müssen so gestaltet sein, daß sie folgendermaßen wirken:

(a) Für Flugzeuge mit Drei-Achsen-Steuerung

(b) Für Flugzeuge mit einer anderen Steuerungsanlage als einer Drei-Achsen-Steuerung muß der Betätigungssinn der Hauptsteuerungen im Handbuch festgelegt werden.

Abb. 4.6: Betätigung der Bedien- und Steuerorgane und ihre Wirkung.

Nebensteuerungen müssen dem im vorstehenden Absatz festgelegten Betätigungssinn entsprechen.

6. Farbkennzeichnungen der Steuerungen und Bedienorgane im Führerraum

Bedienorgane für Noteinrichtungen müssen rot sein.

7. Sitze und Anschnallgurte

(a) Jeder Sitz und der ihn tragende Festigkeitsverband muß für eine Insassenmasse von mindestens 90 kg und die maximalen Lastvielfachen bemessen sein, die den festgelegten Flug- und Bodenlastbedingungen, einschließlich der in Abschnitt C, Absatz X, Punkt 1 beschriebenen Notlandebedingungen, entsprechen.

(b) Sitze, einschließlich Kissen dürfen sich bei den Belastungen im Fluge gemäß Abschnitt C, Absatz II, Punkt 2 nicht derart verformen, daß der Flugzeugführer die Steuer- und Bediengriffe nicht mehr sicher erreichen kann oder eine Fehlbedienung möglich ist.

(c) Die Festigkeit der Anschnallgurte darf nicht geringer sein als diejenige, die sich aus den Bruchlasten der Flug- und

Steuer- und Bedienorgane	Betätigungssinn und Wirkung
Quersteuerung	nach rechts (im Uhrzeigersinn): rechter Flügel abwärts
Höhensteuerung	nach hinten: Bug aufwärts
Seitensteuerung	rechtes Pedal nach vorn: Bug nach rechts
Trimmung	entsprechend den Steuerbewegungen
Flügelklappen	ziehen: Flügelklappen fahren aus oder schlagen nach unten aus
Gashebel	nach vorn: Leistung erhöhen
Propellerverstellung	nach vorn: Vergrößerung der Drehzahl
Gemisch	nach vorn oder nach oben: fettes Gemisch
Schalter	nach untern: aus

Bodenlastbedingungen sowie den Notlandebedingungen unter Berücksichtigung der Geometrie der Gurt- und Sitzanordnung ergibt.

(d) Jeder Anschnallgurt (mindestens 4-Punkt-Gurt) muß so angebracht sein, daß der Flugzeugführer bei allen im Flug und bei Notlandungen auftretenden Beschleunigungen sicher in seiner ursprünglichen Sitz- oder Liegeposition gehalten wird.

8. Schutz gegen Verletzungen

Starre Teile des Festigkeitsverbandes oder starr befestigte Ausrüstungsteile müssen, wo erforderlich, gepolstert sein, damit der (die) Insasse(n) bei leichten Bruchlandungen vor Verletzungen beschützt ist (sind).

9. Gepäckraum

(a) Jeder Gepäckraum muß für seine auf dem Hinweisschild angegebene Beladungshöchstmasse und für die kritischen Lastverteilungen bei den zugehörigen größten Lastvielfachen bemessen sein, die sich aus den Flug- und Bodenlastbedingungen ergeben.

(b) Der Gepäckraum muß so gestaltet sein, daß die Insassen vor Verletzungen durch sich bewegenden Inhalt bei nach vorn gerichteter Bruchbeschleunigung von 9,0 g geschützt sind.

10. Notausstieg

(a) Der Führerraum des Flugzeuges muß so gestaltet sein, daß in Gefahrenfällen unbehindertes und schnelles Aussteigen möglich ist.

(b) Bei einem geschlossenen Führerraum muß das Öffnungssystem einfach und eindeutig zu betätigen sein. Es muß schnell arbeiten und so gestaltet sein, daß es von jedem im Sitz angeschnallten Insassen und auch von außerhalb des Führerraums betätigt werden kann.

11. Rettungssystem

(a) Die Befestigung des Rettungssystems muß für die max. Lastvielfachen bemessen sein, die den festgelegten Flug- und Bodenlastbedingungen, einschließlich der beschriebenen Notlandebedingungen entsprechen.

(b) Wenn das Rettungssystem vor dem Propeller angebracht ist, dann muß eine Einrichtung vorhanden sein, die ein Kappen der Tragseile durch den Propeller verhindert.

(c) Im Falle der Betätigung des Rettungssystems muß die Lagerung und die umgebende Struktur in der Lage sein, eine möglicherweise auftretende Rückstoßkraft aufzunehmen.

Hinweis: Die Rückstoßkraft kann als Bruchlast angesetzt werden.

(d) Die Betätigungseinrichtung muß so angebracht sein, daß sie vom Flugzeugführer, auch unter Beschleunigungsbedingungen, unbehindert erreichbar und leicht zu betätigen ist.

(e) Die Zelle muß zwischen den Anschlußpunkten der Tragseile und den Sitzen und Anschnallgurten (einschließlich) in der Lage sein, den Entfaltungsstoß des Rettungssystems gemäß Abschnitt C, Absatz X, Punkt 2 zu tragen.

12. Belüftung

(a) Wenn der Führerraum geschlossen ist, muß er unter normalen Flugbedingungen ausreichend belüftet sein.

(b) Die Kohlenmonoxyd-Konzentration darf ein Teil in 20.000 Teilen Luft nicht überschreiten.

(c) Bei offenem oder unverkleidetem Führerraum muß darauf geachtet werden, daß die Auspuffgase des Triebwerks mit Sicherheit nicht von der Besatzung eingeatmet werden können.

E. TRIEBWERKSANLAGE

I. Allgemeines

1. Einbau

(a) Zur Triebwerksanlage zählen alle Teile, die

   (1) für den Vortrieb notwendig sind und

   (2) die Sicherheit der Vortriebseinheit beeinflussen.

(b) Das Triebwerk muß so gebaut, angeordnet und eingebaut sein, daß

   (1) ein sicherer Betrieb gewährleistet ist und

   (2) es für die notwendigen Prüfungen und die Wartung zugänglich ist.

(c) Um das Auftreten von Ladungspotentialen zwischen Bauteilen der Triebwerksanlage und anderen Teilen des Flugzeugs, sofern sie elektrisch leitend sind, zu verhindern, müssen elektrisch leitende Verbindungen vorgesehen werden.

2. Kompatibilität

Der Antragsteller muß nachweisen, daß jede Kombination von Motor, Abgasanlage und Propeller in einem Flugzeug, für das eine Verkehrszulassung beantragt wird, mit dem jeweiligen Flugzeug vereinbar ist, zufriedenstellend arbeitet und innerhalb der festgelegten Grenzen sicher betrieben werden kann.

Erläuterung:

Mit der kompletten Triebwerksanlage soll ein Standlauf von mindestens 3 Stunden Dauer durchgeführt werden. Zuerst muß das Triebwerk 1 Stunde lang mit 75% der max. Dauerleistung laufen. Anschließend ist es nach folgenden Programmen zu betreiben:

10 mal Anlassen und Abschalten, Anlassen und 5 Min. Leerlauf
5 Min. Vollast
5 Min. Kühllauf (Leerlaufdrehzahl)
5 Min. Vollast
5 Min. Kühllauf (Leerlaufdrehzahl) 15 Min. 75% Dauerleistung
5 Min. Kühllauf (Leerlaufdrehzahl) 15 Min. Vollast

Motor abstellen und abkühlen lassen, Programm wiederholen.

Dabei dürfen an keinem Teil der Triebwerksanlage oder der Zelle wesentliche Schäden auftreten.

3. Sicherheitsabstände für Propeller

Bei nichtummantelten Propellern dürfen die Sicherheitsabstände bei Höchstmasse, ungünstigster Schwerpunktlage und dem Propeller in der ungünstigsten Steigungseinstellung folgende Werte nicht unterschreiten:

(a) Bodenabstand: Mindestens 170 mm zwischen Propeller und dem Boden. Dabei muß das Fahrwerk ruhend eingefedert sein und sich das Flugzeug in normaler waagerechter Startlage oder Rollage befinden, maßgebend ist die kritischste Lage. Außerdem muß in waagerechter Startlage ein sicherer Abstand zwischen Propeller und dem Boden vorhanden sein, wenn

(1) der kritische Reifen vollkommen drucklos und das zugehörige Fahrwerksfederbein ruhend eingefedert ist oder

(2) das kritische Fahrwerksfederbein am Anschlag ist und der zugehörige Reifen ruhend eingefedert ist.

(b) Abstand von Flugzeugteilen

(1) Mindestens 25 mm Radialabstand zwischen den Blattspitzen und den benachbarten Flugzeugteilen plus dem zusätzlichen radialen Abstand, der notwendig ist, um schädliche Schwingungen zu vermeiden, insbesondere sind die Federwege der elastischen Aufhängung zu berücksichtigen.

(2) Mindestens 13 mm Längsabstand zwischen den Propellerblättern oder deren Wurzelverkleidungen und anderen Flugzeugteilen.

(3) Sicherer Abstand zwischen anderen sich drehenden Teilen des Propellers oder der Nabenhaube (Spinner) und anderen Flugzeugteilen unter allen Betriebsbedingungen.

(c) Abstand von dem (den) Insassen:

Zwischen dem (den) Propeller(n) muß ein angemessener Abstand vorhanden sein, so daß es für den (die) im Sitz angeschnallten Insassen nicht möglich ist, unbeabsichtigt mit dem (den) Propeller(n) in Berührung zu kommen.

II. Kraftstoffanlage

1. Allgemeines

(a) Jede Kraftstoffanlage muß so gebaut und angeordnet sein, daß ein Kraftstoffdurchfluß mit der Menge und dem Druck sichergestellt ist, wie er für das einwandfreie Arbeiten des Motors unter allen normalen Betriebsbedingungen erforderlich ist.

(b) Jede Kraftstoffanlage muß so angeordnet sein, daß für die Versorgung eines Motors jeweils nur aus einem Behälter Kraftstoff entnommen wird, es sei denn, daß die Lufträume der Behälter untereinander so verbunden sind, daß sich die Behälter gleichmäßig entleeren.

(c) Die Kraftstoffanlage muß so ausgeführt sein, daß keine Dampfblasenbildung auftreten kann.

2. Kraftstoffdurchfluß

(a) Falltankanlagen.

Der Kraftstoffdurchfluß bei Schwerkraftförderung (sowohl Haupt- als auch Reserveversorgung) für jeden Motor muß 150% des Kraftstoffverbrauchs bei Startleistung des Motors betragen.

(b) Anlagen mit Kraftstoffpumpen.

Die Kraftstoff-Fördermenge jeder Förderanlage (sowohl Haupt- als auch Reserveversorgung) muß 125% des Start-Kraftstoffverbrauchs bei der für den Motor festgelegten höchsten Startleistung betragen.

3. Nichtausfliegbare Kraftstoff-Restmenge

Die nichtausfliegbare Kraftstoff-Restmenge für jeden Behälter muß mindestens für die Menge festgelegt werden, bei der sich unter den schwierigsten Kraftstoffversorgungs-Bedingungen während des Starts, Steigflugs, Anflugs und während der Landung, denen der betroffene Kraftstoffbehälter unterworfen ist, die ersten Anzeichen aussetzender Versorgung zeigen. Sie darf nicht größer sein als 5% des Behälterfassungsvermögens.

4. Kraftstoffbehälter - Allgemeines

(a) Jeder Kraftstoffbehälter muß den Schwingungsbeanspruchungen, Massenkräften, Flüssigkeitsbelastungen und äußeren Kräften, denen er im Betrieb unterworfen sein kann, ohne zu versagen standhalten.

(b) Wenn das „Schwappen" des Kraftstoffes im Behälter den Schwerpunkt des Flugzeuges erheblich verändern kann, müssen Einrichtungen vorgesehen sein, die das „Schwappen" auf ein annehmbares Maß verringern.

5. Prüfung von Kraftstoffbehältern

Jeder Kraftstoffbehälter muß ohne Versagen oder Undichtigkeiten einem Druck von 1 ½ psi (0,1 bar) standhalten.

6. Einbau der Kraftstoffbehälter

(a) Jeder Kraftstoffbehälter muß so abgestützt sein, daß konzentrierte Lasten, die sich aus der Masse des Kraftstoffs ergeben, vermieden werden. Darüber hinaus

(1) müssen, falls notwendig, Polster vorhanden sein, um ein Scheuern zwischen jedem Tank und seinen Abstützungen zu verhindern und

(2) dürfen die Werkstoffe, die zur Abstützung oder Polsterung der Abstützung verwendet werden, nicht saugfähig sein oder müssen so behandelt werden, daß eine Durchtränkung mit Kraftstoff verhindert wird.

(b) Jeder Behältereinbauraum muß belüftet und mit Ablauf versehen sein, um die Ansammlung brennbarer Flüssigkeiten oder Dämpfe zu verhindern.

Jeder an den Behälter angrenzende Raum muß ebenfalls gut belüftet und mit Ablauf versehen sein.

(c) Kein Kraftstoffbehälter darf an einer Stelle untergebracht sein, wo er einem evtl. Motorbrand ausgesetzt wäre.

(d) Es muß nachgewiesen werden, daß der Einbauort des Behälters den Betrieb des Flugzeuges oder die normale Bewegungsfreiheit der Insassen in keiner Weise behindert und daß Leckkraftstoff keinen Insassen direkt treffen kann.

(e) Eine Beschädigung der Struktur infolge einer harten Landung, bei der das Fahrwerk über die Bruchlast hinweg beansprucht wird, die Lasten jedoch innerhalb der Notlandebedingungen liegen, darf nicht zu einem Bruch des Kraftstoffbehälters oder der Kraftstoffleitung führen.

7. Kraftstoffbehälter

(a) Jeder Kraftstoffbehälter muß, wenn er fest eingebaut ist, einen ablaßbaren Sumpf haben, der in allen normalen Boden- und Fluglagen wirksam ist und ein Fassungsvermögen von 0,10% des Behälterfassungsvermögens oder 120 cm³ hat, maßgebend ist der größere Wert. Andernfalls

(1) muß für die Kraftstoffanlage ein zum Ablassen zugängliches Abscheidegefäß oder eine Kammer mit einem Fassungsvermögen von 25 cm³ eingebaut sein und

(2) muß jeder Kraftstoffbehälterauslaß so angeordnet sein, daß in normaler Bodenlage Wasser von allen Teilen des Behälters zum Abscheidegefäß oder zu der Kammer läuft.

(3) Die Drainage muß leicht zugänglich und leicht zu betätigen sein.

(b) Jeder Ablaß der Kraftstoffanlage muß durch manuelle oder automatische Einrichtungen sicher in der geschlossenen Stellung verriegelt werden können.

8. Füllstutzen der Kraftstoffbehälter

Die Füllstutzen der Kraftstoffbehälter müssen außerhalb der für Personen bestimmten Räumen liegen. Vergossener Kraftstoff darf nicht in den Kraftstoffbehälterraum oder in irgendeinen anderen Teil des Flugzeuges, außer in den Behälter selbst, gelangen können.

9. Belüftung der Kraftstoffbehälter

Jeder Kraftstoffbehälter muß im oberen Teil seines Ausdehnungsraumes belüftet sein. Darüber hinaus muß

(a) jeder Belüftungsauslaß so angeordnet und gestaltet sein, daß die Gefahr seiner Verstopfung durch Eis oder andere Fremdkörper auf ein Mindestmaß beschränkt wird,

(b) jede Belüftung so gestaltet sein, daß eine Absaugung des Kraftstoffes durch Unterdruck während des normalen Betriebes vermieden wird,

(c) jede Belüftung ins Freie geführt werden.

10. Kraftstoff und Filter

(a) Ein Kraftstoff-Filter muß zwischen dem Kraftstoffbehälterauslaß und dem Vergasereintritt (oder der motorgetriebenen Pumpe - falls vorhanden) eingebaut sein.

(b) Jedes Sieb oder jeder Filter muß zum Ablassen und Reinigen leicht zugänglich sein.

11. Kraftstoffleitungen und Armaturen

(a) Jede Kraftstoffleitung muß so eingebaut und befestigt sein, daß übermäßige Schwingungen verhindert werden und daß sie den Belastungen standhält, die sich aus dem Kraftstoffdruck und den Beschleunigungen im Fluge ergeben.

(b) Jede Kraftstoffleitung, die an Bauteilen des Flugzeuges befestigt ist, die ihre Lage zueinander verändern können, muß Vorkehrungen für Nachgiebigkeit haben.

(c) Für biegsame Schlauchleitungen muß nachgewiesen werden, daß sie für den jeweiligen Anwendungszweck geeignet sind.

(d) Leckage aus irgendeiner Kraftstoffleitung oder Verbindung darf weder auf heiße Oberflächen oder Ausrüstungen auftreffen, so daß ein Brand verursacht werden kann, noch darf sie einen Insassen direkt treffen.

12. Kraftstoffventile und Regeleinrichtungen

(a) Es muß eine Einrichtung vorhanden sein, die es dem Flugzeugführer ermöglicht, die Kraftstoffzufuhr zum Motor im Fluge schnell abzustellen.

(b) Der Leitungsabschnitt zwischen dem Kraftstoff-Absperrhahn und dem Vergaser muß so kurz wie möglich sein.

(c) Jeder Kraftstoff-Absperrhahn muß entweder feste Anschläge oder wirksame Rasten in den Stellungen „auf" und „zu" haben.

III. Schmierstoffanlagen

1. Allgemeines

(a) Wenn ein Motor mit einer Schmierstoffanlage ausgestattet ist, muß diese den Motor mit einer ausreichenden Menge Öl von einer Temperatur versorgen können, die den für den sicheren Dauerbetrieb festgelegten Höchstwert nicht übersteigt.

(b) Jede Schmierstoffanlage muß ein für die Höchstflugdauer des Flugzeuges ausreichendes nutzbares Fassungsvermögen haben.

2. Schmierstoffbehälter

(a) Schmierstoffbehälter müssen so eingebaut sein, daß sie

(1) die Forderungen gemäß Abschnitt E, Absatz II, Punkt 6 (a), (b), (d) erfüllen und

(2) allen Schwingungsbeanspruchungen, Massenkräften und Flüssigkeitsbelastungen, die im Betrieb auftreten können, standhalten.

(b) Der Schmierstoffvorrat muß ohne Entfernung von Verkleidungsteilen (ausgenommen Handlochdeckel) und ohne Benutzung von Werkzeugen überprüft werden können.

(c) Wenn der Schmierstoffbehälter in den Motorraum eingebaut ist, muß er aus feuersicherem Werkstoff sein.

3. Prüfung von Schmierstoffbehältern

Schmierstoffbehälter müssen den in Abschnitt E, Absatz III, Punkt 5 aufgeführten Prüfungen unterzogen werden, jedoch müssen Druckprüfungen mit einem Druck von 5 psi (0,25 bar) durchgeführt werden.

4. Schmierstoffleitungen und Armaturen

(a) Schmierstoffleitungen müssen mit Abschnitt E, Absatz II, Punkt 11 übereinstimmen und jede Schmierstoffleitung und Armatur muß aus feuerhemmendem Werkstoff hergestellt sein.

(b) Belüftungsleitungen müssen so angeordnet sein, daß

(1) sich an keiner Stelle Kondenswasser oder Öl, das gefrieren kann und die Leitung verstopfen könnte, ansammeln kann;

(2) die Ausmündung der Belüftungsleitung bei Schaumbildung weder eine Brandgefahr darstellt noch aus der Leitung austretender Schmierstoff die Windschutzscheibe vor dem (den) Insassen oder dem (den) Flugzeugführer(n) verschmutzen kann;

(3) die Belüftungsleitung nicht in die Luftansauglage des Motors mündet.

IV. Kühlung

1. Allgemeines

Die Einrichtung zur Triebwerkskühlung muß in der Lage sein, die Temperaturen aller Bestandteile des Triebwerks und der Motorflüssigkeiten innerhalb der Temperaturgrenzen zu halten, die der Motorhersteller für alle wahrscheinlichen Betriebszustände angegeben hat oder die der Flugzeughersteller für diese Betriebszustände als erforderlich festgelegt hat.

V. Ansauganlage

1. Luftansauganlage

Die Luftansauganlage für den Motor muß die Zuführung der notwendigen Luftmengen zum Motor unter allen wahrscheinlichen Betriebsbedingungen gewährleisten. Das Eindringen von Fremdkörpern (Gras, Erde usw.) muß mittels eines Filters wirksam verhindert werden.

VI. Abgasanlage

1. Allgemeines

(a) Die Abgasanlage muß eine sichere Abführung der Abgase ohne Feuergefährdung und ohne Verunreinigung der Luft durch Kohlenmonoxyd in den für Personen bestimmten Räumen gewährleisten.

(b) Jedes Teil der Abgasanlage, dessen Oberfläche warm genug ist, um brennbare Flüssigkeiten oder Dämpfe zu entzünden, muß örtlich so untergebracht und abgeschirmt sein, daß die Leckage aus irgendeiner Anlage, die brennbare Flüssigkeiten oder Dämpfe führt, keinen Brand infolge Auftreffens von Flüssigkeiten oder Dämpfen auf irgendeinen Teil der Abgasanlage, einschließlich der Abschirmungen für die Abgasanlage, verursacht.

(c) Sämtliche Teile der Abgasanlage müssen von benachbarten brennbaren Teilen des Flugzeuges genügend entfernt sein, oder durch feuersichere Abschirmungen getrennt sein.

(d) Abgase dürfen nicht in gefährlicher Nähe von Ablässen der Kraftstoff- und Schmierstoffanlage austreten.

(e) Alle Teile der Abgasanlage müssen belüftet sein, damit es an keiner Stelle zu übermäßig hohen Temperaturen kommen kann.

2. Abgasleitung

(a) Die Abgasanlage muß aus feuersicheren Werkstoffen hergestellt sein und Vorkehrungen haben, um Schäden durch Ausdehnung bei Erwärmung auf Betriebstemperatur zu verhindern.

(b) Die Abgas- und Schalldämpferanlage muß so befestigt sein, daß sie allen Schwingungsbeanspruchungen und Massenkräften standhält, denen sie im normalen Betrieb unterworfen werden könnte.

(c) Teile der Abgasanlage, die mit Bauteilen verbunden sind, zwischen denen Relativbewegungen auftreten können, müssen flexible Verbindungen haben.

VII. Bedieneinrichtungen und Hilfsgeräte des Triebwerks

1. Allgemeines

Der Teil einer jeden Triebwerksbedieneinrichtung in einem Motorraum, der im Fall eines Brandes betätigt werden muß, muß wenigstens aus feuerhemmendem Werkstoff sein.

2. Zündschalter

(a) Es müssen Schalter vorhanden sein, um jeden Zündkreis abzuschalten.

(b) Jeder Zündstromkreis muß unabhängig geschaltet werden, und für seine Betätigung darf nicht die Betätigung irgendeines anderen Schalters erforderlich sein.

(c) Zündschalter müssen so angeordnet oder gestaltet sein, daß unbeabsichtigte Betätigung verhindert wird.

(d) Der Zündschalter darf nicht als Hauptschalter für andere Kreise benutzt werden.

3. Propellerdrehzahl

Drehzahl und Steigung des Propellers müssen auf Werte begrenzt sein, die einen sicheren Betrieb unter normalen Betriebsbedingungen gewährleisten.

(a) Während des Starts und des Steigfluges mit der empfohlenen Geschwindigkeit für bestes Steigen muß der Propeller die Motordrehzahl bei voll geöffneter Drossel auf eine Drehzahl begrenzen, die die höchstzulässige Drehzahl nicht überschreitet.

(b) Während eines Gleitfluges mit V_{NE} bei geschlossener Drossel oder abgestelltem Motor darf der Propeller keine Motordrehzahl bewirken, die oberhalb 110% der höchstzulässigen Motordrehzahl oder Propellerdrehzahl, maßgebend ist der kleinere Wert, liegt.

4. Motorverkleidung und -gondel

Für verkleidete Motoreinbauten gilt:

(a) Motorverkleidungen müssen so gebaut und befestigt sein, daß sie allen Schwingungsbeanspruchungen, Massen- und Luftkräften standhalten, denen sie im Betrieb ausgesetzt sein können.

(b) Es müssen Einrichtungen vorhanden sein, die bewirken, daß Leckstoffe aus allen Teilen der Verkleidung in den normalen Boden- und Fluglagen schnell und restlos abfließen können. Leckstoffe dürfen nicht an Stellen angeführt werden, wo sie eine Brandgefahr bilden.

(c) Alle Teile der Motorverkleidung, die infolge Nähe von Teilen der Abgasanlage oder infolge Beaufschlagung durch Abgase hohen Temperaturen ausgesetzt sind, müssen feuersicher ausgeführt sein.

F. AUSRÜSTUNG

I. Allgemeines

1. Funktion und Einbau

(a) Jedes Teil der geforderten Ausrüstung muß

(1) nach Art und Gestaltung der ihm zugedachten Funktion angemessen sein;

(2) gemäß den für diese Ausrüstung festgelegten Grenzen eingebaut sein und

(3) im eingebauten Zustand einwandfrei arbeiten.

(b) Geräte und andere Ausrüstungen dürfen weder für sich allein noch durch ihre Auswirkungen auf das Flugzeug dessen sicheren Betrieb gefährden.

Erläuterung zu (a) (3):
Die einwandfreie Funktion sollte nicht durch Temperaturen unter 0° C, starken Regen oder hohe Luftfeuchtigkeit beeinträchtigt werden. Wird ein Funkgerät eingebaut, sollte nachgewiesen werden, daß es durch die elektrische Anlage nicht in seiner Funktion beeinträchtigt wird.

2. Flugüberwachungs- und Navigationsgeräte

Folgende Flugüberwachungs- und Navigationsgeräte müssen eingebaut sein:

(1) Ein Fahrtmesser

(2) Ein Höhenmesser

(3) Ein Kompaß

3. Triebwerksüberwachungsgeräte

Folgende Triebwerksüberwachungsgeräte müssen eingebaut sein:

(1) Die Druck-, Temperatur- und Drehzahlanzeigegeräte, die der Motorhersteller fordert, oder die notwendig sind, um den Motor innerhalb seiner Grenzen zu betreiben;

(2) für jeden Kraftstoffbehälter ein Kraftstoffvorratsanzeiger, der für den Flugzeugführer, wenn dieser angeschnallt ist, sichtbar ist;

(3) ein Ölvorratsanzeiger für jeden Behälter, z. B. Peilstab.

4. Sonstige Ausrüstung

Für jeden Insassen muß ein vierteiliger Anschnallgurt vorhanden sein, der in der Lage ist, seinen Benutzer gegenüber den Kräften, die bei den unter den Notlandebedingungen vorgeschriebenen Beschleunigungen auftreten, zu halten.

Erläuterung hierzu:
Empfohlener Schultergurt-Einbau (s. Abb. 4.7).

Anmerkungen:

(1) Es wird empfohlen, wenn möglich einen Bodengurt einzubauen, da sonst der Schultergurt dazu tendiert, bei plötzlichen negativen Beschleunigungen den Beckengurt (wenn dieser nicht festsitzt) von den Hüften auf die Höhe des Magens zu ziehen, so daß sein Benutzer unter dem Beckengurt hindurchrutschen kann.

(2) Wenn sich zwischen dem Befestigungspunkt für die Schultergurte und der Oberkante der Rückenlehne mehr als 152 mm Gurtband befinden, sollen geeignete Einrichtungen, z.B. Führungsschlaufen, zur Begrenzung der seitlichen Bewegung vorhanden sein, um einen angemessenen Abstand zwischen den Schultergurten sicher zu stellen, so daß für den Benutzer die Gefahr der Verletzung oder eines Wundscheuerns des Halses auf ein Kleinstmaß verringert wird.

(3) Wenn die Rückenlehne des Sitzes ausreichend fest und so hoch ist, daß die Geometrie des Gurtzeuges der Zeichnung in Abbildung 4.7 entspricht (650 mm), dürfen die Schultergurte an der Rückenlehne oder über Führungsschlaufen am Boden des Flugzeuges befestigt werden.

(4) Wenn die Rückenlehne ausreichend fest ist, wird durch die Verwendung geeigneter Einrichtungen, z.B. Führungsschlaufen, die seitliche Bewegung bei Beschleunigungen unter den Notlandebedingungen gemäß Abschnitt C, Absatz X, Punkt 1 begrenzt.

II. Geräteeinbau

1. Anordnung und Sichtbarkeit

Die Flugüberwachungs- und Navigationsgeräte müssen übersichtlich angeordnet und für jeden Flugzeugführer leicht abzulesen sein.

2. Pitot- und statische Druckanlage

(a) Jedes Gerät, dessen Gehäuse an den statischen Druck angeschlossen wird, muß so entlüftet sein, daß der Einfluß der Fluggeschwindigkeit das Öffnen und Schließen von Fenstern, Feuchtigkeit oder andere Fremdkörper die Genauigkeit der Geräte nicht wesentlich beeinträchtigen.

(b) Die Anlagen für den Gesamtdruck und den statischen Druck müssen so gestaltet und eingebaut sein, daß

(1) eine sichere Ableitung von eingedrungener Feuchtigkeit möglich ist,

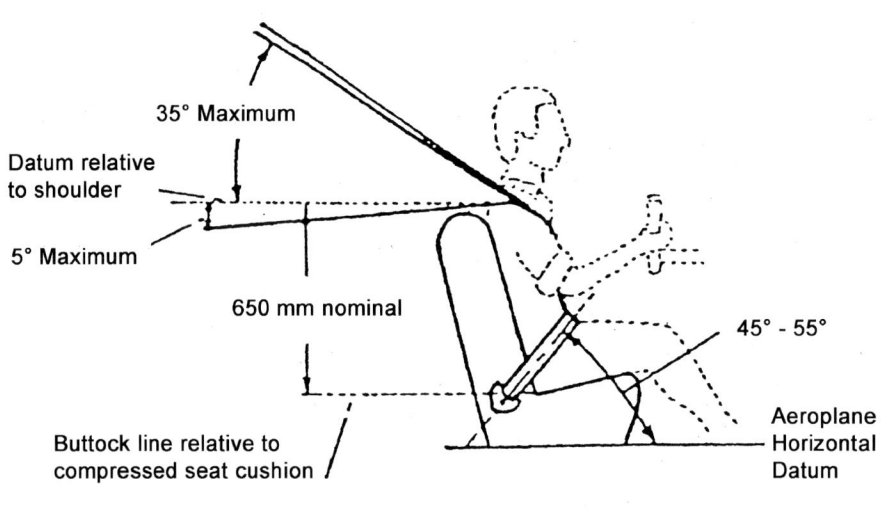
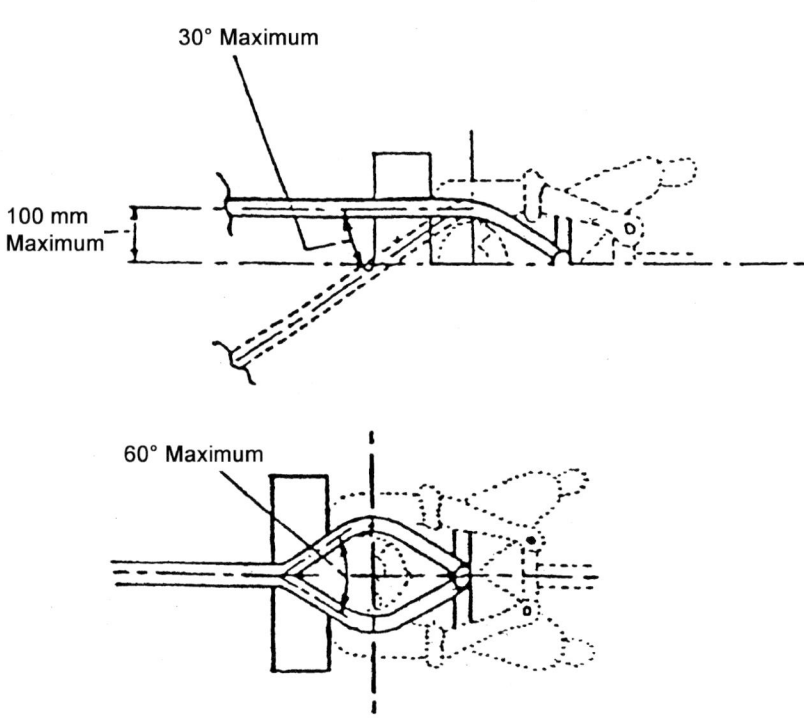

Abb. 4.7: Empfohlener Einbau der Schultergurte.

(2) Scheuern der Leitungen und übermäßige Verformung oder Verengung an Krümmungen in den Leitungen vermieden werden und

(3) die verwendeten Werkstoffe dauerhaft, für den beabsichtigten Zweck geeignet und korrosionsgeschützt sind.

3. Triebwerksüberwachungsgeräte

(a) Geräte und deren Leitungen

(1) Leitungen der Triebwerksüberwachungsgeräte, die brennbare, unter Druck stehende Flüssigkeit führen, müssen die Forderungen gemäß Abschnitt E, Absatz II, Punkt 11 erfüllen.

(2) Leitungen, die brennbare, unter Druck stehende Flüssigkeiten führen, müssen an der Druckquelle mit Einschnürungen oder anderen Sicherheitseinrichtungen versehen sein, damit bei einem Leitungsbruch nicht übermäßig viel Flüssigkeit entweichen kann.

(b) Freiliegende Schaugläser, die als Kraftstoffvorratsanzeiger dienen, müssen gegen Beschädigung geschützt sein.

III. Elektrische Anlagen und Ausrüstung

1. Gestaltung und Einbau von Sammlerbatterien

(a) Sammlerbatterien müssen entsprechend den Festlegungen dieser Abschnitte gestaltet und eingebaut sein.

(b) Explosive oder giftige Gase, die der Sammlerbatterie im normalen Betrieb oder infolge irgendeines möglichen Versagens der Ladeeinrichtung oder der Batterieanlage entweichen, dürfen sich nicht in gefährlichen Mengen im Flugzeug ansammeln können.

(c) Korrodierende Flüssigkeiten oder Dämpfe, die aus der Batterie entweichen, dürfen nicht zu Schäden an den umgebenden Festigkeitsverbänden oder an benachbarten wichtigen Ausrüstungsteilen führen.

2. Elektrische Leitungen und Zubehör

(a) Jede elektrische Leitung muß einen ausreichenden Querschnitt haben und einwandfrei verlegt, befestigt und angeschlossen sein, so daß Kurzschlüsse und Brandgefahr weitgehend ausgeschlossen sind.

(b) Für jedes elektrische Gerät muß eine Überstrom-Schutzeinrichtung vorhanden sein. Keine Schutzeinrichtung darf für mehr als einen für die Flugsicherheit wesentlichen Kreis bestimmt sein.

IV. Sonstige Ausrüstung

1. Funk- und Funknavigationsausrüstung

Jedes vorhandene Funkausrüstungsgerät muß folgenden Bedingungen genügen:

(a) Die Ausrüstung und ihre Antennen dürfen weder für sich allein noch durch die Art, wie sie betrieben werden, noch durch ihren Einfluß auf das Betriebsverhalten des Flugzeuges und seiner Ausrüstung Gefahrenquellen bilden.

(b) Die Ausrüstung und ihre Bedien- und Überwachungsorgane müssen so angeordnet sein, daß sie leicht bedient werden können. Ihr Einbau muß so erfolgen, daß sie zur Vermeidung von Überhitzung ausreichend belüftet sind.

(c) Jedes Funkausrüstungsgerät muß von der Behörde zugelassen sein.

G. BETRIEBSGRENZEN UND ANGABEN

1. Allgemeines

(a) Alle im folgenden Absatz aufgeführten Betriebsgrenzen und andere Grenzen und Angaben, die für den sicheren Betrieb erforderlich sind, müssen festgelegt werden.

(b) Die Betriebsgrenzen und andere Angaben, die für den sicheren Betrieb erforderlich sind, müssen dem Flugzeugführer zugänglich gemacht werden, wie in Abschnitt G, Absatz I und II vorgeschrieben.

2. Fluggeschwindigkeiten

(a) Alle Fluggeschwindigkeiten müssen als am Fahrtmesser angezeigte Geschwindigkeiten (IAS) festgelegt werden.

(b) Die Höchstgeschwindigkeit V_{NE} darf das 0,90-fache der höchsten im Flugversuch nachgewiesenen Geschwindigkeit (V_{DF}) nicht überschreiten.

(c) Die im Flug nachgewiesene Höchstgeschwindigkeit V_{DF} darf die Bemessungshöchstgeschwindigkeit V_D nicht überschreiten.

Erläuterung zu Punkt 2 (a):
Geschwindigkeit (EAS), die sich aus den Festigkeitsgrenzen ergibt, sollte entsprechend umgerechnet werden.

3. Manövergeschwindigkeit

Die Manövergeschwindigkeit darf die Bemessungs-Manövergeschwindigkeit V_A gemäß Abschnitt C, Absatz III, Punkt 2 nicht überschreiten.

4. Geschwindigkeit für das Betätigen der Flügelklappen

Bei jeder positiven Flügelklappenstellung darf die höchstzulässige Geschwindigkeit für das Betätigen der Flügelklappen V_{FE} nicht größer sein als das 0,9-fache der Geschwindigkeit V_F gemäß Abschnitt C, Absatz III, Punkt 2, für die der Festigkeitsverband ausgelegt ist.

5. Geschwindigkeit für das Betätigen des Fahrwerks

Die höchstzulässige Geschwindigkeit für das Betätigen des Fahrwerks V_{LO} muß für einziehbare Fahrwerke festgelegt werden, falls sie kleiner als die Höchstgeschwindigkeit V_{NE} ist.

6. Masse und Schwerpunktlagen

(a) die in Abschnitt B, Absatz I, Punkt 3 definierten Höchstmasse muß als Betriebsgrenze festgelegt werden.

(b) Die in Abschnitt B, Absatz I, Punkt 2 definierten Grenzlagen für den Schwerpunkt müssen als Betriebsgrenzen festgelegt werden.

(c) Die Leermasse und die zugehörigen Schwerpunktlagen müssen in Übereinstimmung mit Abschnitt B, Absatz I, Punkt 4 bestimmt werden.

7. Triebwerksgrenzwerte

Die Triebwerksgrenzwerte müssen so festgelegt werden, daß sie die vom Motorhersteller und vom Propellerhersteller angegebenen Grenzwerte nicht überschreiten, es sei denn, der Antragsteller hat zufriedenstellend nachgewiesen, daß in Verbindung mit dem Flugzeug höhere Grenzwerte sicher verwendet werden können.

8. Betriebshandbuch

Ein Betriebshandbuch, das die Angaben enthält, die der Antragsteller für die richtige Wartung für wesentlich hält, muß erstellt werden. Der Antragsteller muß bei der Aufstellung der wesentlichen Angaben mindestens folgendes berücksichtigen:

(a) Beschreibung der Anlagen;

(b) Abschmierpläne mit der Angabe der Häufigkeit des Abschmierens, des Schmierstoffes und der Schmierflüssigkeiten, die in den verschiedenen Anlagen verwendet werden müssen;

(c) Drücke und elektrische Belastungen, die für die verschiedenen Anlagen anwendbar sind;

(d) Toleranzen und Justierungen, die zum richtigen Funktionieren notwendig sind, einschließlich Steuerflächenausschlägen;

(e) Verfahren zum Aufbocken, Heben und Schleppen am Boden;

(f) Angabe der Haupt- und Nebenstruktur;

(g) Häufigkeit und Ausmaß der Prüfungen, die für die ordnungsgemäße Wartung des Flugzeuges notwendig sind;

(h) besondere Instandhaltungsverfahren für das Flugzeug;

(i) besondere Prüfverfahren;

j) Liste der Spezialwerkzeuge;

(k) Angaben für die Wägung und die Ermittlung der Schwerpunktlage, die für den störungsfreien Betrieb des Flugzeuges notwendig sind;

(l) Festlegung der Laufzeit- und Lebensdauerbefristungen (Auswechseln oder Überholung) von Teilen, Zubehörteilen und Zusatzeinrichtungen, die diesen Befristungen unterliegen;

(m) Materialien, die für kleine Reparaturen notwendig sind;

(n) Empfehlungen für die Reinigung und Pflege;

(o) Angaben zum Einbau, zur Wartung und Nachprüfung des Rettungssystems;

(p) Angabe der Auflagepunkte und der Maßnahmen, die zur Vermeidung von Schäden beim Transport am Boden zu ergreifen sind;

(q) Liste der Beschriftungen und Markierungen sowie deren Anbringungsorte.

I. Kennzeichnungen und Beschriftungen

1. Allgemeines

(a) Das Flugzeug muß versehen sein mit

(1) den in Absatz 4 festgelegten Kennzeichnungen und Beschriftungen,

(2) allen zusätzlichen Angaben, Gerätekennzeichnungen und Beschriftungen, die für den sicheren Betrieb erforderlich sind.

(b) Alle in Absatz (a) dieses Paragraphen festgelegten Kennzeichnungen und Beschriftungen

(1) müssen an einer auffallenden Stelle angebracht sein und

(2) dürfen nicht leicht entfernt, verändert oder schwer erkennbar werden können.

(c) Die Maßeinheiten für die Angabe der Fluggeschwindigkeit auf den Beschriftungen müssen dieselben sein wie die, die auf dem Fahrtmesser verwendet werden.

2. Kompaß

Wenn ein Kompaß eingebaut ist und wenn die Deviation nicht unter 5° für jeden Kurs beträgt, muß in der Nähe des Magnetkompasses eine Tafel mit den Deviationswerten für mißweisende Kurse in Stufen von höchstens 30° angebracht werden.

3. Triebwerksüberwachungsgeräte

Für jedes vorgeschriebene Triebwerksüberwachungsgerät gilt, soweit für die Art des Gerätes zweckmäßig:

Alle größten und - wenn anwendbar - kleinsten Grenzwerte für den sicheren Betrieb müssen mit einem roten radialen Strich markiert werden.

4. Kraftstoffvorratsanzeiger

Jeder Kraftstoffvorratsanzeiger muß so markiert sein, daß er in waagerechter Fluglage „Null" anzeigt, wenn die im Behälter noch vorhandene Kraftstoffmenge der gemäß Abschnitt E, Absatz II, Punkt 3 ermittelten nicht ausfliegbaren Menge entspricht.

5. Kennzeichnung der Steuer- und Bedienorgane

(a) Alle Steuerungen und Bedienorgane im Führerraum, mit Ausnahme der Hauptsteuerung, müssen in Bezug auf ihre Funktion und Betriebsart eindeutig gekennzeichnet sein.

(b) Die Farbkennzeichnungen der Steuerungen und Bedienorgane müssen mit den in Abschnitt D, Absatz IV, Punkt 6 festgelegten übereinstimmen.

(c) Für Bedieneinrichtungen der Kraftstoffanlage gilt:

(1) Jeder Tankwahlschalter muß gekennzeichnet sein, so daß die jedem Kraftstoffbehälter entsprechende Stellung ersichtlich ist.

(2) Wenn die Betriebssicherheit die Einhaltung einer bestimmten Reihenfolge in der Benutzung der Behälter erfordert, muß auf den Tankwahlschaltern oder daneben die Reihenfolge, in der die Behälter zu benutzen sind, angegeben werden.

6. Verschiedene Kennzeichnungen und Beschriftungen

(a) Gepäckraum: An jedem Gepäckraum muß eine Beschriftung angebracht sein, auf der die Beladungsgrenze angegeben ist.

(b) Die Einfüllöffnungen für Kraftstoff müssen auf oder neben den Verschlußdeckeln mit dem Kraftstoff/Öl-Mischungsverhältnis gekennzeichnet sein.

(c) Kunstflugfiguren: Ein Schild mit dem Hinweis, daß Kunstflugfiguren und absichtlich eingeleitetes Trudeln untersagt sind, muß für den Flugzeugführer klar sichtbar sein.

II. Flughandbuch

1. Allgemeines

(a) Für jedes Flugzeug muß ein Flughandbuch erstellt und vorgelegt werden. Es muß mindestens die in den beiden folgenden Absätzen festgelegten Angaben enthalten.

(b) Alle in den beiden folgenden Absätzen nicht festgelegten Angaben, die für den sicheren Betrieb oder aufgrund außergewöhnlicher Gestaltung, Betriebsweise oder Betriebseigenschaften erforderlich sind, müssen zur Verfügung gestellt werden.

(c) Die Angabe der Fluggeschwindigkeit auf der Skalenscheibe oder im Flughandbuch muß jeweils in derselben Einheit erfolgen.

2. Betriebsgrenzen

(a) Geschwindigkeitsgrenzwerte

Die folgenden Grenzwerte müssen angegeben werden:

(1) Die Geschwindigkeitsgrenzen V_{NE} und, falls anwendbar, V_{FE} und V_{LO} zusammen mit den Bedeutungen dieser Grenzen;

(2) Grenzwerte für die zulässigen Windverhältnisse;

(3) Triebwerksgrenzwerte.

(b) Massen

Die folgenden Grenzwerte müssen angegeben werden:

(1) Die Höchstmasse;

(2) die Leermasse und die Lage des Leermassenschwerpunkts;

(3) die Zusammensetzung der Zuladung.

(c) Beladung

Die folgenden Grenzwerte müssen angegeben werden:

(1) Die in Abschnitt B, Absatz I, Punkt 3 geforderten Masse- und Schwerpunktgrenzen zusammen mit den (im dortigen Punkt 4) in der Leermasse enthaltenen Teilen;

(2) Angaben, die es dem Flugzeugführer ermöglichen, festzustellen, ob der Schwerpunkt und die Verteilung der Zuladung bei den verschiedenen Beladungskombinationen noch im festgelegten zulässigen Bereich liegen;

(3) Angaben für die richtige Unterbringung des herausnehmbaren Ballastes für jeden Beladungszustand, für den herausnehmbarer Ballast erforderlich ist.

(d) Die zugelassenen Flugfiguren, für die ein Nachweis erbracht wurde, müssen zusammen mit den zulässigen Bereichen der Flügelklappenstellung für diese Flugfiguren angegeben werden.

(e) Lastvielfache

Folgende positive sichere Abfanglastvielfache sind anzugeben:

(1) Für V_{NA}, das dem Punkt A in Abbildung 4.3 entsprechende Vielfache;

(2) für V_{NE}, das dem Punkt D in Abbildung 4.3 entsprechende Vielfache.

Erläuterung zu (a):
Die Bedeutung von V_{NE} und V_A sollte im Hinblick auf die zulässige Querruder-, Höhenruder- und Seitenruderbetätigung angegeben werden.

3. Betriebsangaben und -verfahren

(a) Es müssen Angaben über normale und in Notfällen anzuwendende Verfahren sowie sonstige Angaben, die zum sicheren Betrieb notwendig sind, gemacht werden.

(b) Es müssen Informationen über die Verfahren für einen sicheren Start und eine sichere Landung und die dazugehörigen nach Abschnitt B, Absatz II, Punkt 3 ermittelten Strecken zusammen mit Hinweisen zu den bei Seitenwind anzuwendenden Verfahren gegeben werden. Es muß eine Angabe über die höchsten Seitenwindkomponenten, für die Start und Landung nachgewiesen wurden, und darüber, ob eine Abminderung der Steuerfähigkeit festgestellt wurde, gemacht werden. Angaben über ein sicheres Verfahren für eine Landung ohne Triebwerksleistung müssen gemacht werden.

(c) Die folgenden Daten müssen angegeben werden:

(1) Geschwindigkeit für das beste Steigen, die nicht geringer sein darf als die, welche für den Nachweis der Übereinstimmung in Abschnitt B, Absatz II, Punkt 4 verwendet wurde;

(2) die Überziehgeschwindigkeit in verschiedenen Zustandsformen;

(3) der Höhenverlust vom Beginn des überzogenen Flugzustandes aus dem Geradeausflug bis zur Wiederherstellung des Horizontalfluges und die größte Längsneigung unterhalb des Horizontes, wie in Abschnitt B, Absatz V, Punkt 1 festgelegt.

(d) Sind besondere Verfahren notwendig, um den Motor im Fluge anzulassen, müssen diese angegeben sein.

(e) Es müssen Angaben über sichere Verfahren für Aufrüsten, Ausrichten und Abrüsten, soweit es üblicherweise vor und nach dem Flugbetrieb durch den Flugzeugführer erfolgt, gemacht werden, um eine versehentliche Beschädigung des Flugzeuges zu vermeiden.

(f) Es sind Angaben zur Funktion und Bedienung des Rettungssystems zu machen.

H. MOTOREN

1. Allgemeines

Motoren für UL-Flugzeuge müssen musterzugelassen sein.

Die Motoren für UL-Flugzeuge können mustergeprüft sein unter Berücksichtigung von JAR-E, JAR 22, Abschnitt H oder FAR Part. 33.

2. In der Flugzeug-Musterprüfung eingeschlossene Motorenprüfung

Wenn der Motor für ein bestimmtes Muster eines UL-Flugzeugs vorgesehen ist, kann die Dauerprüfung in diesem UL-Flugzeug als 50-Stunden-Flugprüfung durchgeführt werden.

Die Flugprüfung soll mindestens umfassen:

- 100 Starts
- 10 Flüge von wenigstens einer Stunde Dauer
- 60 Steigflüge auf wenigstens 500 m über Grund, wobei die Startleistung jeweils mindestens 5 Minuten ununterbrochen entnommen werden muß. Von diesen Steigflügen sollen mindestens 30 bei sommerlichen Temperaturen (mindestens 20° C) am Boden durchgeführt werden.

J. PROPELLER

I. Gestaltung und Bauausführung

1. Werkstoffe

Die Eignung und Dauerhaftigkeit der zur Herstellung des Propellers verwendeten Werkstoffe muß

(a) aufgrund von Erfahrungen oder Versuchen nachgewiesen sein;

(b) Spezifikationen entsprechen, um sicher zu stellen, daß ihre Festigkeit und sonstigen Eigenschaften mit den Entwurfsdaten übereinstimmen.

2. Dauerverhalten

Durch entsprechende Gestaltung und Bauausführung muß das Entstehen eines unsicheren Betriebszustandes des Propellers in der Zeit zwischen zwei Überholungen weitgehend ausgeschlossen sein.

3. Regelung der Steigungseinstellung

Wenn beabsichtigt ist, einen Einstellpropeller oder einen Verstellpropeller einzubauen, ist die anerkannte Stelle zu Rate zu ziehen.

Kapitel 5
Anhang

Flugplätze mit UL-Betrieb und UL-Fluggelände in Deutschland

Die beiden Tabellen auf den nächsten Seiten enthalten die wichtigsten Daten über die Verkehrs- und Sonderlandeplätze mit UL-Flugbetrieb sowie über die UL-Fluggelände in Deutschland.

Die erste Tabelle der **Verkehrs- und Sonderlandeplätze mit UL-Flugbetrieb** ist alphabetisch nach Namen sortiert (**Flugplatz**). Kann der Flugplatz nur nach vorheriger Genehmigung angeflogen werden, ist zusätzlich *UL PPR* vermerkt. Daneben folgt die ICAO-Ortskennung (**ICAO**).

Die Koordinaten der Flugplätze (**Koord N** (Nord) und **Koord E** (Ost)) werden in Grad, Minuten und Sekunden angegeben (z.B. Aachen Merzbrück, 50 Grad 49 Min und 24 Sek Nord, 6 Grad 11 Min und 12 Sek Ost). Diese Koordinaten sind nicht immer identisch mit denen der entsprechenden Flugplatzkarten der AIP VFR. Die Abweichung ist für VFR-Flüge aber ohne praktische Bedeutung.

Die Platzhöhe in Fuß (**Elev ft**) sowie Angaben über die Start-/Landebahn (**S/L-Bahn**, Ausrichtung in Grad, Länge in Meter, Art des Belages (*A* = Asphalt, *B* = Beton, *Bit* = Bitumen, *G* = Gras)) ergänzen die Flugplatzdaten. Anmerkung: Bei mehreren Bahnen wird nur die Hauptbahn, bei mehreren Belagarten die Kombination (z.B. *G/A*) genannt.

Anhand der Tabelle kann sich der Ultraleichtflieger über die Lage der Plätze, die Höhe und die Eigenschaften der Hauptbahn mit Ausrichtung, Länge und Belagart informieren.

Detail-Informationen über die Plätze können den Flugplatz-Lageplänen und Anflugkarten der AIP VFR entnommen werden.

Hinweis: Da die Zahl der zugelassenen Flugplätze ständig zunimmt, sind immer nur die aktuellen Unterlagen aus der AIP VFR zu verwenden.

Nach den Flugplätzen mit UL-Flugbetrieb folgt eine ebenfalls alphabetisch nach Namen sortierte Tabelle mit **UL-Fluggeländen**. Dieses Verzeichnis wurde uns freundlicherweise vom DULV (Deutscher Ultraleichtflugverband e.V.) zur Verfügung gestellt. Diese Fluggelände haben keine ICAO-Kennung. Nach den **Koordinaten** (Erläuterung s. Spalte links) folgt das Feld **Art**, in dem *SFG* Segelfluggelände mit Ultraleicht-Flugbetrieb und *ULG* Ultraleichtfluggelände bedeuten.

Das letzte Datenbankfeld **Zul** bezieht sich auf die Zulassung der UL-Fluggelände nach dem Luftverkehrsgesetz (LuftVG):

6 bedeutet eine allgemeine Zulassung nach § 6 LuftVG ohne Einschränkungen. Der Betreiber kann jedoch eigene Auflagen einführen, z.B. werden häufig nur 3-Achser zur Landung zugelassen.

25 betrifft nach § 25 LuftVG die Außenstart- und Landegenehmigung (mit jährlicher Erneuerung). Hierbei können z.B. nur registrierte Maschinen oder Piloten eine Außenlandegenehmigung erhalten, die Anzahl der Starts kann beschränkt werden oder eine besondere Einweisung wegen schwierigem Gelände erforderlich sein. Der Zusatz *i.A.* bedeutet Zulassung in Arbeit, *ja* besagt lediglich, daß UL-Aktivitäten stattfinden, die Art der Zulassung jedoch unbekannt ist.

Flugplatz	ICAO	Koord N	Koord E	Elev ft	S/L-Bahn
Aalen-Heidenheim	EDPA	48 46 40 N	10 15 53 E	1.916	09/27 - 950 - A
Albstadt-Degerfeld	EDSA	48 14 59 N	09 03 37 E	2.881	09/27 - 580 - G
Alkersleben-Wülfershausen	EDBA	50 50 28 N	11 04 13 E	1.145	09/27 - 870 - A
Allstedt	EDBT	51 23 00 N	11 26 30 E	930	07/25 - 1.200 - B
Altenburg-Nobitz	EDAC	50 58 55 N	12 30 23 E	641	04/22 - 1.795 - B
Anklam	EDCA	53 50 00 N	13 40 30 E	18	09/27 - 900 - A
Ansbach-Petersdorf / UL PPR	EDQF	49 21 36 N	10 40 16 E	1.370	09/27 - 780 - G
Aschaffenburg / UL PPR	EDFC	49 56 20 N	09 03 45 E	410	08/26 - 653 - A
Aschersleben	EDCQ	51 45 54 N	11 29 54 E	525	11/29 - 900 - G
Auerbach	EDOA	50 29 49 N	12 22 44 E	1.880	18/36 - 580 - G
Backnang-Heiningen	EDSH	48 55 11 N	09 27 19 E	963	11/29 - 500 - G
Bad Dürkheim	EDRF	49 28 24 N	08 11 48 E	351	08/26 - 480 - A
Bad Frankenhausen-Udersleben	EDOF	51 22 24 N	11 08 30 E	760	08/26 - 650 - G
Bad Gandersheim / UL PPR	EDVA	51 51 10 N	10 01 35 E	792	18/36 - 675 - G
Bad Kissingen / UL PPR	EDFK	50 12 38 N	10 04 08 E	653	17/35 - 620 - G
Bad Langensalza	EDEB	51 07 46 N	10 37 16 E	649	09/27 - 700 - G
Bad Neustadt/Saale-Grasberg	EDFD	50 18 20 N	10 13 36 E	997	14/32 - 600 - A
Bad Pyrmont	EDVW	51 58 03 N	09 17 35 E	1.177	04/22 - 600 - A
Bad Sobernheim-Domberg	EDRS	49 47 27 N	07 39 57 E	810	04/21 - 600 - G
Bad Windsheim	EDQB	49 30 36 N	10 21 59 E	1.220	08/26 - 690 - G
Ballenstedt	EDCB	51 44 46 N	11 13 45 E	533	09/27 - 560 - A
Barßel / UL PPR	EDXL	53 09 53 N	07 47 37 E	9	12/30 - 600 - G
Barth	EDBH	54 20 17 N	12 42 36 E	22	09/27 - 1.150 - A
Bautzen	EDAB	51 11 36 N	14 31 12 E	550	07/25 - 2.200 - B
Bienenfarm-Nauen	EDOI	52 39 37 N	12 44 52 E	102	12/30 - 850 - G
Binningen	EDSI	47 47 57 N	08 43 14 E	1.594	07/25 - 777 - G
Blaubeuren	EDMC	48 25 12 N	09 47 56 E	2.217	10/28 - 556 - G
Blomberg-Borkhsn. / UL PPR	EDVF	51 55 05 N	09 06 48 E	535	06/24 - 480 - G
Böhlen	EDOE	51 12 55 N	12 22 04 E	430	06/24 - 700 - G
Bohmte-Bad Essen / UL PPR	EDXD	52 21 03 N	08 19 50 E	148	11/29 - 580 - G
Bopfingen	EDNQ	48 50 54 N	10 20 02 E	2.028	07/25 - 465 - G/A
Bordelum	EDWA	54 37 37 N	08 55 49 E	3	04/22 - 550 - G
Breitscheid	EDGB	50 40 46 N	08 10 22 E	1.833	07/25 - 785 - A
Bremgarten	EDTG	47 54 11 N	07 37 04 E	695	05/23 - 1.650 - A

Flugplatz	ICAO	Koord N	Koord E	Elev ft	S/L-Bahn
Brilon/Hochsauerland	EDKO	51 24 09 N	08 38 31 E	1.510	07/25 - 600 - A
Burg bei Magdeburg	EDBG	52 14 30 N	11 51 22 E	173	09/27 - 850 - G
Burg Feuerstein / UL PPR	EDQE	49 47 42 N	11 08 04 E	1.674	09/27 - 863 - A
Celle-Arloh / UL PPR	EDVC	52 41 27 N	10 06 33 E	207	05/23 - 800 - G
Cochstedt-Schneidlingen	EDBC	51 51 18 N	11 25 08 E	594	08/26 - 2.500 - B
Cottbus-Drewitz	EDCD	51 53 22 N	14 31 54 E	271	07/25 - 2.500 - B
Damme / UL PPR	EDWC	52 29 15 N	08 11 10 E	151	11/29 - 700 - A
Dedelow	EDBD	53 21 22 N	13 47 01 E	164	10/28 - 900 - G/B
Dessau	EDAD	51 49 55 N	12 11 25 E	187	09/27 - 1.000 - A
Dingolfing	EDPD	48 39 34 N	12 29 54 E	1.165	08/26 - 500 - G
Dinkelsbühl-Sinbronn	EDND	49 03 58 N	10 24 08 E	1.598	09/27 - 700 - G
Donauesch.-Villingen / UL PPR	EDTD	47 58 25 N	08 31 20 E	2.227	18/36 - 1.200 - A
Donzdorf-Messelberg	EDPM	48 40 45 N	09 50 41 E	2.272	09/27 - 600 - G
Ebern-Sendelbach	EDQR	50 02 23 N	10 49 22 E	828	14/32 - 522 - G
Eggenfelden	EDME	48 23 46 N	12 43 25 E	1.342	09/27 - 1.120 - A
Eggersdorf	EDCE	52 28 45 N	14 05 00 E	220	06/24 - 2.380 - G/A
Eichstätt	EDPE	48 52 39 N	11 11 00 E	1.685	11/29 - 526 - G
Eisenach-Kindel	EDGE	50 59 25 N	10 28 50 E	1.112	10/28 - 1.500 - B
Emden / UL PPR	EDWE	53 23 28 N	07 13 32 E	0	07/25 - 1.100 - A
Erbach	EDNE	48 20 34 N	09 55 04 E	1.558	03/21 - 650 - G
Fehrbellin	EDBF	52 47 36 N	12 45 24 E	138	11/29 - 735 - G/B
Finow / UL PPR	EDAV	52 49 38 N	13 41 37 E	121	10/28 - 2.520 - B
Flensburg-Schäferhaus	EDXF	54 46 24 N	09 22 44 E	130	11/29 - 1.040 - B
Friedrichshafen / UL PPR	EDNY	47 40 13 N	09 30 42 E	1.366	06/24 - 2.745 - A
Ganderkesee Atl. Airf. / UL PPR	EDWQ	53 02 15 N	08 30 22 E	96	08/26 - 799 - A
Gardelegen	EDOC	52 31 40 N	11 21 15 E	230	08/26 - 550 - G
Gelnhausen / UL PPR	EDFG	50 11 50 N	09 10 12 E	413	07/25 - 740 - G
Gera-Leumnitz	EDAJ	50 52 55 N	12 08 20 E	1.015	06/24 - 750 - A
Gerstetten	EDPT	48 37 20 N	10 03 44 E	1.975	08/26 - 530 - G
Görlitz	EDBX	51 09 32 N	14 57 01 E	778	06/24 - 750 - G
Grefrath-Niershorst	EDLF	51 20 02 N	06 21 34 E	105	07/25 - 575 - G
Griesau	EDPG	48 57 17 N	12 25 22 E	1.060	15/33 - 445 - G
Großenhain	EDAK	51 18 30 N	13 33 24 E	417	12/30 - 1.640 - B
Großrückerswalde	EDAG	50 38 38 N	13 07 35 E	2.198	11/29 - 1.000 - G

Flugplatz	ICAO	Koord N	Koord E	Elev ft	S/L-Bahn
Halle/Oppin / UL PPR	EDAQ	51 33 07 N	12 03 10 E	347	11/29 - 1.060 - A
Hamm-Lippewiesen	EDLH	51 41 24 N	07 49 00 E	190	06/24 - 730 - G
Hartenholm	EDHM	53 54 54 N	10 02 26 E	108	05/23 - 506 - A
Haßfurt / UL PPR	EDQT	50 01 05 N	10 31 46 E	718	11/29 - 1.100 - A
Heide-Büsum	EDXB	54 09 18 N	08 54 10 E	7	11/29 - 720 - A
Heringsdorf	EDAH	53 52 43 N	14 09 08 E	92	10/28 - 2.305 - Bit
Herzogenaurach / UL PPR	EDQH	49 35 01 N	10 52 25 E	1.070	08/26 - 690 - A
Hettstadt / UL PPR	EDGH	49 47 55 N	09 50 13 E	1.050	09/27 - 550 - G
Hildesheim	EDVM	52 10 46 N	09 56 46 E	293	07/25 - 940 - A
Hölleberg	EDVL	51 36 45 N	09 23 55 E	837	08/26 - 520 - G
Hoppstädten-Weiersbach	EDRH	49 36 41 N	07 11 06 E	1.093	06/24 - 500 - A
Höxter-Holzminden	EDVI	51 48 24 N	09 22 42 E	934	14/32 - 744 - A
Hünsborn	EDKH	50 55 49 N	07 54 00 E	1.306	09/27 - 700 - G
Idar-Oberstein/Göttschied	EDRG	49 43 58 N	07 20 17 E	1.575	07/25 - 650 - G
Kamenz	EDCM	51 17 46 N	14 07 40 E	495	03/21 - 1.100 - B
Karlshöfen / UL PPR	EDWK	53 20 03 N	09 01 44 E	20	12/30 - 700 - A
Karlsruhe-Forchheim / UL PPR	EDTK	48 58 47 N	08 19 52 E	380	03/21 - 800 - G
Kassel-Calden	EDVK	51 24 24 N	09 22 27 E	907	04/22 - 1.500 - A
Kehl-Sundheim	EDSK	48 33 31 N	07 51 01 E	452	03/21 - 475 - G
Kirchdorf/Inn	EDNK	48 14 22 N	12 58 42 E	1.138	04/22 - 670 - G
Klein Mühlingen	EDOM	51 56 45 N	11 46 52 E	171	09/27 - 420 - G
Klix-Bautzen	EDCI	51 16 25 N	14 30 23 E	486	10/28 - 760 - G
Koblenz-Winningen	EDRK	50 19 28 N	07 31 39 E	640	06/24 - 995 - A
Korbach / UL PPR	EDGK	51 15 19 N	08 52 38 E	1.280	03/21 - 600 - G
Köthen	EDCK	51 43 21 N	11 56 50 E	304	07/25 - 800 - B
Kührstedt-Bederkesa / UL PPR	EDXZ	53 34 04 N	08 47 26 E	26	12/30 - 396 - G
Kulmbach	EDQK	50 08 06 N	11 27 31 E	1.660	09/27 - 719 - A
Kyritz	EDBK	52 55 15 N	12 25 40 E	130	14/32 - 1.000 - A
Lager Hammelburg / UL PPR	EDFJ	50 05 55 N	09 53 01 E	1.133	10/28 - 553 - G/A
Lahr / UL PPR	EDTL	48 22 09 N	07 49 40 E	508	03/21 - 3.000 - B/A
Laichingen	EDPJ	48 29 47 N	09 38 21 E	2.434	07/25 - 402 - A
Landshut	EDML	48 30 46 N	12 02 06 E	1.312	07/25 - 900 - Bit
Langenlonsheim	EDEL	49 54 30 N	07 54 28 E	295	01/19 - 450 - G
Langhennersdorf	EDOH	50 56 50 N	13 15 42 E	1.266	05/23 - 900 - G

Flugplatz	ICAO	Koord N	Koord E	Elev ft	S/L-Bahn
Leer-Papenburg / UL PPR	EDWF	53 16 25 N	07 26 38 E	3	08/26 - 800 - A
Leutkirch-Unterzeil / UL PPR	EDNL	47 51 32 N	10 00 52 E	2.099	06/24 - 810 - A
Lüchow-Rehbeck / UL PPR	EDHC	53 00 55 N	11 08 39 E	50	16/34 - 650 - A/G
Lüneburg	EDHG	53 14 49 N	10 27 38 E	161	07/25 - 780 - G
Magdeburg	EDBM	52 04 40 N	11 37 30 E	267	09/27 - 875 - A
Mainbullau / UL PPR	EDFU	49 41 46 N	09 10 59 E	1.501	05/23 - 703 - A
Mainz-Finthen	EDFZ	49 58 11 N	08 08 56 E	760	08/26 - 1.000 - B
Marburg-Schönstadt / UL PPR	EDFN	50 52 30 N	08 48 53 E	833	04/22 - 750 - G
Melle-Grönegau / UL PPR	EDXG	52 12 03 N	08 22 40 E	236	09/27 - 609 - A
Mengen-Hohentengen	EDTM	48 03 14 N	09 22 22 E	1.819	08/26 - 1.301 - B
Meschede-Schüren / UL PPR	EDKM	51 18 08 N	08 14 14 E	1.436	04/22 - 700 - A
Michelstadt/Odw. / UL PPR	EDFO	49 40 41 N	08 58 26 E	1.140	08/26 - 475 - A
Mosbach-Lohrbach / UL PPR	EDGM	49 24 00 N	09 07 30 E	1.083	15/33 - 540 - A
Mosenberg	EDEM	51 03 46 N	09 25 19 E	1.315	07/25 - 511 - G
Mühldorf/Inn	EDMY	48 16 44 N	12 30 17 E	1.325	08/26 - 773 - Bit
Mühlhausen (Bollstedter Höhe)	EDEQ	51 12 52 N	10 32 33 E	814	08/26 - 900 - G/B
Münster-Telgte / UL PPR	EDLT	51 56 41 N	07 46 22 E	177	10/28 - 650 - A
Nardt / UL PPR	EDAT	51 27 01 N	14 11 58 E	384	08/26 - 480 - G
Nauen	EDCN	52 37 35 N	12 54 44 E	110	11/29 - 850 - G
Neuhausen	EDAP	51 41 05 N	14 25 23 E	279	09/27 - 800 - G
Neumagen-Dhron	EDRD	49 50 34 N	06 54 58 E	879	09/27 - 750 - G
Neustadt/Aisch / UL PPR	EDQN	49 35 16 N	10 34 40 E	1.198	09/27 - 600 - A
Neustadt-Glewe	EDAN	53 21 40 N	11 36 55 E	115	09/27 - 1.200 - G
Nienburg-Holzbalge	EDXI	52 42 35 N	09 09 45 E	82	09/27 - 580 - G
Nittenau-Bruck/Opf.	EDNM	49 13 21 N	12 17 47 E	1.161	01/19 - 553 - A
Nordhausen	EDAO	51 29 40 N	10 50 05 E	689	10/28 - 895 - G
Oehna	EDBO	51 53 56 N	13 03 21 E	287	08/26 - 850 - A
Oldenburg-Hatten / UL PPR	EDWH	53 04 08 N	08 18 49 E	26	06/24 - 596 - G
Oschatz	EDOQ	51 17 46 N	13 04 42 E	502	08/26 - 755 - G
Oschersleben	EDOL	52 02 25 N	11 12 10 E	315	11/29 - 600 - G
Ottengrüner Heide / UL PPR	EDQO	50 13 33 N	11 43 57 E	1.880	11/29 - 500 - G/A
Pasewalk-Franzfelde	EDCV	53 30 15 N	13 56 54 E	72	09/27 - 900 - G
Peenemünde	EDCP	54 09 28 N	13 46 22 E	7	14/32 - 2.400 - B
Peine-Eddesse / UL PPR	EDVP	52 24 09 N	10 13 44 E	250	07/25 - 900 - A

Flugplatz	ICAO	Koord N	Koord E	Elev ft	S/L-Bahn
Pfullendorf	EDTP	47 54 31 N	09 15 06 E	2.301	02/20 - 609 - G
Pirmasens	EDRP	49 15 56 N	07 29 27 E	1.247	05/23 - 750 - A
Pirna-Pratzschwitz	EDAR	50 58 41 N	13 54 53 E	400	12/30 - 800 - G
Porta-Westfalica / UL PPR	EDVY	52 13 20 N	08 51 46 E	148	05/23 - 710 - A
Purkshof	EDCX	54 09 39 N	12 14 55 E	66	04/22 - 1.100 - G
Rechlin-Lärz	EDAX	53 18 19 N	12 45 08 E	220	08/26 - 2.080 - B
Regensburg-Oberhub / UL PPR	EDNR	49 08 31 N	12 04 55 E	1.298	10/28 - 680 - A
Reichelsheim	EDFB	50 20 09 N	08 52 41 E	397	18/36 - 730 - A
Reinsdorf	EDOD	51 54 05 N	13 11 46 E	335	10/28 - 1.280 - G
Rendsburg-Schachtholm	EDXR	54 13 05 N	09 36 12 E	23	03/21 - 960 - A
Rerik-Zweedorf	EDCR	54 04 51 N	11 39 20 E	30	08/26 - 720 - G
Riesa-Göhlis	EDAU	51 17 37 N	13 21 22 E	322	12/30 - 1.000 - G/A
Rinteln / UL PPR	EDVR	52 10 25 N	09 03 26 E	180	11/29 - 600 - A/G
Roitzschjora	EDAW	51 34 40 N	12 29 14 E	289	10/28 - 1.200 - G
Rosenthal-Field-Pl. / UL PPR	EDQP	49 51 47 N	11 47 16 E	1.496	09/27 - 650 - A
Rotenburg-Wümme	EDXQ	53 07 40 N	09 20 55 E	97	08/26 - 806 - A
Rothenburg/Tauber / UL PPR	EDFR	49 23 26 N	10 13 08 E	1.309	03/21 - 800 - A
Rothenburg/Oberlausitz	EDBR	51 21 47 N	14 57 00 E	517	18/36 - 2.500 - A
Saarmund	EDCS	52 18 32 N	13 06 02 E	164	10/28 - 520 - G
Salzgitter-Drütte / UL PPR	EDVS	52 09 20 N	10 25 40 E	328	07/25 - 555 - A
Saulgau	EDTU	48 01 46 N	09 30 26 E	1.907	13/31 - 450 - A
Schleswig-Kropp	EDXC	54 25 38 N	09 32 30 E	54	09/27 - 800 - G
Schmidgaden/Opf.	EDPQ	49 25 47 N	12 05 48 E	1.247	12/30 - 520 - A/G
Schmoldow	EDBY	53 58 14 N	13 20 38 E	105	15/33 - 900 - G
Schönebeck-Zackmünde	EDOZ	51 59 47 N	11 47 32 E	167	07/25 - 840 - G
Schönhagen	EDAZ	52 12 25 N	13 09 24 E	131	07/25 - 840 - A
Schwabach-Heidenb. / UL PPR	EDPH	49 16 07 N	11 00 34 E	1.181	11/29 - 482 - A
Schwäbisch Hall-Hessental	EDTY	49 07 05 N	09 46 39 E	1.309	08/26 - 920 - A
Schwäbisch Hall-Weckrieden	EDTX	49 07 26 N	09 46 53 E	1.295	08/26 - 550 - G
Schwarzheide-Schipkau	EDBZ	51 29 23 N	13 52 46 E	330	08/26 - 850 - G
Schweighofen	EDRO	49 01 58 N	07 59 27 E	492	08/26 - 560 - G
Schweinfurt-Süd / UL PPR	EDFS	50 00 44 N	10 15 05 E	685	10/28 - 780 - G
Siegerland	EDGS	50 42 28 N	08 04 59 E	1.966	13/31 - 1.620 - A
Sömmerda-Dermsdorf	EDBS	51 11 56 N	11 11 33 E	451	07/25 - 780 - G

Flugplatz	ICAO	Koord N	Koord E	Elev ft	S/L-Bahn
Speyer	EDRY	49 18 17 N	08 27 05 E	312	17/35 - 889 - A
St. Michaelisdonn	EDXM	53 58 42 N	09 08 36 E	124	08/26 - 700 - A
Stade / UL PPR	EDHS	53 33 34 N	09 29 53 E	62	11/29 - 650 - B
Stendal-Borstel	EDOV	52 37 44 N	11 49 12 E	184	08/26 - 1.980 - B
Stralsund	EDBV	54 20 19 N	13 02 49 E	49	05/23 - 900 - G
Strausberg	EDAY	52 34 49 N	13 54 54 E	263	05/23 - 1.200 - B/A
Tannheim	EDMT	48 00 42 N	10 06 07 E	1.902	09/27 - 710 - G
Taucha	EDCT	51 23 41 N	12 32 13 E	492	07/25 - 600 - G
Thalmässing-Waizenhofen	EDPW	49 03 52 N	11 12 34 E	1.892	17/35 - 412 - G
Traben-Trabach	EDRM	49 57 55 N	07 06 55 E	919	18/36 - 750 - G
Treuchtlingen-Bubenheim	EDNT	48 59 46 N	10 53 05 E	1.345	15/33 - 1.130 - G
Trier-Föhren	EDRT	49 51 48 N	06 47 17 E	665	05/23 - 1.130 - B
Uelzen	EDVU	52 58 59 N	10 27 55 E	246	09/27 - 600 - A
Varrelbusch / UL PPR	EDWU	52 54 25 N	08 02 27 E	128	09/27 - 930 - G
Vilshofen	EDMV	48 38 07 N	13 11 44 E	991	12/30 - 750 - A
Vogtareuth	EDNV	47 56 46 N	12 12 17 E	1.535	06/24 - 400 - A
Wahlstedt	EDHW	53 58 07 N	10 13 25 E	128	11/29 - 600 - G
Walldürn / UL PPR	EDEW	49 34 58 N	09 24 12 E	1.312	06/24 - 730 - A
Waren-Vielist	EDOW	53 33 55 N	12 39 24 E	282	04/22 - 800 - G
Weiden/Opf.	EDQW	49 40 44 N	12 06 59 E	1.330	14/32 - 570 - B
Welzow	EDCY	51 34 37 N	14 08 13 E	375	04/22 - 2.000 - B
Werneuchen	EDBW	52 38 00 N	13 46 00 E	263	08/26 - 1.499 - B
Wershofen/Eifel	EDRV	50 27 07 N	06 47 10 E	1.582	07/25 - 630 - G
Wesel-Römerwardt	EDLX	51 39 46 N	06 35 44 E	72	09/27 - 400 - G
Weser-Wümme / UL PPR	EDWM	53 03 20 N	09 12 35 E	59	18/36 - 700 - G
Westerstede-Felde / UL PPR	EDWX	53 17 20 N	07 55 48 E	30	07/25 - 580 - A
Wilhelmshafen-Mariensiel	EDWI	53 30 17 N	08 03 12 E	16	02/20 - 981 - A
Wismar-Müggenburg	EDCW	53 54 47 N	11 30 00 E	27	08/26 - 640 - G
Wolfhagen-Granerberg	EDGW	51 18 30 N	09 10 35 E	1.027	15/33 - 500 - G
Worms	EDFV	49 36 23 N	08 22 01 E	295	06/24 - 800 - A
Wriezen-Neuhardenberg	EDON	52 36 47 N	14 14 33 E	33	08/26 - 2.400 - B
Zwickau	EDBI	50 42 15 N	12 27 40 E	1.050	06/24 - 800 - G

UL-Fluggelände	Koord N	Koord E	Art	Zul
Aichach	48 28 36 N	11 08 17 E	SFG	25
Alsfeld Vogelsbergkreis	50 45 00 N	09 15 00 E	SFG	6
Altdorf-Hagenhausen Nürnberger Land	49 23 16 N	11 25 21 E	SFG	6
Altenbachtal/Obernau Krs. Aschaffenburg	49 55 24 N	09 09 28 E	SFG	25
Altfeld Lkr. Main-Spessart	49 49 59 N	09 32 12 E	SFG	25
Altomünster	48 22 55 N	11 16 24 E	ULG	6
Altötting	48 13 02 N	12 38 54 E	SFG	25
Am Deister bei Lauenau	52 17 40 N	09 22 36 E	ULG	6
Am Salzgittersee Stadt Salzgitter	52 10 11 N	10 18 57 E	SFG	6
Annaberg-Pöhlberg	50 34 30 N	13 02 00 E	SFG	6
Argenbühl-Eisenharz	47 41 28 N	09 57 44 E	ULG	25
Arnsberg-Ruhrwiese	51 23 50 N	08 04 00 E	SFG	25
Arnschwang	49 16 24 N	12 46 51 E	ULG	6
Asperden-Knobbenhof Kleve	51 41 31 N	06 06 16 E	SFG	6
Aßlarer Hütte/Aßlar Lahn-Dillkreis	50 35 57 N	08 26 41 E	SFG	25
Au am Rhein (Rastatt)	48 56 00 N	08 12 00 E	ULG	25
Aue bei Hattorf Osterode/Harz	51 38 03 N	10 15 12 E	SFG	25
Auf der Schaufel bei Bad Wildungen	51 05 46 N	09 08 46 E	SFG	6
Bad Bibra	51 12 06 N	11 29 50 E	ULG	6
Bad Königshofen Lkr. Rhön-Grabfeld	50 17 19 N	10 25 24 E	SFG	25
Bad Marienberg/Oberroßbach	50 39 44 N	08 01 42 E	SFG	25
Bad Salzungen	50 49 00 N	10 13 25 E	ULG	25
Bad Zwischenahn-Rostrup	53 12 43 N	07 59 23 E	SFG	25
Baiersbronn-Hesselbach	48 32 15 N	08 24 00 E	ULG	25
Baldenau Lkr. Rastatt	48 52 15 N	08 12 30 E	SFG	25
Becherbach-Roßberg	49 38 50 N	07 41 10 E	ULG	6
Bell-Hundheim Hundsrück	50 01 44 N	07 25 22 E	ULG	6
Bensheimer Stadtwiesen Lkr. Bergstr.	49 41 28 N	08 35 00 E	SFG	25
Berg (Ravensburg)	47 50 03 N	09 32 53 E	ULG	6
Bischofsberg-Mellrichstadt	50 26 01 N	10 17 14 E	SFG	25
Blankenburg	51 49 30 N	10 56 30 E	SFG	25
Blexen bei Nordenham	53 32 21 N	08 32 22 E	SFG	25
Boberg Hamburg-Bergedorf	53 30 53 N	10 08 39 E	SFG	25
Bobzin	53 29 12 N	11 10 12 E	ULG	6

UL-Fluggelände	Koord N	Koord E	Art	Zul
Bohlenberger Feld Lkr. Friesland	53 25 11 N	07 54 16 E	SFG	25
Borghorst-Füchten Krs. Steinfurt	52 09 07 N	07 27 14 E	SFG	25
Bösingen	48 13 42 N	08 32 07 E	ULG	6
Brauna-Kamenz	51 17 01 N	14 03 42 E	ULG	6
Brockzetel Lkr. Aurich	53 28 53 N	07 39 06 E	SFG	25
Büchel	50 10 30 N	07 03 53 E	SFG	25
Büchig Lkr. Rhön-Grabfeld	50 26 59 N	10 15 14 E	SFG	6
Büllingen (Belgien)	50 24 51 N	06 16 37 E	ULG	Ja
Büren/A.Schwalenberg Paderborn	51 32 39 N	08 34 57 E	SFG	6
Burgebrach	49 50 22 N	10 46 50 E	ULG	6
Burgstädt	50 55 00 N	12 50 00 E	SFG	6
Butzbach-Pfingstweide	50 26 21 N	08 37 33 E	SFG	25
Crawinkel	50 46 45 N	10 49 00 E	ULG	6
Crussow	53 00 36 N	14 04 44 E	ULG	25
Dankern/Haren	52 48 14 N	07 09 37 E	ULG	6
Darshofen	49 12 00 N	11 33 00 E	ULG	25
Dauborn	50 19 24 N	08 11 36 E	ULG	25
Daun-Senheld	50 10 33 N	06 51 28 E	SFG	25
Der Ring in Schwalmstadt	50 54 15 N	09 14 30 E	SFG	6
Dingelstedt	51 59 12 N	10 58 06 E	ULG	6
Dolmar-Kühndorf	50 37 18 N	10 28 00 E	ULG	6
Donstorf	52 39 00 N	08 33 00 E	ULG	25
Dorsten-Am Kanal Recklinghausen	51 39 41 N	06 59 06 E	SFG	6
Dörzbach-Hohebach	49 21 14 N	09 42 52 E	ULG	6
Drensteinfurt	51 46 03 N	07 44 53 E	ULG	6
Drosa-Bobbe	51 49 30 N	11 54 05 E	ULG	Ja
Durrweiler bei Pfalzgrafenweiler	48 32 00 N	08 32 00 E	ULG	6
Ehingen-Schlechtenfeld	48 17 05 N	09 40 30 E	SFG	6
Emmerich-Palmersward/Kleve	51 49 27 N	06 16 27 E	SFG	25
Epfenbach	49 19 39 N	08 55 10 E	ULG	25
Erbendorf Schweißlohe Tirschenreuth	49 50 41 N	12 04 06 E	SFG	6
Erkelenz-Kückhoven	51 03 52 N	06 21 33 E	ULG	6
Ernzen	49 49 44 N	06 26 08 E	ULG	6
Erpetshof	49 39 20 N	12 17 30 E	ULG	25

UL-Fluggelände	Koord N	Koord E	Art	Zul
Eschelbach	48 34 11 N	11 36 35 E	ULG	25
Etting Adelmannsberg/Ingolstadt	48 48 44 N	11 25 01 E	SFG	25
Farrenberg Lkr. Tübingen	48 23 13 N	09 04 40 E	SFG	25
Friesener Warte Lkr. Bamberg	49 50 15 N	11 02 54 E	SFG	6
Friesoythe	53 01 50 N	07 46 10 E	ULG	25
Fürth-Seckendorf	49 29 00 N	10 51 35 E	SFG	25
Göpfersdorf Krs. Altenburg	50 54 49 N	12 36 40 E	ULG	25
Grabenstetten Lkr. Reutlingen	48 32 13 N	09 26 15 E	SFG	25
Große Wiese Lkr. Wolfenbüttel	52 08 27 N	10 34 08 E	SFG	25
Gruibingen-Nortel Lkr. Göppingen	48 37 20 N	09 39 25 E	SFG	25
Günching	49 16 07 N	11 34 28 E	ULG	6
Gundelsheim	49 17 48 N	09 10 30 E	ULG	25
Hallertau Lkr. Pfaffenhofen	48 39 02 N	11 35 56 E	SFG	6
Halver-Im Heede Märkischer Kreis	51 10 30 N	07 30 45 E	SFG	6
Hangensteiner Hof Mühlacker-Enzkreis	48 55 51 N	08 49 07 E	SFG	Ja
Hartenstein-Thierfeld	50 40 36 N	12 41 00 E	ULG	6
Hasselfelde Lkr. Werningerode	51 42 21 N	10 51 42 E	SFG	Ja
Hayingen Lkr. Reutlingen	48 17 19 N	09 27 45 E	SFG	25
Heiligenberg Bodenseekreis	47 49 57 N	09 18 06 E	SFG	6
Heinsberg-Aphoven	51 02 50 N	06 02 50 E	ULG	6
Heppenheim-Landesgrenze	49 37 19 N	08 37 32 E	SFG	25
Herford-Falkendiek	52 10 00 N	08 40 00 E	ULG	25
Hermuthausen Hohenlohekreis	49 18 57 N	09 44 45 E	SFG	25
Hille-Nordhemmern	52 20 06 N	08 49 48 E	ULG	6
Hinterweiler	50 14 47 N	06 45 22 E	ULG	25
Hohenthann (Landshut)	48 39 47 N	12 03 30 E	ULG	25
Höpen Lkr. Soltau-Fallingbostel	53 09 04 N	09 47 45 E	SFG	25
Hoppensen am Solling/Einbeck	51 47 20 N	09 45 30 E	ULG	Ja
Hörbach Lahn-Dillkreis	50 40 43 N	08 15 09 E	SFG	25
Hoya Lkr. Nienburg (Weser)	52 48 43 N	09 09 30 E	SFG	6
Hülben Lkr. Reutlingen	48 31 50 N	09 24 01 E	SFG	25
Immenried-Kißlegg	47 51 00 N	09 54 30 E	ULG	25
Imsweiler-Donnersberg	49 36 24 N	07 47 36 E	ULG	25
Ippesheim	49 36 34 N	10 13 28 E	ULG	6

UL-Fluggelände	Koord N	Koord E	Art	Zul
Irsingen Lkr. Ansbach	49 02 23 N	10 30 16 E	SFG	25
Iserlohn-Rheinermark	51 25 49 N	07 38 39 E	SFG	6
Iserlohn-Sümmern	51 26 16 N	07 42 02 E	SFG	6
Ithwiesen Lkr. Holzminden	51 57 12 N	09 39 45 E	SFG	25
Kamen-Heeren Krs. Unna	51 35 27 N	07 42 35 E	SFG	6
Kammermark/Pritzwalk (Prignitz)	53 11 46 N	12 10 00 E	SFG	6
Karlstadt-Saupurzel	49 58 16 N	09 47 26 E	SFG	6
Kerken	51 26 20 N	06 26 43 E	ULG	6
Kirn Lkr. Bad Kreuznach	49 47 00 N	07 30 50 E	SFG	25
Kißlegg-Wangen	47 45 19 N	09 51 29 E	SFG	25
Kleinkoschen	51 30 47 N	14 04 50 E	ULG	6
Kleinthann bei Passau	48 31 05 N	13 11 01 E	ULG	6
Kreuzbruch	52 49 20 N	13 25 40 E	SFG	25
Kriegsfeld Pfalzblick (Zul 6 i.A.)	49 43 30 N	07 55 00 E	ULG	25
Kronach	50 14 41 N	11 21 38 E	SFG	25
Kürnbach	49 10 00 N	08 50 00 E	ULG	25
Langenberg bei Hattenbach	50 47 30 N	09 33 50 E	SFG	25
Langenselbold Main-Kinzig-Kreis	50 10 34 N	09 03 40 E	SFG	25
Langen-Wustrau	52 50 00 N	12 50 00 E	ULG	25
Lechfeld Lkr. Augsburg	48 11 11 N	10 51 45 E	SFG	Ja
Leibertingen Lkr. Sigmaringen	48 02 41 N	09 01 53 E	SFG	25
Leuzendorf Lkr. Schwäbisch Hall	49 21 11 N	10 04 35 E	SFG	6
Lindlar Oberbergischer Kreis	50 59 44 N	07 22 23 E	SFG	25
Linnich	50 57 47 N	06 20 16 E	ULG	6
Locktow	52 06 40 N	12 42 40 E	ULG	6
Ludwigshafen-Dannstadt	49 24 42 N	08 20 54 E	SFG	25
Marpingen	49 27 15 N	07 02 24 E	SFG	25
Mellenthin	53 55 03 N	14 02 10 E	ULG	6
Michelbach am Asp Rheingau-Taunus	50 13 21 N	08 04 12 E	SFG	25
Mittelfischach	49 01 56 N	09 51 59 E	ULG	25
Mittweida	50 59 00 N	12 57 00 E	ULG	6
Mohorn	50 59 41 N	13 26 44 E	ULG	25
Mönchsheide Lkr. Ahrweiher	50 30 33 N	07 15 25 E	SFG	6
Montabaur Westerwaldkreis	50 25 30 N	07 49 40 E	SFG	25

UL-Fluggelände	Koord N	Koord E	Art	Zul
Morschenich	50 52 30 N	06 33 16 E	ULG	6
Münsingen-Eisberg Lkr. Reutlingen	48 24 37 N	09 26 32 E	SFG	25
Naunheim/Maifeld	50 15 18 N	07 20 19 E	ULG	25
Neuenstadt am Kocher	49 15 00 N	09 19 06 E	ULG	25
Norddöllen bei Visbek	52 48 00 N	08 19 00 E	ULG	25
Oberrot-Glashofen	49 00 07 N	09 38 05 E	ULG	6
Ohlsbach bei Offenburg	48 26 06 N	07 58 22 E	ULG	6
Ottenberg Lkr. Neumarkt	49 19 45 N	11 28 30 E	SFG	25
Ottmarsheim-Mundelsheim	49 00 32 N	09 12 55 E	ULG	25
Paradiek Lohne bei Vechta	52 40 00 N	08 19 00 E	ULG	25
Paschwitz-Eilenburg	51 28 30 N	12 43 00 E	ULG	25
Peine-Glindbruchkippe	52 19 30 N	10 11 05 E	SFG	25
Perleberg (Prignitz)	53 04 13 N	11 49 06 E	SFG	6
Plätzer/Hünfeld Lkr. Fulda	50 42 34 N	09 44 00 E	SFG	25
Plötzin	52 21 21 N	12 49 27 E	ULG	6
Pohlheim-Viehheide Krs. Gießen	50 31 57 N	08 43 37 E	SFG	25
Pretzschendorf	50 53 00 N	13 31 54 E	ULG	25
Radevormwald-Leye	51 13 03 N	07 23 00 E	SFG	25
Riedelbach Hochtaunuskreis	50 18 10 N	08 23 02 E	SFG	25
Riedlingen Lkr. Biberach	48 08 43 N	09 28 05 E	SFG	25
Riesa-Canitz	51 18 15 N	13 13 45 E	SFG	6
Roggenhagen	53 40 13 N	13 24 02 E	ULG	6
Roßfeld/Metzingen Lkr. Reutlingen	48 30 52 N	09 20 08 E	SFG	25
Rote Wiese Lkr. Helmstedt	52 14 09 N	10 58 56 E	SFG	25
Roth bei Prüm	50 17 00 N	06 25 00 E	ULG	25
Saal/Saale - Am Kreuzberg - Rhön	50 18 38 N	10 22 24 E	SFG	25
Salem	47 47 06 N	09 16 36 E	ULG	25
Salzwedel-Klein Gartz	52 50 00 N	11 19 00 E	SFG	6
Sauldorf-Boll	47 57 28 N	09 02 09 E	ULG	6
Schlatthof-Waldstetten bei Schw.Gmünden	48 45 40 N	09 50 00 E	ULG	Ja
Schnuckenheide-Repke Lkr. Gifhorn	52 43 04 N	10 32 02 E	SFG	25
Schotten Vogelsbergkreis	50 32 06 N	09 08 56 E	SFG	6
Schwaigern/Stetten	49 08 30 N	08 59 15 E	ULG	6
Schwarzenbach-Sötern	49 35 31 N	07 02 28 E	ULG	6

UL-Fluggelände	Koord N	Koord E	Art	Zul
Schwedenstebel-Beckedorf	52 49 30 N	10 03 40 E	ULG	25
Sengenthal (Forst)	49 13 00 N	11 24 06 E	ULG	6
Siewisch	51 41 45 N	14 12 50 E	ULG	6
Singhofen Rhein-Lahn-Kreis	50 16 19 N	07 51 21 E	SFG	25
Stapelburg bei Bad Harzburg	51 55 00 N	10 41 00 E	ULG	25
Stauffenbühl/Eschwege	51 09 50 N	10 02 59 E	SFG	6
Steinberg bei Surwold Emsland	52 57 25 N	07 33 20 E	SFG	25
Stölln Rhinow/Schafstall	52 50 00 N	12 20 00 E	ULG	Ja
Straßham	48 10 47 N	11 55 38 E	ULG	6
Stutensee-Spöck	49 10 00 N	08 30 00 E	ULG	25
Sulz am Neckar-Kastell	48 20 45 N	08 38 16 E	ULG	6
Sundern-Seidfeld Hochsauerland	51 18 23 N	07 58 49 E	SFG	6
Tirschenreuth Im Unteren Stadtteich	49 52 30 N	12 19 35 E	SFG	i.A.
Tröstau Lkr. Wunsiedel	50 01 15 N	11 55 58 E	SFG	6
Uehrde	52 06 04 N	10 44 45 E	ULG	25
Unterschneidheim-Walxheim	48 57 22 N	10 19 27 E	ULG	25
Unterschwaningen	49 05 15 N	10 38 10 E	ULG	6
Vettweiß-Soller	50 44 48 N	06 34 15 E	ULG	6
Waldeck/Mühlberg	51 13 26 N	09 03 26 E	SFG	25
Walsrode-Luisenhöhe Lkr. Soltau	52 53 23 N	09 36 04 E	SFG	25
Warburg-Am Heinberg Höxter	51 29 51 N	09 05 26 E	SFG	6
Wasentegernbach	48 16 25 N	12 13 10 E	ULG	6
Weilerswist-Müggenhausen	50 43 10 N	06 51 05 E	ULG	6
Weipertshofen Lkr. Schwäbisch Hall	49 05 14 N	10 07 43 E	SFG	25
Weißenburg-Wülzburg	49 01 26 N	11 00 57 E	SFG	6
Wertheim	49 43 35 N	09 30 24 E	ULG	6
Wiefelstede-Conneforde	53 19 27 N	08 04 18 E	ULG	6
Wilsche Lkr. Gifhorn	52 31 30 N	10 27 51 E	SFG	6
Wittstock-Berlinchen Ostprignitz-Ruppin	53 13 17 N	12 33 37 E	SFG	6
Zell-Haidberg Lkr. Hof	50 08 19 N	11 47 45 E	SFG	6
Zschorna	51 23 45 N	12 49 30 E	ULG	25

Akronyme und Abkürzungen Englisch - Deutsch

Das folgende Verzeichnis enthält vorwiegend Akronyme aus der Allgemeinen Luftfahrt, die mit einmotorigen Flugzeugen der Klasse E (Einmotorige Flugzeuge bis 2.000 kg Gesamtgewicht, einschließlich VLA und Experimental) und - dem Thema des Handbuchs entsprechend - besonders der Klasse M (Einmotorige Flugzeuge bis 450 kg Gesamtgewicht, Ultraleichtflugzeuge) in enger Beziehung stehen.

Es muß darauf hingewiesen werden, daß dieses Verzeichnis nicht vollständig sein kann. Nur spezielle Luftfahrt-Lexika und grundlegende Wörterbücher der englischen Sprache liefern eine umfassendere Übersicht.

Verzeichnis Akronyme und Abkürzungen

Akronyme sind Kunstwörter, die aus den Anfangsbuchstaben mehrerer Wörter gebildet werden (z.B. **A**ir **T**raffic **C**ontrol = Flugverkehrskontrolle, ATC). Akronyme werden immer in Versalien geschrieben. Die englischen Fachwörter werden immer groß geschrieben, um die Bildung der zugehörigen Akronyme zu verdeutlichen. Nach dem Akronym folgt der zugehörige englische Begriff und die deutsche Übersetzung.

Für Anregungen und Ergänzungsvorschläge zu diesem Akronym- und Fachwörterverzeichnis, die in späteren Auflagen berücksichtigt werden, sind Autor und Verlag dankbar.

A

°C > Degrees Celsius > Celsiusgrade
°F > Degrees Fahrenheit > Fahrenheit-Grade
AC > Alternate Current > Wechselstrom
ACFT > Aircraft > Luftfahrzeug
AD > Aerodrome > Flughafen
ADF > Automatic Direction Finder > Automatisches Peilgerät, Radiokompaß
AI > Attitude Indicator > Fluglageanzeiger
AIC > Aeronautical Information Circular > Luftfahrtinformationsblatt
AIP > Aeronautical Information Publication > Luftfahrthandbuch
AIP VFR > Aeronautical Information Publication VFR > Luftfahrthandbuch für die Durchführung von VFR-Flügen
AIR > Airworthiness > Lufttüchtigkeit
AIS > Aeronautical Information Service > Flugberatungsdienst
ALT > Altitude > Höhe über Meeresspiegel
AMP > Amplifier > Verstärker
ANT > Antenna > Antenne
ATC > Air Traffic Control > Flugverkehrskontrolle
ATIS > Automatic Terminal Information Service > Automatische Ausstrahlung von Start- und Landeinformationen
ATS > Air Traffic Services > Flugverkehrsdienste
AUTO > Automatic > Automatisch
AUW > All Up Weight > Gesamtgewicht, Fluggewicht
AVGAS > Aviation Gasoline (100 LL) > Flugbenzin (100 LL)

B

BAT > Battery > Batterie
BFO > Beat Frequency Oscillator > Überlagerungsoszillator (Schalterstellung beim ADF)
BfU > Bauvorschriften für Ultraleichtflugzeuge
BMV > Bundesminister für Verkehr > Bundesminister für Verkehr
BRKG > Braking > Bremsen
BRT > Bright > Hell

C

CDI > Course Deviation Indicator > Kursablageanzeiger
CEST > Central European Summer Time > Mitteleuropäische Sommerzeit
CET > Central European Time > Mitteleuropäische Zeit
CG > Center of Gravity > Schwerpunktlage
CH > Channel > Frequenzkanal
CLK > Clock > Uhr
cm > Centimetre > Zentimeter
COM, COMM > Communication > Sprechfunk
CS > Call Sign > Rufzeichen
CTRL > Control > Kontrolle, Regelung
CVFR > Controlled VFR Flight > Kontrollierter Sichtflug

D

DC > Direct Current > Gleichstrom
DF > Direction Finder > Funkpeiler
DFS > Deutsche Flugsicherung GmbH > Deutsche Flugsicherung GmbH
DG > Directional Gyro > Kreiselkompaß
DGPS > Differential Global Positioning System > Differentielles GPS
DISP > Display > Anzeige, Instrumententafel, Bildschirm
DME > Distance Measuring Equipment > Entfernungsmeßgerät
DOPP > Doppler Radar > Doppler Radar
DVOR > Doppler VOR > Doppler VOR
DVORTAC > Doppler-VOR and TACAN > Doppler VOR und TACAN
DW > Dual Wheels > Doppelsteuer
DWD > German Meteorological Service > Deutscher Wetterdienst

E

EAS > Equivalent Airspeed > Äquivalente Fluggeschwindigkeit

EFIS > Electronic Flight Instrument System > Elektronisches Fluginformationssystem
EGT > Exhaust Gas Temperature Indicator > Abgastemperaturanzeiger
ELEV > Elevation > Ortshöhe über Meer
ELT > Emergency Locator Transmitter > Notsender
ENG > Engine > Triebwerk, Motor
ENRT > Enroute > Auf Strecke, unterwegs
EQPT > Equipment > Ausrüstung, Gerät
EXCH > Exchange > Austausch
EXT > External > Extern

F

FAA > Federal Aviation Administration > US-Luftfahrtbehörde
FAC > Facilities > Einrichtungen, Anlagen
FAR > Federal Airworthiness Requirements > Lufttüchtigkeitsforderungen der USA
FIR > Flight Information Region > Fluginformationsgebiet
FIS > Flight Information Service > Fluginformationsdienst
FL > Flight Level > Flugfläche
FLP, FLPL > Flight Plan > Flugplan
FM > Frequency Modulation > Frequenz-Modulation
FPL > Filed Flight Plan Message > Aufgegebene Flugplanmeldung
FPM > Feet Per Minute > Fuß pro Minute
FREQ, FRQ > Frequency > Frequenz
ft > Feet, foot > Fuß, 1 ft = 0,305 m

G

GA > General Aviation > Allgemeine Luftfahrt
GAIN > Gain > Verstärkung (Antennen und Verstärker)
GAL > Gallon > Gallone, 1 GAL (US) = 3,785 Liter
GHz > Giga-Hertz > Giga-Hertz
GLD > Glider > Segelflugzeug

GMT > Greenwich Mean Time > Mittlere Greenwich-Zeit
GND > Ground > Grund, Boden, Rollkontrolle
GP > Glidepath, Glideslope > Gleitweg
GPS > Global Positioning System > Satellitengestütztes Navigationssystem
GS > Glideslope, Glidepath > Gleitweg
GS > Ground Speed > Geschwindigkeit über Grund

H

h > Hour > Stunde
HF > High Frequency > Kurzwelle
HI > High > Hoch
HP > Horsepower > Pferdestärke
hPa > Hectopascal > Hectopascal
Hz > Hertz > Hertz

I, J

IAS > Indicated Air Speed > Angezeigte Fluggeschwindigkeit
IATA > International Air Transport Association > Internationaler Luftverkehrsverband
ICAO > International Civil Aviation Organisation > Internationale Zivilluftfahrt Organisation
ID, IDENT > Identification, Identifier > Identifizierung, Kennung
IFR > Instrument Flight Rules > Instrumentenflugregeln
ILS > Instrument Landing System > Instrumenten-Landesystem
IM > Inner Marker > Platzeinflugzeichen
IMC > Instrument Meteorological Conditions > Instrumentenflug-Wetterbedingungen
Ins > Inches > Zoll, 1 Zoll = 0,025 m
INS > Inertial Navigation System > Trägheitsnavigationssystem
INTL > International > International
ISA > International Standard Atmosphere > Internationale Standardatmosphäre
JAA > Joint Aviation Authorities > Zusammenschluß europäischer Luftfahrtbehörden

JAR > Joint Aviation Requirements > Europäische Luftfahrtvorschriften
JAR 22 > Bauvorschriften für Segelflugzeuge und Motorsegler
JAR 23 > Bauvorschriften für Motorflugzeuge
JAR E > Bauvorschriften für Motoren von Motorflugzeugen
JAR VLA > Bauvorschriften für Einfachflugzeuge

K

kg > Kilogram > Kilogramm
kHz > Kilohertz > Kilohertz
KIAS > Indicated Airspeed in Knots > Angezeigte Fluggeschwindigkeit in Knoten
km > Kilometre > Kilometer
km/h > Kilometres Per Hour > Kilometer je Stunde
kt, kts > Knot, Knots > Knoten, 1 kt = 1,52 km/h
kW > Kilowatts > Kilowatt

L

l > Litres > Liter
L > Locator > Anflugfunkfeuer
lb > Pound > Pfund, 1 lb = 0,454 kg
LBA > Luftfahrt-Bundesamt
LCD > Liquid Crystal Display > Flüssigkristallanzeige
LED > Light Emitting Diode > Leuchtdioden
LF > Low Frequency > Langwelle
LL > Low Lead > Unverbleit
LLZ > Localizer > Landekurssender
LM > Locator Middle > Anflugfunkfeuer am Haupteinflugzeichen
LO > Locator Outer Marker > Anflugfunkfeuer am Voreinflugzeichen
LO > Low > Niedrig

M

m > Metre > Meter
MAINT > Maintenance > Wartung

MAP > Manifold Air Pressure > Ladedruck
MAX > Maximum > Maximum, maximale
MDE > Mode > Betriebsart, Modus
MED > Medium > Mittlere Empfindlichkeit, Lautstärke, Intensität usw.
MF > Medium Frequency > Mittelwelle
MF > Multifunction > Multifunktion
MG > Motorglider > Motorsegler
mHz > Megahertz > Megahertz
min > Minute > Minute
MKR > Marker Beacon > Markierungsfunkfeuer
ML > Microlight Aircraft > Ultraleichtflugzeug
MLS > Miles > Meilen (Seemeilen)
MM > Middle Marker > Haupteinflugzeichen
mm > Millimetre > Millimeter
MMD > Moving Map Display > Bildschirmeinheit zur grafischen Darstellung, z.B. von Flugrouten
MOGAS > Super Petrol > Autobenzin (Super)
MPH > Miles Per Hour > Land-Meilen pro Stunde, 1 Landmeile = 1,609 km
MPS > Metres Per Second > Meter pro Sekunde
MPW > Maximum Permissible Weight > Höchstzulässiges Gewicht
MSL > Mean Sea Level > Mittlere Meereshöhe
MTBF > Mean Time Between Failure > Durchschnittliches Maß für die Zeitspanne zwischen 2 Fehlern eines Systems
MTOW > Maximum Take-Off Weight > Starthöchstgewicht

N

NAV > Navigation > Navigation
NDB > Nondirectional Beacon > Ungerichtetes Funkfeuer
NfL > Nachrichten für Luftfahrer
NM > Nautical Mile > Nautische Meile, 1 NM = 1,52 km
NOTAM > Notice to Airmen > Nachrichten für Luftfahrer

O

OAT > Outside Air Temperature > Außenluft-Temperatur
OBS > Omni Bearing Selector > Kurswähler
OM > Outer Marker > Voreinflugzeichen
OPS > Operations > Verfahren

P

Pa > Pascal (pressure unit) > Pascal (Druckeinheit)
PERF > Performance > Leistungsfähigkeit
PIC > Pilot-In-Command > Verantwortlicher Luftfahrzeugführer
PNL > Panel > Instrumentenbrett
POB > Persons On Board > Personen an Bord
PPL > Privat Pilot Licence > Privatflugzeugführerlizenz
PRKG > Parking > Parken
PROC > Procedure > Verfahren
PSI > Pounds Per Square Inch > Pfund pro Quadrat-Inch
PWR > Power > Leistung, Kraft

R

RAC > Rules of the Air and Air Traffic Control > Luftverkehrsregeln
RADAR > Radio Detecting And Ranging > Funkortung (Funkmessung)
RBI > Relative Bearing Indicator > ADF mit starrer Kompaßrose
RDO > Radio > Funk
RG > Range > Reichweite (Funkfeuer)
RMI > Radio Magnetic Indicator > ADF/VOR-Kombinationsanzeiger
RMK > Remark > Bemerkung
RNAV > Area Navigation > Flächennavigation
RNG > Range > Reichweite (oft in NM)
RPM > Revolutions Per Minute > Umdrehungen pro Minute

RPS > Revolutions Per Second > Umdrehungen pro Sekunde
RTF > Radio Telephony > Sprechfunk
RWY > Runway > Start- und Landebahn

S

s > Second > Sekunde
SEL > Select, Selector > Wählen, Drehknopf
SENS > Sensitivity > Empfindlichkeit
SHF > Super High Frequency > Zentimeterwelle (3.000-30.0000 MHz)
SI > International System of Units > Internationales Einheitensystem
SM > Sea Mile > Seemeile, entspricht NM
SPD > Speed > Geschwindigkeit
SPL > Sport-Piloten-Lizenz, mit Beiblatt F = Luftsportgeräteführer / Ultraleichtflugzeugführer
SRG > Short Range > Kleine Reichweite
SSR > Secondary Surveillance Radar > Sekundärradar
STBY > Stand-By > Bereitschaft
STOL > Short Take-Off and Landing > Kurzstart und Kurzlandung

T

T > Temperature > Temperatur
t > Ton(s) > Tonne(n)
TACAN > Tactical Air Navigation System > Taktische Flugnavigationshilfe
TAS > True Airspeed > Wahre Fluggeschwindigkeit (Eigengeschwindigkeit des Flugzeuges)
TAT > Total Air Temperature > Lufttemperatur (gestaute Luft)
TBO > Time Between Overhaul > Zulässige Betriebszeit zwischen den Überholungen
TRANS > Transmitter > Sender
TSO > Technical Standard Order > Technische Spezifikation der FAA für die Luftfahrt
TVOR > Terminal VOR > Flugplatz-VOR
TWR > Control Tower > Kontrollturm
TYP > Type of Aircraft > Luftfahrzeugmuster

U

UHF > Ultra High Frequency > Dezimeterwelle
UL > Ultralight Aircraft > Ultraleichtflugzeug
UTC > Universal Time Coordinated > Koordinierte Weltzeit

V

V_A > Maneuvring Speed > Manövergeschwindigkeit
VDC > Volts Direct Current > Voltangabe bei Gleichstrom
V_{FE} > Maximum Flap Extended Speed > Höchstzulässige Geschwindigkeit mit ausgefahrenen Flügelklappen
VFR > Visual Flight Rules > Sichtflugregeln
VHF > Very High Frequency > Ultrakurzwelle
VLA > Very Light Aircraft > Einfachflugzeug
V_{LE} > Maximum Landing Gear Extended Speed > Höchstzulässige Geschwindigkeit mit ausgefahrenem Fahrwerk
VLF > Very Low Frequency > Längstwelle
V_{LO} > Maximum Landing Gear Operating Speed > Höchstzulässige Geschwindigkeit zum Ein- und Ausfahren des Fahrwerks
VLR > Very Long Range > Sehr große Reichweite
VMC > Visual Meteorological Conditions > Sichtflugwetterbedingungen
V_{min} > Minimum Speed > Mindestgeschwindigkeit
VNAV > Vertical Navigation > Höhennavigation
V_{NE} > Never Exceed Speed > Höchstzulässige Geschwindigkeit
V_{NO} > Maximum Structural Cruising Speed, Maximal Normal Operating Speed > Höchstzulässige Reisegeschwindigkeit
VOL > Volume > Lautstärke
VOR > Very High Frequency Omnidirectional Radio Range > UKW-Drehfunkfeuer
VORTAC > VOR and TACAN Combination > VOR- und TACAN-Kombination

VS > Vertical Speed > Steig- oder Sinkfluggeschwindigkeit

V$_{S0}$ > Stall speed, flaps extended > Überziehgeschwindigkeit, Klappen ausgefahren

V$_{S1}$ > Stall speed, no flaps > Überziehgeschwindigkeit, Landeklappen eingefahren

VSP > Vertical Speed > Vertikalgeschwindigkeit

W, X, Y, Z

WARN > Warning > Warnung

XPDR > Transponder > Kunstwort aus Transmitter und Responder

YD > Yaw Damper > Gierdämpfer

Z > Zulu-Time > Zulu-Zeit (UTC, GMT)

Anschriften

Behörden und Verbände

AOPA Germany
Verband der Allgemeinen Luftfahrt e.V.
Außerhalb 27
63329 Egelsbach-Flugplatz
http://www.aopa.de

Deutscher Aero Club
Bundesgeschäftsstelle
Hermann-Blenk-Str. 28
38108 Braunschweig
http://www.daec.de

Deutscher Wetterdienst - Zentralamt
Frankfurter Straße 135
63067 Offenbach
http://www.dwd.de

DFS Deutsche Flugsicherung GmbH
Büro der Nachrichten für Luftfahrer
Kaiserleistraße 29-35
63067 Offenbach
http://www.dfs.de

DULV Deutscher Ultraleichtflugverband e.V.
Dilleniusstraße 13
71522 Backnang
http://www.dulv.de

Luftfahrt-Bundesamt (LBA)
Lilienthalplatz 6 (Flughafen)
38108 Braunschweig
http://www.lba.de

Oskar-Ursinus-Vereinigung
Schützenstraße 2
72511 Bingen-Hitzkofen
http://www.ouv.de

Flugzeughersteller und -Vertriebsunternehmen mit den zugehörigen Flugzeugmustern (s. Kapitel 3)

Aero Sp.z o.o.
Tomasz Antoniewski
Wal Miedzeszynski 844
POLAND 03-942 Warszawa
http://www.aero.com.pl
Aero Sp. z o.o. AT-3 L 100
Aero Sp. z o.o. AT-3 R 100

Aerostar - Schülein Aerostar
Tecnam Vertretung
Am Hasensprung 2-4
90766 Fürth
http://www.schuelein-aerostar.de
Tecnam P92 Echo (80 PS)
Tecnam P92 Echo (100 PS)
Tecnam P92-2000 RG
Tecnam P92-S Echo (80 PS)
Tecnam P92-S Echo (100 PS)
Tecnam P96 Golf (80 PS)
Tecnam P96 Golf (100 PS)

Junkers Profly GmbH
Rettungsgeräte
Georg-Nützel-Straße 10
95361 Ködniz
http://www.junkers-profly.de

Comco Ikarus
Gerätebau GmbH
Am Flugplatz 11
88367 Hohentengen
http://www.comco-ikarus.de
Comco Ikarus C 22 C
Comco Ikarus C 42B (80 PS)
Comco Ikarus C 42B (100 PS)
Comco Ikarus Eurostar (80 PS)
Comco Ikarus Eurostar (100 PS)

W. D. Flugzeugleichtbau GmbH
Wolfgang Dallach
Sudetenstr. 57/2 Am Flugplatz
73540 Heubach
http://www.dallach.de
W. D. Evolution (80 PS)
W. D. Evolution (100 PS)
W. D. Fascination (80 PS)
W. D. Fascination (100 PS)
W. D. Sunwheel

Dyn Aero Doess GmbH
Flugplatz Bremgarten EDTG
Freiburgerstraße 13
79427 Eschbach
http://www.dynaerodoess.de
Dyn Aero MCR 01 ULC
Dyn Aero MCR 01 VLA
Dyn Aero MCR 01 VLA Club
Dyn Aero MCR 4S

Euroala S.r.l.
Jet Fox Aircraft
C. Da Vibrata, 136
I - 64013 Corropoli (TE)
http://www.ito.it/euroala
Euroala Jet Fox 97 (80 PS)
Euroala Jet Fox 97 (100 PS)

Fantasy Air Group
UL-Flugzeugtechnik
Am Fuchsberg 7
02736 Oppach
http://www.ul-allegro.de
Fantasy Air Allegro 2000
Fantasy Air Allegro 2000 S

Impulse Aircraft GmbH
Flugzeugbau
Otto Lilienthalstraße 1
06188 Oppin
http://www.impulse-aircraft.de
Impulse Aircraft Impulse 100 UL

FK Leichtflugzeuge
B&F Technik Vertriebs GmbH
Am Neuen Rheinhafen 10
67346 Speyer
http://www.fk-leichtflugzeuge.de
FK 09 Mark 3 Utility

FK 09 Smart
FK 12 Comet
FK 14 Polaris

FUL Damme
Fachschule für Ultraleichtflug GmbH
Hufeisenstraße 55 / Flugplatz
49401 Damme
http://www.ful-damme.de
FUL A22
FUL Kappa KP 2U
FUL Kappa KPD 2U

Ikarusflug
Leichtflugzeuge GbR
Mennwanger Straße 3
88682 Salem
http://www.ikarusflug.de
Dynamic WT9 Club
Dynamic WT9 Club S
Dynamic WT9 SPEED
Dynamic WT9 TOW
Euro Fox Space

Drive & Fly Luftfahrt GmbH
Pelican Vertretung
Flugplatz Trier-Föhren Industriepark
54343 Föhren
http://www.drive-and-fly.de
Ultravia Aero Pelican 450 S

Remos Aircraft GmbH
Waldweg 1
85283 Eschelbach
http://www.remos com
Remos G-3 Mirage (80 PS)
Remos G-3 Mirage (100 PS)

Roland Aircraft
take-off Gewerbepark 29
78579 Neuhausen ob Eck
http://www.roland-aircraft.de
http://www.zenithair.com
Zenith Aircraft Zodiac CH 601 D
Zenith Aircraft Zodiac CH 601 DX
Zenith Aircraft Zodiac CH STOL 701 D

Limbach Flugmotoren
Limbach Flugmotoren GmbH & Co. KG
Kotthausenerstraße 5
53639 Königswinter
http://www.limflug.de

Rotax Flugmotoren
Bombardier-Rotax GmbH & Co KG
Welserstraße 32
A - 4623 Gunskirchen
http://www.rotax.bombardier.com

U.L.B.I.
Ultraleichtbau International GmbH
Flugplatzstraße 18
97437 Hassfurt
http://www.ulbi-750.de
U.L.B.I. WT01 Wild Thing

Weller
Roman Weller
Biberstraße 8/1
74523 Schwäbisch Hall Bibersfeld
http://www.weller-flugzeugbau.de
Weller UW-9 Sprint

Flugzeug-Finanzierungen und -versicherungen

Aero Finanz
Aero Finanz c/o Disko Leasing GmbH
Fritz-Vomfelde-Str. 2-4
40547 Düsseldorf
http://www.disko-leasing.de

VFS Grümmer GmbH
Luftfahrtversicherungen
Flugplatz
44319 Dortmund
http://www.vfs-gruemmer.de

Luftfahrtzubehör

Eisenschmidt GmbH
Flugplatz
63329 Egelsbach
http://www.eisenschmidt.de

Friebe Luftfahrt-Bedarf GmbH
Flughafen Neuostheim
68163 Mannheim
http://www.friebe-luftfahrtbedarf.de

Jeppesen GmbH
Frankfurter Straße 233
63263 Neu-Isenburg
http://www.jeppesen.com

Schorr Aviation Multimedia
Jahnstraße 2
96231 Staffelstein
http://www.schorr-aviation-multimedia.de

Siebert-Luftfahrtbedarf
Rektoratsweg 40
48159 Münster
http://www.siebert-luftfahrtbedarf.de

Luftfahrtzeitschriften

Aero International
Jessenstraße 1
22767 Hamburg
http://www.aerointernational.de

Aerokurier Redaktion
Ubierstr. 83
53173 Bonn
http://www.aerokurier.rotor.com

Aeromarkt
Airport-Center 2. OG
48268 Greven
http://www.aeromarkt.com

Fliegermagazin
Chiemgaustr. 109
81549 München
http://www.fliegermagazin.de

Fliegerrevue
Magazin für Luft- und Raumfahrt
Schönhauser Allee 6-7
10119 Berlin
http://www.fliegerrevue.de

Flug Revue
Vereinigte Motor-Verlage
Leuschnerstr. 1
70174 Stuttgart
http://www.flug-revue.rotor.com

Pilot und Flugzeug
Bayerwaldstr. 28
94350 Falkenfels
http://www.pilotundflugzeug.de

Literatur- und Quellenhinweise

Bachmann, P.:

Air Report Basics
Handbücher für die Luftfahrtpraxis
Ein- und zweimotorige Flugzeuge
Eisenschmidt GmbH, Frankfurt 1999, 2001

Ein- und zweimotorige Flugzeuge
Eisenschmidt GmbH, Frankfurt 1986, 1996

Ein- und zweimotorige Flugzeuge
Motorbuch Verlag Stuttgart 1975, 1976, 1978, 1991, 1993

Privatpilotenbibliothek Band 9:
Cockpit Instrumente
Motorbuch Verlag, Stuttgart 1998

Privatpilotenbibliothek Band 14:
Englisch für Piloten
Motorbuch Verlag, Stuttgart 2000

DAeC Deutscher Aero Club e.V.:

Informationen über den Bereich Ultraleichtflug aus der DAeC-Website, März 2002
http://www.daec.de

DULV
Deutscher Ultraleichtflugverband e.V.:

Umfassende Informationen über den Bereich Ultraleichtflug (Technik, Zulassungen, Datenbank-Auszüge, Rechtsfragen) aus der DULV-Website, März 2002
http://www.dulv.de

DFS Deutsche Flugsicherung GmbH:

Luftfahrthandbuch (AIP VFR),
Bundesrepublik Deutschland
DFS, Frankfurt 2001

Bekanntmachung von Lufttüchtigkeitsforderungen für dreiachsgesteuerte Ultraleicht-Flugzeuge
Nachrichten für Luftfahrer NfL II - 72/99
DFS, Frankfurt 1999

Mies, J.:

Privatpilotenbibliothek Band 4:
Luftrecht
Motorbuch Verlag, Stuttgart 1995

Privatpilotenbibliothek Band 5:
Flugtechnik
Motorbuch Verlag, Stuttgart 1996, 2000

Schmidt, F.:

Ultraleichtfliegen
Theorie und Praxis
Nymphenburger in der F.A. Herbig Verlagsbuchhandlung, München 2000

Flugzeugportraits, technische Daten, Preise und Abbildungen:

Die technischen Daten, Preise und Abbildungen aller in diesem Handbuch vorgestellten Ultraleichtflugzeuge, VLA und Experimental stammen von den im Adreßverzeichnis dieses Kapitels genannten Unternehmen, die uns diese Daten entweder in gedruckter Form oder als Downloads von den jeweiligen Websites zur Verfügung gestellt haben.

Autor

Peter Bachmann (Jahrgang 1942) studierte nach dem Abitur Wirtschaftswissenschaften (J.W.v.-Goethe-Universität, Frankfurt).

Nach dem Studium war er fünf Jahre lang Geschäftsführer in drei großen deutschen Verlagen. 1975 gründete er einen eigenen Verlag und ein betriebswirtschaftliches Beratungsbüro. Bis heute sind in diesem Verlag weit über 100 Publikationen, vorwiegend über Luftfahrt-Themen, erschienen.

Daneben werden seit 1975 im Beratungsbereich des Verlages Wirtschaftlichkeitsanalysen über ein- und zweimotorige Privat- und Geschäftsreiseflugzeuge erstellt.

Neben diesem Know-How über die betriebswirtschaftlichen Aspekte in der Luftfahrt stehen die praktischen Erfahrungen aus ca. 3.500 VFR- und IFR-Flugstunden als Pilot und Co-Pilot seit 1973.

Vor diesem Hintergrund ist das vorliegende Handbuch entstanden.

Bisherige Veröffentlichungen des Autors im Motorbuch Verlag:

Einmotorige Flugzeuge
Bilder, Daten, Kosten (1976 und 1978)

Ein- und zweimotorige Flugzeuge
Bilder, Daten, Kosten (1980, 1991, 1993)

Flugzeuginstrumente
Typen, Technik, Funktion (1992)

Handbuch der Satelliten-Navigation
GPS - Technik, Geräte, Anwendung (1993)

Luftfahrtberufe
Voraussetzungen, Ausbildung, Perspektiven (1994)

Internationale Flughäfen Europas
Pläne - Daten - Fakten (1995)

Wetter
Privatpiloten-Bibliothek, Band 6, (1996)

Sprechfunkzeugnisse für VFR-Piloten
Privatpiloten-Bibliothek, Band 7, (1997)

GPS für Piloten
Privatpiloten-Bibliothek, Band 8, (1997)

Cockpit-Instrumente
Privatpiloten-Bibliothek, Band 9, (1998)

Internet für Piloten
Privatpiloten-Bibliothek, Band 10, (1998)

Fliegen unter extremen Bedingungen
Privatpiloten-Bibliothek, Band 11, (1999)

Flugmedizin für Piloten und Passagiere
Privatpiloten-Bibliothek, Band 12, (1999)

VFR-Flugplanung und Flugpraxis
Privatpiloten-Bibliothek, Band 13, (2000)

Englisch für Piloten
Privatpiloten-Bibliothek, Band 14, (2000)

CVFR - Handbuch für den kontrollierten Sichtflug
Privatpiloten-Bibliothek, Band 15, (2001)

Flugzeuge kaufen, leasen, chartern
Privatpiloten-Bibliothek, Band 16, (2001)

Ultraleichtflugzeuge
Privatpiloten-Bibliothek, Band 17, (2002)

Top-News
Für Luftfahrt-Begeisterte

Wovon Piloten und Flugbegeisterte träumen, steht im aerokurier – denn hier finden Sie die schönsten und interessantesten Seiten der Allgemeinen Luftfahrt.

http://www.aerokurier.rotor.com

Jeden Monat bringt Ihnen der aerokurier spannende Reportagen, faszinierende Reiseberichte, aktuelle Pilot Reports sowie fundierte Technikberichte und gibt fliegerische Praxis-Tipps für Anfänger und Profis – vom Segelflug bis zur Geschäftsfliegerei.

Jetzt am Kiosk.

Sparen Sie beim aerokurier-Abo –
gleich bestellen beim aerokurier Abo-Service,
Postfach 103455, 70029 Stuttgart, Tel. 0711/182-2575, Fax 0711/182-2550
E-Mail abo-service@motor-presse-stuttgart.de